高等学校应用型会计人才精细化培养系列教材

李　雪◎总主编　　徐国君◎主审

高级财务会计学习指导书

陈德英◎主编

马俊云　陈　莎◎副主编

中国财经出版传媒集团
中国财政经济出版社

图书在版编目（CIP）数据

高级财务会计学习指导书／陈德英主编．—北京：中国财政经济出版社，2017.8
高等学校应用型会计人才精细化培养系列教材/李雪主编
ISBN 978－7－5095－7632－8

Ⅰ．①高…　Ⅱ．①陈…　Ⅲ．①财务会计－高等学校－教学参考资料　Ⅳ．①F234.4

中国版本图书馆 CIP 数据核字（2017）第 184075 号

责任编辑：张若丹　　　　责任校对：徐艳丽
封面设计：智点创意　　　　版式设计：录文通

中国财政经济出版社 出版
URL：http：//ckfz.cfeph.cn
E－mail：cfeph@cfeph.cn

社址：北京市海淀区阜成路甲 28 号　邮政编码：100142
营销中心电话：88190406
天猫网店：中国财政经济出版社旗舰店
网址：https：//zgczjjcbs.tmall.com
北京财经印刷厂印刷　各地新华书店经销
710×1000 毫米　16 开　16 印张　324 000 字
2017 年 8 月第 1 版　2017 年 8 月北京第 1 次印刷
定价：53.00 元
ISBN 978－7－5095－7632－8
（图书出现印装问题，本社负责调换）
本社质量投诉电话：010－88190744
打击盗版举报热线：010－88190414　QQ：447268889

总　序

经济社会越发展，会计人才越重要。经济社会发展需要会计改革与之相适应，会计事业全面发展又对经济社会发展具有重要的促进作用。新中国成立以来，特别是改革开放以来的实践证明，各项重大改革几乎都离不开会计改革，同时对会计人才培养不断提出新的要求。当下金融创新、虚拟经济、强化监管、内部控制等成为时代主旋律，会计人才的培养必将成为当前和今后一个时期经济社会发展的关键要素之一。

高等学校作为会计人才培养的主阵地，必须面对经济社会对会计人才的新要求，对会计人才培养的理论和实践作出新的设想和探索。经过多年的研究和探索，培养高素质应用型会计人才已经成为我国部分公办大学、所有独立学院和民办大学财会类专业共同的人才培养目标。其中，运用精细化管理的思想，探索和人才需求密切结合的精细化会计人才培养模式是各高校运用较多的做法。该培养模式按照市场需求、学生的就业方向和学习兴趣细分专业方向和专业课程，分层次、分方向培养会计诚信度高、实践能力强的应用型会计人才，取得了良好的培养效果。实施会计人才的精细化培养已成为提高会计人才培养质量的重要保证，是高校打造办学特色的重要途径。

与培养模式相对应的教材是培养合格人才的基本保证，是实现培养目标的重要工具。教材是高校实现应用型会计人才的精细化培养目标的重要载体，教材及教材建设对高校发展具有举足轻重的作用。应用型会计人才培养的教材编写和出版这些年相对比较热闹，但教材质量和适用性仍然存在一些问题，如：出版社对应用型会计本科教材的出版还不够重视，没有进行有效的组织；应用型本科院校多为新建院校，教材建设相对滞后，主观上也较愿意使用其他本科教材；在教材使用中存在比较严重的混用现象，出版的教材目标读者群不明确等。这些问题都影响了会计人才精细化培养目标的实现。

为了更好地适应会计人才精细化培养的需要，我们组织具有多年应用型人才培养经验的优秀教师和实务界专家编写了这套应用型会计人才精细化培养教材。本系列教材由会计学科导引、会计学、财务管理概论、高级财务会计、政府与非营利组织会计、金融企业会计、涉外企业会计、房地产企业会计、施工企业会计、旅游饮食服务业会计、小企业会计、商品流通企业会计、内部控制、资产评估、财经法规与会计职业道德、高级财务管理、税收筹划、政府审计、内部审计、经济责任审计、效益审计、经济学基础、证券投资学、会计综合模拟实验（手工实验）和会计综合模拟实验（财务软件的应用）等构成。为了保证教材的质量，本套教材聘请了著名高校的专家教授进行专门指导和审核。每本教材至少有一名本学科的知名专家或学科带头人提出审核指导意见，至少有一名高等院校教学一线的高级职称教师参与组织编写，至少有一名行业协会、实务界专家和教学研究机构人员提出编写建议。

本套教材的特色如下：

1. 应用性

本系列教材建设坚持培养精细化的应用型会计人才，体现了应用型人才培养的定位，体现了素质教育和“以学生发展为本”的教育理念，遵循了高等教育教学基本规律，重视知识、能力和素质的协调发展，从内容选材、教学方法、学习方法、实验配套等方面突出了应用性特征。

2. 针对性

本系列教材的编写符合会计学、财务管理和审计学专业的培养目标、培养需求、业务规格和教学大纲的基本要求，与各专业的课程结构和课程设置相对应，与课程平台和课程模块相对应。教材在结构纵横布局、内容重点选取、示例习题设计等方面符合教改目标和教学大纲的要求，把教师的备课、试讲、授课、辅导答疑等教学环节有机地结合起来。

3. 先进性

本系列教材反映了应用型会计人才精细化培养的内容，能够反映学科领域的新发展。教材的整体规划、每一种教材构造等均体现了实用性和创新性。教材还强调了系列配套，包括了教材、学习指导书、教学课件等。

4. 基础性

本系列教材力争打破传统教材自身知识框架的封闭性，尝试多方面知识的融会贯通，注重知识层次的递进，体现每一科目的基本内容，同时在具体内容上突出实际运用知识的能力，使本系列教材做到“教师易教，学生乐学，技能实用”。

5. 自学性

自学能力是高等教育应该教授给学生的一项基本能力。只有具备了自主学习的能力，才能最终建立起终身学习的保障体系，这也是应用型本科的客观要求。本系列教材要能调动学生的学习积极性，理论方面尽量通俗易懂，实践方面尽量采用案例式教学。为了有利于学生课后自主学习，本套教材配套了学习指导书和PPT。

本套教材的定位把握准确，教材特色明显，适用于应用型高校选用，容易得到学生和市场的认可，便于教师的教学和学生的自学。

高等学校应用型会计人才精细化培养系列教材凝聚了众多领导、教授、专家和老师多年来的经验和心血。当然，由于我们的经验和人力有限，教材中难免存在不足，我们期待着各位同行、专家和读者的批评指正。我们将伴随着经济发展和会计环境的变迁不断修订教材，以便及时反映学科的最新发展和应用型人才精细化培养的最新变化。

李 雪

2017年6月

前　言

本书是高等学校应用型会计人才精细化培养系列教材《高级财务会计》的配套学习指导书，具有应用性、针对性、先进性、基础性、自学性的特点。既可作为高等财经院校教学的教材，也可作为企业管理人员学习的参考用书。

本书根据《高级财务会计》教材及教学大纲的要求，设计了各章重点与难点的提炼讲解，在讲解的过程中配有相关典型例题。讲解完毕，每章配有练习题并提供相应的参考答案。

《高级财务会计学习指导书》分为三个部分，第一部分为"学习指导及思考与练习"，下设"本章基本内容框架""重点、难点讲解及典型例题""思考与练习"，第二部分为"思考与练习参考答案"，第三部分为"模拟试题及参考答案"。

本书具有以下特点：

(1) 本书以国际会计惯例为依据，所依据的会计规范是最新的国际会计准则和我国最新的企业会计准则。

(2) 理论精练，习题的设计突出理论联系实际，体现实际操作能力，即重视知识、能力和素质的协调发展。

(3) 注重实战，案例相伴。将实际经济生活中出现的真实案例经过些许加工后编入本书，使学生通过练习能更多地接触会计实务，提高分析和解决问题的能力。

(4) 注重对重点难点的讲解，借助 T 型账户、图、表等工具进行讲解，图文并茂，通俗易懂。

(5) 习题形式多样，既有客观题，也有大量的案例题和业务题，涵盖面广，可以考查学生综合分析和解决问题的能力。

(6) 重视对知识点的总结，并运用知识点对比的方式便于掌握记忆。

本书的具体分工如下：

本书由陈德英主编，马俊云、陈莎为副主编，李小林、孙晓彤、于群、纪安坤、冉宁宁、胡晓阳、朱鹤、罗园园参与编写。具体分工如下：第一章总论（孙晓彤），第二章或有事项（纪安坤），第三章非货币性资产交换（马俊云），第四章债务重组（马俊云），第五章所得税（陈德英），第六章外币业务（胡晓阳），第七章租赁（李小林），第八章政府补助（陈莎），第九章借款费用（李小林），第十章股份支付（于群），第十一章会计政策、会计估计变更和差错更正（陈莎），第十二章资产负债表日后事项（陈德英、罗园园），第十三章每股收益（冉宁宁），第十四章分部报告和中期财务报告（朱鹤），第十五章企业合并（陈德英），第十六章合并财务报表（陈德英）。

本书在编写过程中参考了大量相关教材和论著，在此向有关作者致以深深的谢意！

本书的编写先后经过多次讨论研究，力求内容编排合理、避免错误，但难免存在考虑不周，表达不妥当的地方，书中疏漏不足之处，敬请读者批评指正。

编者

2017 年 7 月

目　录

第一部分　学习指导及思考与练习

第二部分　思考与练习参考答案

第三部分　模拟试题及参考答案

第一部分
学习指导及思考与练习

第一章

总　　论

本章基本内容框架

- 高级财务会计的理论基础
  - 财务会计概述
    - 财务会计的特征
    - 财务报告的目标
    - 财务会计信息的使用者
  - 高级财务会计定义与特征
    - 高级财务会计定义
    - 高级财务会计的特征
- 高级财务会计产生的条件（三种假设松动）
  - 持续经营假设和权责发生制假设的松动
  - 货币计量假设的松动
  - 会计分期假设的松动
- 高级财务会计的研究范围和核算内容
  - 高级财务会计的研究范围
  - 高级财务会计的核算内容
    - 各类公司均可能发生的特殊会计业务
    - 特种经营行业的特殊会计业务
    - 复合会计主体的特殊会计业务
    - 特殊经济时期的特殊会计业务

重点、难点讲解及典型例题

一、高级财务会计的定义与特征

公司会计分为财务会计和管理会计，改革开放以来，随着社会主义市场经济体制逐渐确立以及经济活动的复杂化，公司并购、重组、外币交易、衍生工具运用等经济业务越来越频繁，高级财务会计日益受到我国会计理论界和实务界的重视。高级财务会计是专门研究高级会计业务的一门学科，并专门针对疑难问题、新问题、特殊问题进行研究。高级财务会计具有深奥性、特殊性、前瞻性和会计环境制约特性。

【例 1－1 · 多选题】 与财务会计特征作对比，高级财务会计有（　　）独特的特性。

A. 深奥性　　B. 特殊性

C. 前瞻性　　D. 会计环境制约

【答案】 ABCD

【例 1－2 · 多选题】 在会计学，属于财务会计领域的有（　　）。

A. 会计学原理　　B. 高级财务会计
C. 中级财务会计　　D. 管理会计

【答案】 ABC

【解析】 财务会计包含会计学原理、高级财务会计和中级财务会计。

二、高级财务会计产生的条件

在财务会计中，存在着大量的会计假设：持续经营假设和权责发生制假设、货币计量假设、会计分期假设等，它是人们进行会计确认、计量的基本前提，是会计原则赖以存在的基本假定。但是高级财务会计对特殊会计事项处理的原则和方法，与中级财务会计对一般会计事项的处理原则和方法存在着较大的差别，而正是这个差别产生了高级财务会计。

【例 1-3 · 多选题】 高级财务会计中破产清算会计和重组会计正是（　　）松动的结果。

A. 持续经营假设　　B. 会计主体假设
C. 会计分期假设　　D. 货币计量假设

【答案】 AC

【解析】 当公司清算时，将采用破产清算会计程序，资产以清算价格计价，并编制清算开始日和结束日财务报表。由于现代经济生活中有许多不确定因素可能导致公司破产、重组，使公司可能会面临破产清算和重组等特殊会计事项。高级财务会计中破产清算会计和重组会计正是持续经营假设和会计分期假设松动的结果。

【例 1-4 · 单选题】 通货膨胀引起（　　）的松动。

A. 持续经营假设　　B. 会计主体假设
C. 会计分期假设　　D. 货币计量假设

【答案】 D

【解析】 第二次世界大战以后，西方国家出现了普遍的、持续性的通货膨胀。在此期间，货币购买力不断下降，货币计量假设中隐含的币值稳定的假定已严重脱离现实。因此，货币计量假设的松动，使外币业务会计和物价变动会计成了现实的会计业务，并由高级财务会计处理。

三、高级财务会计的研究范围和核算内容

高级财务会计的核算范围一般分成以下几个类别：第一类是各类公司均可能发生的特殊会计业务，其中包括外币交易与折算的会计业务，公司所得税的会计业务，股份上市公司信息披露的会计业务，衍生金融工具的会计业务。第二类是特种经营行业的特殊会计业务，其中包含期货交易与经营的会计业务，现代租赁经营的会计业务。第三类是复合会计主体的特殊会计业务，其中包括公司合并的会计业务，集团公司的母公司与子公司以及总公司与所属分支机构及各所属公司间内部往来业务，公司合并和集团公司

建立后的报告主体合并会计报表编制的会计业务。第四类是特殊经济时期的特殊会计业务，其中包括通货膨胀信息披露的会计业务，公司停业与破产清算的会计业务。

【例 1－5 · 多选题】 下列属于特种经营行业的特殊会计业务的有（　　）。

A. 期货交易与经营的会计业务

B. 现代租赁经营的会计业务

C. 公司合并的会计业务

D. 公司合并和集团公司建立后的报告主体合并会计报表编制的会计业务

【答案】 AB

【解析】 公司合并的会计业务、公司合并和集团公司建立后的报告主体合并会计报表编制的会计业务属于复合会计主体的特殊会计业务。

【例 1－6 · 多选题】 下列属于特殊经济时期的特殊会计业务的有（　　）。

A. 通货膨胀信息披露的会计业务　B. 公司停业与破产清算的会计业务

C. 期货交易与经营的会计业务　D. 现代租赁经营的会计业务

【答案】 AB

【解析】 期货交易与经营的会计业务和现代租赁经营的会计业务属于特种经营行业的特殊会计业务。

思考与练习

一、单选题

1. 下列（　　）内容不包括在高级财务会计范围内。

A. 公司合并会计　B. 物价变动会计

C. 未来会计　D. 公司破产会计

2. 高级财务会计所依据的理论和采用的方法是（　　）。

A. 沿用了原有财会理论和方法

B. 仍以四大假设为出发点

C. 是对原有财务会计理论和方法的修正

D. 抛弃了原有的财会理论与方法

3. 高级财务会计研究对象是（　　）。

A. 公司所有的交易和事项

B. 公司面临的特殊事项

C. 对公司一般交易事项在理论与方法上的进一步研究

D. 与中级财务会计一致

4. 公司破产会计的产生，是（　　）的结果。

A. 会计主体假设的松动　B. 持续经营假设的松动

C. 会计分期假设的松动　　D. 货币计量假设的松动

5. 外币业务会计和物价变动会计的产生，是（　）的结果。

A. 会计主体假设的松动　　B. 持续经营假设的松动

C. 会计分期假设的松动　　D. 货币计量假设的松动

6. 划分高级财务会计与中级财务会计的最基本的标准是（　）。

A. 涉及的经济业务是否在四项假设的限定范围内

B. 涉及的经济业务的难易程度

C. 是否包括管理会计的内容

D. 是否是会计领域的高精尖内容

7. 大型公司集团和跨国公司发生的母子公司之间的会计业务，如合并财务报表，属于会计业务是（　）。

A. 跨越单一会计主体的会计业务

B. 与特殊经营方式紧密相关的特有会计业务

C. 一些特殊经营行业的会计业务

D. 在某一特定时期发生的会计业务

8. 通货膨胀的产生使得（　）。

A. 会计主体假设产生松动　　B. 持续经营假设产生松动

C. 会计分期假设产生松动　　D. 货币计量假设产生松动

9. 如果公司面临清算，投资者和债权人关心的将是资产的（　）和资产的偿债能力。

A. 历史成本　　B. 可变现净值

C. 账面价值　　D. 估计售价

10. 同一会计主体在不同会计时期尽可能采用相同的会计处理方法和程序，这一原则在会计上称为（　）。

A. 可比性原则　　B. 一贯性原则

C. 相关性原则　　D. 配比性原则

二、多选题

1. 将高级财务会计的研究范围定位于中级财务会计一般不涉及或者不深入讨论的特殊业务会计，一般来说包括下列（　）内容。

A. 跨越单一会计主体的会计业务

B. 与特殊经营方式紧密相关的特有会计业务

C. 一些特殊经营行业的会计业务

D. 在某一特定时期发生的会计业务

2. 跨越单一会计主体的会计业务主要是指（　）。

A. 分支机构会计　　B. 合并财务报表

C. 分部报告　　D. 外币报表折算

E. 公司破产清算

3. 在某一特定时期发生的会计业务主要是指（　　）。

A. 公司解体清算　　B. 公司破产清算

C. 物价变动会计　　D. 分支机构会计

E. 外币业务会计

4. 认为高级财务会计属于财务会计体系的理由是（　　）。

A. 它是以货币为计量单位进行核算

B. 它是以合法的会计凭证作为登记经济业务的依据

C. 它是依据会计凭证登记账簿，依据账簿编制对外报出的财务报表

D. 它是一种以事前控制为主要目的的会计

E. 它是一种以事中控制为主要目的的会计

5. 在会计学中，属于财务会计领域的有（　　）。

A. 会计学原理　　B. 高级财务会计

C. 中级财务会计　　D. 管理会计

E. 财务管理

三、判断题

1. 高级财务会计在财务会计学科中处于统帅地位。（　　）

2. 由于会计假设被会计界认为是“自我证明的会计环境命题”，因此高级财务会计也应该全面承认四个会计假设。（　　）

3. 会计主体界定了会计服务的空间。（　　）

4. 会计确认和计量的原则与方法具有稳定性和可比性的前提是持续经营假设和会计分期假设。（　　）

5. 高级财务会计所依据的理论和采用的方法与中级财务会计的理论与方法是一致的。（　　）

6. 高级财务会计包括财务会计和管理会计。（　　）

7. 高级财务会计与中级财务会计的目标是一致的。（　　）

8. 合并财务报表产生的根源是公司合并和公司集团的建立突破了原来的会计主体观念。（　　）

9. 取得控股权的合并发生后，从会计角度看，不仅公司集团是一个会计主体，母公司和下属的子公司也仍然是一个相对独立的会计主体。（　　）

10. 高级财务会计是在对原财务会计理论与方法体系进行修正的基础上，对公司出现的特殊事项进行会计处理的理论与方法的总称。因此，高级财务会计不属于财务会计范畴。（　　）

第二章

或有事项

本章基本内容框架

- 或有事项概述
  - 或有事项的概念和特征
  - 或有资产和或有负债
- 或有事项的确认和计量
  - 或有事项的确认
    - 该义务是公司承担的现时义务
    - 履行该义务很可能导致经济利益流出公司
    - 该义务的金额能够可靠计量
  - 预计负债的计量
    - 最佳估计数的确定
    - 预期可获得补偿的处理
    - 预计负债的计量需要考虑的其他因素
  - 对预计负债账面价值的复核
- 或有事项会计的具体应用
  - 未决诉讼或未决仲裁
  - 债务担保
  - 产品质量保证
  - 亏损合同
  - 重组义务
- 或有事项的列报
  - 预计负债的列报
  - 或有负债的披露
  - 或有资产的披露

重点、难点讲解及典型例题

一、或有事项概述

1. 或有事项的概念

或有事项是指过去的交易或者事项形成的，其结果须由某些未来事项的发生或不发生才能决定的不确定事项。

2. 或有事项的主要特征

（1）或有事项是因过去的交易或事项形成的；

（2）或有事项的结果具有不确定性；

（3）或有事项的结果须由未来事项决定。

【例2－1·多选题】下列事项中，属于或有事项的有（　　）。

A. 对债务单位提起诉讼　　　　B. 对售出商品提供售后担保

C. 固定资产计提折旧　　D. 为子公司的贷款提供担保

E. 亏损合同

【答案】 ABDE

【解析】 根据或有事项的概念和特征判断，C 项不属于或有事项。

二、或有事项的确认和计量

1. 或有事项的确认条件（同时满足）

（1）该义务是公司承担的现时义务；

（2）履行该义务很可能导致经济利益流出公司；

（3）该义务的金额能够可靠地计量。

【例 2－2·多选题】 中国琴岛公司为甲公司、乙公司、丙公司和丁公司提供了银行借款担保，下列各项中，中国琴岛公司不应确认预计负债的有（　　）。

A. 甲公司运营良好，中国琴岛公司极小可能承担连带还款责任

B. 乙公司发生暂时财务困难，中国琴岛公司可能承担连带还款责任

C. 丙公司发生财务困难，中国琴岛公司很可能承担连带还款责任

D. 丁公司发生严重财务困难，中国琴岛公司基本确定承担还款责任

【答案】 AB

2. 预计负债的计量——最佳估计数的确定

当与或有事项有关的业务符合将其确认为预计负债的三个条件时，应当按照履行该相关现时义务所需支出的最佳估计数进行初始计量。

应当分两种情况进行处理：

a. 当清偿因或有事项而确认的负债所需支出存在一个金额范围时，则最佳估计数应按此范围的上下限金额的平均数确认。

b. 所支出不在一个连续范围，或者虽然存在一个连续范围，但该范围内各种结果发生的可能性不相同，那么，如果或有事项涉及单个项目，最佳估计数按照最可能发生金额确定；如果或有事项涉及多个项目，最佳估计数按照各种可能结果及相关概率计算确定。

【例 2－3·单选题】 2×16 年 12 月 31 日，中国琴岛公司存在一项未决诉讼。根据类似案例的经验判断，该项诉讼败诉的可能性为 90%。如果败诉，中国琴岛公司将须赔偿对方 100 万元并承担诉讼费用 5 万元，但很可能从第三方收到补偿款 10 万元。2×16 年 12 月 31 日，中国琴岛公司应就此项未决诉讼确认的预计负债金额为（　　）万元。

A. 90　　B. 95

C. 100　　D. 105

【答案】 D

【解析】 此题中公司预计需要承担的损失为 105 万元（100＋5），公司从第三方

很可能收到的补偿金额不影响公司确认的预计负债。

3. 预期可获得补偿的处理

预期可获得补偿的情况：只有在补偿金额基本确定能够收到时，才能将其作为资产单独确认，而且确认的补偿金额不能超过预计负债的账面价值。

此处的重点有三个：

（1）只有在基本确定能收到时，才能作资产认定。

（2）该资产的金额不能超过其所匹配的负债的账面价值。

（3）资产的入账要单独设账反映，即计入“其他应收款”，而不能与“预计负债”对冲。

4. 预计负债计量需要考虑的其他因素

公司在确定或有事项产生的最佳估计数时，还应当综合考虑与或有事项有关的风险、不确定性、货币时间价值和未来事项的影响。

【例 2-4·单选题】中国琴岛公司因提供债务担保而确认了金额为 50000 元的一项负债，同时基本确定可以从第三方获得金额为 40000 元的补偿。在这种情况下，中国琴岛公司应在利润表中反映（　　）。

A. 管理费用 50000 元　　B. 营业外支出 50000 元

C. 管理费用 10000 元　　D. 营业外支出 10000 元

【答案】 D

【解析】本题考查的知识点是未决诉讼或未决仲裁债务担保的处理。如果公司基本确定能获得补偿，那么公司在利润表中反映因或有事项确认的费用或支出时，应将这些补偿预先抵减。债务担保损失计入营业外支出，所以应该选 D。

三、或有事项会计的具体应用

1. 未决诉讼或未决仲裁

对于未决诉讼，公司当期实际发生的诉讼损失金额与已计提的相关预计负债之间的差额，应分情况处理：

（1）公司在前期资产负债表日，依据当时实际情况和所掌握的证据合理预计了负债，应当将当期实际发生的诉讼损失金额与已计提的相关预计负债之间的差额，直接计入或冲减当期营业外支出。

（2）公司在前期资产负债表日，依据当时实际情况和所掌握的证据，原本应当能够合理估计诉讼损失，但公司所作的估计却与当时的事实严重不符，应当按照重大会计差错更正的方法进行处理。

（3）公司在前期资产负债表日，依据当时实际情况和所掌握的证据，确实无法合理预计诉讼损失，因而未确认预计负债，则在该项损失实际发生的当期，直接计入当期营业外支出。

（4）资产负债表日后至财务报告批准报出日之间发生的需要调整或说明的未决

诉讼，按照资产负债表日后事项的有关规定进行会计处理。

【例2-5·单选题】2×16年8月1日，中国琴岛公司因产品质量不合格而被华美公司起诉。至2×16年12月31日，该起诉讼尚未判决，中国琴岛公司估计很可能承担违约赔偿责任，需要赔偿200万元的可能性为70%，需要赔偿100万元的可能性为30%。中国琴岛公司基本确定能够从直接责任人处追回50万元。2×16年12月31日，中国琴岛公司对该起诉讼应确认的预计负债金额为（　　）。

A. 120万元　　B. 150万元

C. 170万元　　D. 200万元

【答案】D

【解析】中国琴岛公司对该起诉讼应确认的预计负债金额为最大可能的金额200万元。需要注意的是，预计负债金额不应扣除确认的资产50万元。

2. 债务担保

债务担保在公司中是较为普遍的现象。作为提供担保的一方，在被担保方无法履行合同的情况下，常常承担连带责任。从保护投资者、债权人的利益出发，客观、充分地反映公司因担保义务而承担的潜在风险是十分必要的。

【例2-6·单选题】公司因担保事项可能产生的负债，下列说法中不正确的是（　　）。

A. 在担保涉及诉讼的情况下，如果公司已被判决败诉，且公司不再上诉，则应当冲回原已确认的预计负债的金额

B. 如果已判决败诉，但公司正在上诉，或者经上一级法院裁定暂缓执行等，公司应当在资产负债表日，根据已有判决结果合理估计很可能产生的损失金额，确认为预计负债

C. 如果法院尚未判决，则公司不应确认预计负债

D. 如果法院尚未判决，公司应估计败诉的可能性，如果败诉的可能性大于胜诉的可能性，并且损失金额能够合理估计的，应当在资产负债表日将预计损失金额确认为预计负债

【答案】C

【解析】对于债务担保，如果法院尚未判决的，公司应当向其律师或法律顾问等咨询，估计败诉的可能性以及败诉后可能发生的损失金额，并取得有关书面意见。如果败诉的可能性大于胜诉的可能性，并且损失金额能够合理估计的，应当在资产负债表日将预计损失金额确认为预计负债。

3. 产品质量保证

产品质量保证通常是指销售或制造商在销售产品或提供劳务后，对客户提供服务的一种承诺。

【例2-7·单选题】中国琴岛公司为农机生产和销售公司，2×15年12月31日“预计负债——产品质量保证”科目年末余额为20万元。2×16年第一季度、第二季

度、第三季度、第四季度分别销售农机 100 台、200 台、220 台和 300 台，每台售价为 20 万元。对购买其产品的消费者，中国琴岛公司做出如下承诺：农机售出后三年内如出现非意外事件造成的农机故障和质量问题，中国琴岛公司免费负责保修（含零部件更换）。根据以往的经验，发生的保修费一般为销售额的 1% ~2% 。假定中国琴岛公司 2011 年四个季度实际发生的维修费用分别为 16 万元、44 万元、64 万元和 56 万元。2×16 年 12 月 31 日“预计负债——产品质量保证”的余额为（　　）。

A. 86 万元　　B. 66 万元

C. 102 万元　　D. 56 万元

【答案】 A

【解析】 2×16 年第一季度末，“预计负债——产品质量保证”科目余额 = 20 + 100×20×［（1% +2%）÷2］－16 = 34（万元），第二季度末，“预计负债——产品质量保证”科目余额 = 34 + 200×20×［（1% +2%）÷2］－44 = 50（万元），第三季度末，“预计负债——产品质量保证”科目余额 = 50 + 220×20×［（1% +2%）÷2］－64 = 52（万元），第四季度末，“预计负债——产品质量保证”科目余额 = 52 + 300×20×［（1% +2%）÷2］－56 = 86（万元）。

4. 亏损合同

待执行合同变为亏损合同，同时该亏损合同产生的义务满足预计负债的确认条件的，应当确认为预计负债。

【例 2－8·单选题】 下列关于亏损合同处理的说法中，不正确的是（　　）。

A. 待执行合同属于或有事项

B. 如果与亏损合同相关的义务不需要支付任何补偿即可撤销，通常不应该确认预计负债

C. 公司与其他单位签订的商品销售合同、劳务合同、租赁合同等，均可能变为亏损合同

D. 待执行合同变为亏损合同时，合同不存在标的资产的，亏损合同相关义务满足预计负债确认条件时，应当确认预计负债

【答案】 A

【解析】 亏损合同属于或有事项，而待执行合同不属于或有事项。

5. 重组义务

（1）重组义务的确认。重组是指公司制定和控制的，将显著改变公司组织形式、经营范围或经营方式的计划实施行为。

重组的事项：出售或终止公司的部分业务；对公司的组织结构进行较大调整；关闭公司的部分营业场所，或将营业活动由一个国家或地区迁移到其他国家或地区。

公司因重组而承担了重组义务，并且同时满足预计负债的三项确认条件时，才能确认为预计负债。首先，同时存在下列情况时，表明公司承担了重组义务：有详细、正式的重组计划，包括重组涉及的业务、主要地点、需要补偿的职工人数、预计重组

支出、计划实施时间等；该重组计划已对外公告。其次，需要判断重组义务是否同时满足预计负债的三个确认条件。

（2）重组义务的计量。应当按照与重组有关的直接支出确定预计负债金额，计入当期损益。其中，直接支出不包括留用职工岗前培训、市场推广、新系统和营销网络投入等支出。

【例 2－9·单选题】 以下关于重组义务应确认为预计负债表述中，不正确的是（　　）。

A. 有详细、正式的重组计划，包括预计重组支出和计划实施时间且该计划已对外公告

B. 只有与重组有关的直接支出才可以确定为重组负债义务

C. 不得将留用职工岗前培训支出确认为重组负债义务

D. 不得将辞退职工的补偿确认为重组负债义务

【答案】 D

【解析】 选项 D，辞退职工的补偿属于重组的直接支出，应确认为重组负债义务。

四、或有事项的列报

1. 预计负债的列报

在资产负债表上一般只需通过“预计负债”项目反映。在将或有事项确认为负债的同时，应确认一项支出或费用。

应在报表附注中披露的内容：

（1）预计负债的种类、形成原因以及经济利益流出不确定性的说明；

（2）各类预计负债的期初、期末余额和本期变动情况；

（3）与预计负债有关的预期补偿金额和本期已确认的预期补偿金额。

2. 或有负债的披露

公司不应当确认或有负债，而应当对其进行相应的披露。披露的主要内容包括：

（1）或有负债的种类及其形成原因。

（2）经济利益流出不确定性的说明。

（3）或有负债预计产生的财务影响，以及获得补偿的可能性；无法预计的，应当说明原因。

3. 或有资产的披露

公司通常不应当披露或有资产，但或有资产很可能会给公司带来经济利益的，应当披露其形成的原因、预计产生的财务影响等。

【例 2－10·单选题】 下列或有资产披露的处理，正确的是（　　）。

A. 或有资产是公司的潜在资产，不能确认为资产，一般应在会计报表附注中披露

B. 公司通常不应当披露或有资产，但或有资产很可能会给公司带来经济利益的，

应当披露其形成的原因、预计产生的财务影响等

C. 对于有可能取得的或有资产，一般应作出披露

D. 当或有资产转化为很可能收到的资产时，应该确认

【答案】B

思考与练习

一、单选题

1. 形成或有事项的因素是（　　）。

A. 现在的交易或事项　　B. 过去的交易或事项

C. 未来的交易或事项　　D. 不确定的交易或事项

2. 公司履行或有负债义务时的经济利益（　　）企业。

A. 不是很可能流出　　B. 不可能流出

C. 很可能流出　　D. 可能流出

3. 公司清偿预计负债所需支出的金额全部或部分预期由第三方补偿时，补偿金额作为资产单独确认的条件是（　　）。

A. 确定能够收到　　B. 确定可能收到

C. 基本确定能够收到　　D. 基本确定可能收到

4. 2×16 年 12 月 31 日，中国琴岛公司存在一项未决诉讼。根据类似案例的经验判断，该项诉讼败诉的可能性为 90%。如果败诉，中国琴岛公司将须赔偿对方 100 万元并承担诉讼费用 5 万元，但很可能从第三方收到补偿款 10 万元。2×16 年 12 月 31 日，中国琴岛公司应就此项未决诉讼确认的预计负债金额为（　　）万元。

A. 90　　B. 95

C. 100　　D. 105

5. 关于最佳估计数的确定，下列说法中错误的是（　　）。

A. 公司在确定最佳估计数时，不应当综合考虑与或有事项有关的货币时间价值因素

B. 所需支出存在一个连续范围，且该范围内各种结果发生的可能性相同的，最佳估计数应当按照该范围内的中间值确定

C. 公司在确定最佳估计数时，应当综合考虑与或有事项有关的风险因素

D. 货币时间价值影响重大的，应当通过对相关未来现金流进行折现后确定最佳估计数

6. 2×16 年 12 月 1 日，中国琴岛公司因产品质量不合格而被华美公司起诉。至 2×16 年 12 月 31 日，该起诉讼尚未判决，中国琴岛公司估计很可能承担违约赔偿起诉，需要赔偿 200 万元的可能性为 70%，需要赔偿 100 万元的可能性为 30%，同时

很可能支付诉讼费20万元。2×16年12月31日，中国琴岛公司对该起诉讼应确认的营业外支出的金额为（　　）万元。

A. 270　　B. 200

C. 100　　D. 150

7. 下列项目中不属于或有事项主要特征的是（　　）。

A. 影响或有事项结果的因素基本确定

B. 影响或有事项结果的因素不确定

C. 由过去的交易或事项形成

D. 其结果只能由未来发生的事项加以确定

8. 下列事项中，不属于或有事项的是（　　）。

A. 为销售的商品提供的质量保证　　B. 对其他单位提供的债务担保

C. 未决诉讼　　D. 未来可能发生的汇率变动

9. 中国琴岛公司因提供债务担保而确认了金额为50000元的一项负债，同时基本确定可以从第三方获得金额为40000元的补偿。在这种情况下，中国琴岛公司应在利润表中反映（　　）。

A. 管理费用50000元　　B. 营业外支出50000元

C. 管理费用10000元　　D. 营业外支出10000元

10. 中国琴岛公司本期收到先征后返的增值税100万元，应（　　）。

A. 冲减应交税费100万元　　B. 确认营业外收入100万元

C. 确认递延收益100万元　　D. 确认资本公积100万元

二、多选题

1. 下列事项中，属于或有事项的有（　　）。

A. 对债务单位提起诉讼　　B. 对售出商品提供售后担保

C. 固定资产计提折旧　　D. 为子公司的贷款提供担保

2. 与或有事项相关的义务满足有关条件时应当确认为预计负债，下列项目中属于这一条件的有（　　）。

A. 是公司承担的现时义务　　B. 是公司承担的未来义务

C. 该义务的金额能够可靠计量　　D. 履行该义务很可能导致经济利益流出公司

3. 公司因或有事项而确认的预计负债所需支出数不存在一个金额范围时，计算最佳估计数正确的方法有（　　）。

A. 基本能够确定的金额　　B. 很可能发生的金额及相关概率

C. 最可能发生的金额　　D. 可能发生的金额及相关概率

4. 如果清偿因或有事项而确认的负债所需支出预期全部或部分由第三方补偿，下列说法正确的有（　　）。

A. 补偿金额只有在很可能收到时，才能作为资产单独确认，且确认的补偿金额

不应超过预计负债的账面价值

B. 补偿金额只有在基本确定能够收到时，才能作为资产单独确认，且确认的补偿金额不应超过预计负债的账面价值

C. 补偿金额只有在基本确定能够收到时，才能确认并从所需支出中扣除，且确认的补偿金额不应超过预计负债的账面价值

D. 补偿金额只有在基本确定能够收到时，才能确认为资产，同时仍应按所需支出单独确认预计负债，且所确认的资产金额不超过预计负债金额

5. 2×16 年 8 月 1 日，中国琴岛公司因产品质量不合格而被黄河公司起诉。至 2×16 年 12 月 31 日，该起诉讼尚未判决，中国琴岛公司估计很可能承担违约赔偿责任，赔偿 150 万元的可能性为 70%，赔偿 100 万元的可能性为 30%。中国琴岛公司基本确定能够从直接责任人处追回 30 万元。2×16 年 12 月 31 日中国琴岛公司会计处理中正确的有（　　）。

A. 登记营业外支出 120 万元　　B. 登记其他应收款 30 万元

C. 登记管理费用 120 万元　　D. 登记预计负债 150 万元

三、判断题

1. 或有负债仅指潜在义务，因其不符合负债的确认条件，不能在会计报表内予以确认。（　　）

2. 或有资产是指过去的交易或事项所形成的潜在的资产，其存在需要通过未来不确定事项的发生或不发生予以证实。（　　）

3. 某公司董事会决定关闭一个事业部。如果有关决定尚未传达到受影响的各方，也未采取任何措施实施该项决定，表明该公司没有承担重组义务，但应确认预计负债。（　　）

4. 公司对已经确认的预计负债的实际支出发生时，应当仅限于最初为之确定该预计负债的支出。（　　）

5. 待执行合同属于一种特殊的合同，其与公司日常涉及的商品买卖合同、劳务合同、租赁合同无关。（　　）

6. 待执行合同变成亏损合同时，公司拥有合同标的资产的，应当先对标的资产进行减值测试并按规定确认减值损失，如预计亏损额超过该减值损失，应将超过部分确认为预计负债。（　　）

7. 公司清偿预计负债所需支出全部或部分预期由第三方补偿的，补偿金额在基本确定收到时，可以作为确认预计负债的抵减，也可以作为一项资产单独确认。（　　）

8. 公司在计算预计负债时不考虑与履行该现时义务所需金额的相关未来事项。（　　）

9. 公司的或有负债和或有资产在满足一定条件时可以转化为负债或资产。（　　）

10. 待执行合同属于或有事项。 （ ）

四、业务题

1. 中国琴岛公司为农机生产和销售公司，2×15 年 12 月 31 日“预计负债——产品质量保证——农机”科目年末余额为 20 万元。2×16 年第一季度、第二季度、第三季度、第四季度分别销售农机 100 台、200 台、220 台和 300 台，每台售价为 20 万元。对购买其产品的消费者，中国琴岛公司做出如下承诺：农机售出后三年内如出现非意外事件造成的农机故障和质量问题，中国琴岛公司免费负责保修（含零部件更换）。根据以往的经验，发生的保修费一般为销售额的 1%～2%。假定中国琴岛公司 2×16 年四个季度实际发生的维修费用分别为 16 万元、44 万元、64 万元和 56 万元（假定上述费用以银行存款支付 50%，另 50% 为耗用的材料，不考虑增值税因素）。

要求：

（1）编制每个季度发生产品质量保证费用的会计分录；

（2）分季度确认产品质量保证负债金额并编制相关会计分录；

（3）计算每个季度末“预计负债——产品质量保证”科目的余额。

2. 中国琴岛公司于 2×15 年 12 月 10 日与海洋公司签订合同，约定在 2×16 年 2 月 10 日以每件 40 元的价格向海洋公司提供 A 产品 1000 件，如果不能按期交货，将向海洋公司支付总价款 20% 的违约金。签订合同时产品尚未开始生产，中国琴岛公司准备生产产品时，材料的价格突然上涨，预计生产 A 产品的单位成本将超过合同单价。不考虑相关税费。

要求：分别以下两种情况确认中国琴岛公司该待执行合同的预计负债，并作相关账务处理。

（1）若生产 A 产品的单位成本为 50 元；

（2）若生产 A 产品的单位成本为 45 元。

第三章

非货币性资产交换

本章基本内容框架

- 非货币性资产交换
  - 非货币性资产交换的认定
    - 货币性资产
    - 非货币性资产
    - 非货币性资产交换
  - 非货币性资产交换的确认和计量
    - 商业实质的判断
    - 确认和计量原则
  - 非货币性资产交换的会计处理
    - 具有商业实质且公允价值能可靠计量
    - 不具有商业实质/公允价值不能可靠计量
    - 涉及多项非货币性资产交换

重点、难点讲解及典型例题

一、货币性资产和非货币性资产

1. 货币性资产

货币性资产，是指公司持有的货币资金和将以固定或可确定的金额收取的资产，包括库存现金、银行存款、应收账款和应收票据以及准备持有至到期的债券投资等。

2. 非货币性资产

非货币性资产，是指货币性资产以外的资产。

【例 3－1·多选题】不考虑其他因素，中国琴岛公司发生的下列交易事项中，应当按照非货币性资产交换进行会计处理的有（　　）。

A. 以对子公司股权投资换入一项投资性房地产

B. 以本公司生产的产品换入生产用专利技术

C. 以原准备持有至到期的债权投资换入固定资产

D. 定向发行本公司股票取得某被投资单位 40% 股权

【答案】AB

【解析】选项 C，持有至到期的债权投资属于货币性资产；选项 D，属于发行权益工具换入非货币性资产，不属于非货币性资产交换。

二、非货币性资产交换的认定

在涉及少量补价的情况下，以补价占整个资产交换金额的比例低于25%（注意不含25%）作为参考。如果高于25%（含25%），则视为以货币性资产取得非货币性资产，适用收入准则等其他一些准则。

1. 收到补价的公司

收到的补价÷换出资产公允价值<25%

2. 支付补价的公司

支付的补价÷（支付的补价+换出资产公允价值）<25%

【提示】分子和分母，均不含增值税。

【例3-2·多选题】下列交易中，属于非货币性资产交换的有（　　）。

A. 以600万元应收账款换取生产用设备

B. 以持有至到期的公司债券800万元换取一项长期股权投资

C. 以公允价值为600万元的厂房换取投资性房地产，另收取补价30万元

D. 以公允价值为500万元的专利技术换取可供出售金融资产，另支付补价100万元

【答案】CD

【解析】选项A中的应收账款和选项B中的持有至到期的公司债券属于货币性资产，因此，选项A、B不属于非货币性资产交换；选项C，30/600×100%＝5%，小于25%，属于非货币性资产交换；选项D，100/（100+500）×100%＝16.67%，小于25%，属于非货币性资产交换。

三、以公允价值计量的非货币性资产交换的会计处理

1. 换入资产成本的确定

（1）条件：非货币性资产交换具有商业实质且换入或换出资产的公允价值能够可靠计量。

（2）方法：

换入资产成本＝换出资产不含税公允价值+支付的不含税补价（－收到的不含税补价）+应支付的相关税费

【提示】不含税补价＝换入与换出资产的不含税公允价值之差

或者：

换入资产成本＝换出资产含税公允价值+支付的银行存款（－收到的银行存款）－可抵扣的增值税进项税额+应支付的相关税费

【提示】支付或收到的银行存款（含税的补价）＝换入与换出资产的含税公允价值之差

2. 会计处理注意问题

（1）换出资产的公允价值和其账面价值之间的差额的处理：

①换出资产为存货的，应当作为销售处理，以其公允价值确认收入，同时结转相应的成本。

②换出资产为固定资产、无形资产的，换出资产公允价值和换出资产账面价值的差额，计入营业外收入或营业外支出。

③换出资产为长期股权投资、金融资产的，换出资产公允价值与其账面价值的差额，记入“投资收益”科目。

④换出资产为投资性房地产的，以其公允价值确认其他业务收入，同时结转其他业务成本。

（2）“应支付的相关税费”的处理。除增值税的销项税额以外的，如果是为换出资产而发生的相关税费，则计入换出资产的处置损益；如果是为换入资产而发生的相关税费，则计入换入资产的成本。

【例3－3·综合题】中国琴岛公司和华丽公司适用的增值税税率均为17%，计税价格等于公允价值，假定该项交换具有商业实质且其换入换出资产的公允价值能够可靠地计量。中国琴岛公司以库存商品A产品交换华丽公司原材料，双方均将收到的存货作为库存商品核算。有关资料如下：

（1）中国琴岛公司换出：库存商品的账面成本430万元，已计提存货跌价准备30万元，公允价值500万元，含税公允价值585万元。

（2）华丽公司换出：原材料的账面成本320万元，已计提存货跌价准备20万元，公允价值400万元，含税公允价值468万元。

【解析】中国琴岛公司收到不含税补价＝不含税公允价值500－不含税公允价值400＝100（万元）

中国琴岛公司收到银行存款＝含税公允价值585－含税公允价值468＝117（万元）

（1）中国琴岛公司的会计处理：

中国琴岛公司换入库存商品成本＝换出资产不含税公允价值500－收到的不含税的补价100＋应支付的相关税费0＝400（万元）；或＝换出资产含税公允价值585－收到的银行存款117－可抵扣的增值税进项税额400×17%＋应支付的相关税费0＝400（万元）

借：库存商品　4000000
　　应交税费——应交增值税（进项税额）　680000
　　银行存款　1170000
　　贷：主营业务收入　5000000
　　　　应交税费——应交增值税（销项税额）　850000

借：主营业务成本　4000000
　　存货跌价准备　300000
　　贷：库存商品　4300000

（2）华丽公司的会计处理：

华丽公司取得的库存商品入账价值 = 换出资产不含税公允价值 400 + 支付的不含税的补价 100 + 应支付的相关税费 0 = 500（万元）；或 = 换出资产含税公允价值 468 + 支付的银行存款 117 − 可抵扣的增值税进项税额 500 × 17% + 0 = 500（万元）

借：库存商品	5000000	
应交税费——应交增值税（进项税额）	850000	
贷：其他业务收入		4000000
应交税费——应交增值税（销项税额）		680000
银行存款		1170000
借：其他业务成本	3000000	
存货跌价准备	200000	
贷：原材料		3200000

四、涉及多项非货币性资产交换的会计处理

非货币性资产交换同时换入多项资产的，在确定各项换入资产的成本时，应当分别下列情况处理：

（1）先按照与单项资产类似的处理原则确定换入资产的成本总额。

（2）然后按照换入各项资产的公允价值占换入资产公允价值总额的比例，分别确定各项资产的成本。

思考与练习

一、单选题

1. 公司进行具有商业实质且公允价值能够可靠计量的非货币性资产交换，同一事项可能同时影响双方换入资产入账价值的因素是（　　）。

A. 公司支付的补价或收到的补价

B. 公司为换出资产支付的运杂费

C. 公司换出资产计提的资产减值准备

D. 公司换出资产的账面价值

2. 中国琴岛公司以一项无形资产换取华丽公司一项固定资产，中国琴岛公司无形资产账面价值为 50 万元，华丽公司固定资产的账面价值为 38 万元，固定资产和无形资产的公允价值均不能可靠计量，中国琴岛公司向华丽公司收取 8 万元的银行存款，为换入固定资产而支付相关运杂费 2 万元，不考虑增值税等其他相关税费，则中国琴岛公司换入固定资产的入账价值为（　　）万元。

A. 44　　B. 38

C. 50　　D. 42

3. 下列项目中，属于货币性资产的是（　　）。

A. 作为交易性金融资产的股票投资

B. 准备持有至到期的债券投资

C. 可转换公司债券

D. 作为可供出售金融资产的权益工具

4. 下列有关非货币性资产交换的说法中，不正确的是（　　）。

A. 非货币性资产交换可以涉及少量补价，通常以补价占整个资产交换金额的比例低于25%作为参考

B. 当交换具有商业实质并且公允价值能够可靠计量时，在不涉及补价的情况下，应当以换出资产的公允价值和应支付的相关税费作为换入资产的成本

C. 不具有商业实质的交换，在不涉及补价的情况下，应当以换出资产的账面价值和为换入资产支付的相关税费作为换入资产的成本（不考虑增值税）

D. 收到补价时应确认收益，支付补价时不能确认收益

5. 公司发生的具有商业实质且换入换出资产的公允价值能够可靠计量的非货币性资产交换，在没有补价的情况下，如果同时换入多项资产，则对换入资产的成本总额进行分配的比例为（　　）。

A. 换入各项资产的公允价值占换入资产公允价值总额

B. 换出各项资产的公允价值占换出资产公允价值总额

C. 换入各项资产的账面价值占换入资产账面价值总额

D. 换出各项资产的账面价值占换出资产账面价值总额

6. 对于非货币性资产交换，以下说法正确的是（　　）。

A. 不会涉及货币性资产　　B. 涉及货币性资产

C. 一定涉及少量的货币性资产　　D. 不涉及或只涉及少量的货币性资产

7. 公司在确认涉及少量货币性资产的交换为非货币性资产交换时，通常以补价占整个资产交换金额的比例作为参考，下列项目中正确的参考比例是（　　）。

A. 25%左右　　B. 低于25%

C. 25%　　D. 高于25%

8. 以下交易具有商业实质的是（　　）。

A. 以一项固定资产换入一项固定资产

B. 以一项长期股权投资换入一项长期股权投资

C. 以一批存货换入一项设备

D. 以一批商品换入一批商品

9. 琴岛公司2×16年10月10日将一批库存商品换入一台设备，并收到对方支付的补价38.8万元。该批库存商品的账面价值为120万元，不含增值税的公允价值为150万元，适用的增值税税率为17%；换入设备的原账面价值为160万元，公允价值为135万元。琴岛公司因该项非货币性资产交换影响损益的金额为（　　）万元。

A. 140　　　　B. 150

C. 120　　　　D. 30

10. 中国琴岛公司以一台固定资产换入华丽公司的一项长期股权投资。换出固定资产的账面原价为 1200 万元，已计提折旧 50 万元，未计提减值准备，公允价值为 1250 万元；长期股权投资的账面价值为 1320 万元，未计提减值准备，公允价值为 1200 万元；华丽公司另外向中国琴岛公司支付现金 50 万元。假定该交换不具有商业实质且不考虑相关税费，中国琴岛公司应就此项非货币性资产交换确认的非货币性资产交换损益（损失以负数表示）为（　　）万元。

A. 5　　　　B. -2.8

C. 2.08　　　　D. 0

二、多项选择题

1. 下列各项目中，属于非货币性资产的有（　　）。

A. 交易性金融资产　　　　B. 持有至到期投资

C. 可供出售金融资产　　　　D. 长期股权投资

2. 下列表述中符合"换入资产或换出资产公允价值能够可靠计量"条件的有（　　）。

A. 换入资产或换出资产存在活跃市场

B. 换入资产或换出资产不存在活跃市场，但同类或类似资产存在活跃市场

C. 换入资产或换出资产不存在同类或类似资产的可比市场交易，应当采用估值技术确定其公允价值。该公允价值估计数的变动区间很小，或者在公允价值估计数变动区间内，各种用于确定公允价值估计数的概率能够合理确定的

D. 换入资产或换出资产不存在同类或类似资产的可比市场交易，应当采用估值技术确定其公允价值。该公允价值估计数的变动区间比较大。

3. 中国琴岛公司与华丽公司（均为一般纳税公司）进行非货币性资产交换，具有商业实质且其换入或换出资产的公允价值能够可靠地计量，以下可能影响中国琴岛公司换入资产入账价值的项目有（　　）。

A. 华丽公司支付的补价

B. 中国琴岛公司为换入资产支付的相关税费

C. 中国琴岛公司换出资产的公允价值

D. 中国琴岛公司换出资产支付的相关税费

4. 非货币性资产交换同时换入多项资产的，在确定各项换入资产的成本时，下列说法中不正确的有（　　）。

A. 非货币性资产交换不具有商业实质，或者虽具有商业实质但换入资产的公允价值不能可靠计量的，应当按照换入各项资产的原账面价值占换入资产原账面价值总额的比例，对换入资产的成本总额进行分配，确定各项换入资产的成本

B. 均按各项换入资产的账面价值确定

C. 均按各项换入资产的公允价值确定

D. 非货币性资产交换不具有商业实质，或者虽具有商业实质但换入资产的公允价值不能可靠计量的，应当按照换入各项资产的公允价值占换入资产公允价值总额的比例，对换入资产的成本总额进行分配，确定各项换入资产的成本

5. 下列关于非货币性资产交换的表述中，正确的有（　　）。

A. 非货币性资产交换可以涉及少量的货币性资产，但货币性资产占整个资产交换金额的比例最高不能超过25%

B. 在交易不具有商业实质的情况下，支付补价的公司，应按换出资产账面价值加上支付的补价和为换入资产发生的相关税费，作为换入资产的成本

C. 在交易具有商业实质的情况下，收到补价的公司，按换出资产账面价值减去补价，加上应支付的相关税费，作为换入资产的入账价值

D. 在交易具有商业实质的情况下，收到补价的公司，按换出资产公允价值减去补价，加上为换入资产发生的相关税费，作为换入资产的入账价值

6. 在非货币性资产交换中，以换出资产的公允价值和应支付的相关税费作为换入资产的入账价值，其应同时满足的条件有（　　）。

A. 该项交换具有商业实质

B. 换入资产或换出资产的公允价值能够可靠地计量

C. 换入资产的公允价值大于换出资产的公允价值

D. 换入资产的公允价值小于换出资产的公允价值

7. 具有商业实质且公允价值能够可靠计量情况下，计算补价占整个交易金额25%比例时，下列公式中正确的有（　　）。

A. 收到的补价÷换出资产公允价值<25%

B. 收到的补价÷（收到的补价+换出资产公允价值）<25%

C. 支付的补价÷（支付的补价+换入资产的账面价值）<25%

D. 支付的补价÷（支付的补价+换出资产公允价值）<25%

8. 下列交易中，属于非货币性资产交换的有（　　）。

A. 以市价400万元的股票和票面金额200万元的应收票据换取公允价值为750万元的机床

B. 以账面价值为560万元，公允价值为600万元的厂房换取一套电子设备，另收取补价140万元

C. 以账面价值为560万元，公允价值为600万元的专利技术换取一套电子设备，另支付补价160万元

D. 以账面价值为560万元，公允价值为600万元的厂房换取一套电子设备，另收取补价200万元

9. 甲股份有限公司发生的下列非关联交换中，属于非货币性资产交换的有（　　）。

A. 以公允价值为260万元的交易性金融资产换入乙公司账面价值为320万元的

无形资产，并支付补价 70 万元

B. 以账面价值为 280 万元的固定资产换入丙公司公允价值为 200 万元的一项专利权，并支付补价 30 万元

C. 以公允价值为 300 万元的长期股权投资换入丁公司账面价值为 500 万元的设备，并收到补价 75 万元

D. 以账面价值为 420 万元、准备持有至到期的长期债券投资换入戊公司公允价值为 390 万元的一台设备，并收到补价 30 万元

10. 某公司以库存原材料交换一座库房，该原材料的账面成本为 90 万元，不含税售价 100 万元，增值税税率 17%，已计提的存货跌价准备 5 万元。该库房在原公司的账面价值为 75 万元，公允价值为 100 万元，该公司收到补价 17 万元。该公司以下正确的会计处理有（　　）。

A. 固定资产（库房）入账价值为 80 万元

B. 固定资产（库房）入账价值为 75 万元

C. 固定资产（库房）入账价值为 100 万元

D. 存货账面余额减少 90 万元

三、判断题

1. 非货币性资产交换具有商业实质、换出资产的公允价值能够可靠计量，但是换入资产的公允价值不能可靠计量，以换出资产的公允价值为基础确定换入资产的总成本。（　　）

2. 非货币性资产交换具有商业实质，且换入资产的公允价值能够可靠计量的，应当按照换入各项资产的原账面价值占换入资产原账面价值总额的比例，对换入资产的成本总额进行分配，确定各项换入资产的成本。（　　）

3. 当具有商业实质且换入或换出资产的公允价值能够可靠计量的情况下，换出的长期股权投资账面价值和公允价值之间的差额，计入营业外收支。（　　）

4. 不具有商业实质且换入资产的公允价值不能可靠计量的非货币性资产交换，在同时换入多项资产的情况下，确定各项换入资产的入账价值时，需要按照换入各项资产的原账面价值占换入资产原账面价值总额的比例，确定各项换入资产的成本。（　　）

5. 某公司以其不准备持有至到期的国库券换入一幢房屋以备出租，该项交易具有商业实质。（　　）

6. 以账面价值 500 万元，准备持有至到期的长期债券投资换入 A 公司公允价值为 490 万元的专利技术，并支付补价 10 万元，该项非关联交易属于非货币性资产交换。（　　）

7. 非货币性资产交换不具有商业实质，或换入资产和换出资产的公允价值均不能可靠计量的，以换出资产账面价值总额为基础确定换入资产的总成本。（　　）

8. 非货币性资产交换具有商业实质但换入资产的公允价值不能可靠计量的，应当按照换入各项资产的原账面价值占换入资产原账面价值总额的比例，对换入资产的成本总额进行分配，确定各项换入资产的成本。（ ）

9. 应收账款可能发生坏账，将来收取的货币是不确定的，因此，应收账款属于非货币性资产。（ ）

10. 在非货币性资产交换中，当换出资产公允价值大于换入资产账面价值时，应确认交易收益。（ ）

四、业务题

1. 中国琴岛公司和华丽公司均为一般纳税人，2×16 年 2 月 2 日，中国琴岛公司以其生产的产品一批与华丽公司交换设备一台，产品成本为 400 万元，公允价值为 500 万元，增值税税率为 17%；设备原价为 800 万元，已提折旧为 280 万元，公允价值 500 万元。中国琴岛公司换入的设备作为固定资产入账，华丽公司换入的产品作为商品入账。资产已交付对方并办妥相关手续。假定双方的交换具有商业实质且公允价值能够可靠计量。

要求：根据上述资料，编制中国琴岛公司和华丽公司的有关会计分录。

2. 2×16 年，琴岛公司决定以库存商品和交易性金融资产——B 股票与华丽公司交换其持有的长期股权投资和固定资产——设备一台。琴岛公司库存商品账面余额为 150 万元，公允价值为 200 万元；B 股票的账面余额为 260 万元（其中：成本为 210 万元，公允价值变动为 50 万元），公允价值为 300 万元。华丽公司的长期股权投资的账面余额为 300 万元，公允价值为 336 万元；固定资产——设备的账面原值为 240 万元，已计提折旧 100 万元，公允价值 144 万元，另外华丽向琴岛公司支付银行存款 54 万元作为补价。琴岛公司和华丽公司换入的资产均不改变其用途。

假设两公司都没有为资产计提减值准备，整个交易过程中没有发生除增值税以外的其他相关税费，琴岛和华丽公司的增值税税率均为 17%。非货币性资产交换具有商业实质且公允价值能够可靠计量。

要求：

（1）计算琴岛公司换入各项资产的成本；

（2）编制琴岛公司有关会计分录；

（3）计算华丽公司换入各项资产的成本；

（4）编制华丽公司有关会计分录。

第四章

债务重组

本章基本内容框架

- 债务重组
  - 债务重组概述
    - 债务重组定义
    - 债务重组方式
      - 以资产清偿债务
      - 债务转为资本
      - 修改其他债务条件
      - 组合方式
    - 债务重组日
  - 债务重组的会计处理
    - 以资产清偿债务
    - 债务转为资本
    - 修改其他债务条件
    - 组合方式

重点、难点讲解及典型例题

一、债务重组的定义

1. 债务重组

债务重组，是指在债务人发生财务困难的情况下，债权人按照其与债务人达成的协议或者法院的裁定作出让步的事项。

2. 债务人发生财务困难

债务人发生财务困难，是指因债务人出现资金周转困难、经营陷入困境或者其他方面的原因，导致其无法或者没有能力按原定条件偿还债务。

3. 债权人作出让步

债权人作出让步，是指债权人同意发生财务困难的债务人现在或者将来以低于重组债务账面价值的金额或者价值偿还债务。“债权人作出让步”的情形主要包括：债权人减免债务人部分债务本金或者利息、降低债务人应付债务的利率等。

【例 4－1·多选题】 琴岛公司应收华美公司的一笔货款 100 万元到期，由于华美公司发生财务困难，该笔货款预计短期内无法收回。当日琴岛公司就该债权与华美公司进行协商。下列协商方案中，属于债务重组的有（　　）。

A. 减免 10 万元债务，其余部分立即以现金偿还

B. 减免 11 万元债务，其余部分延期两年偿还

C. 以公允价值为90万元的无形资产偿还

D. 以现金10万元和公允价值为90万元的存货偿还

【答案】ABC

【解析】债务重组是指在债务人发生财务困难的情况下，债权人按照其与债务人达成的协议或者法院裁定作出让步的事项。此题选项D没有作出让步，不属于债务重组。

二、以资产清偿债务的会计处理

1. 以现金清偿债务

（1）债务人。以现金清偿债务的，债务人应当将重组债务的账面价值与实际支付现金之间的差额，确认为债务重组利得，计入营业外收入。

（2）债权人。债权人应当将重组债权的账面余额与收到的现金之间的差额，先将该差额冲减已计提的减值准备，冲减后尚有余额的，差额在借方，计入营业外支出；差额在贷方，冲减当期资产减值损失。

2. 以非现金资产清偿债务

（1）债务人。

①将重组债务的账面价值与转让的非现金资产的公允价值之间的差额，计入营业外收入。其中，转让非现金资产的公允价值，应按照《企业会计准则第39号——公允价值计量》计算确定。

②转让的非现金资产的公允价值与其账面价值的差额作为转让资产损益，计入当期损益。债务人在转让非现金资产过程中发生的一些税费，如运杂费等，直接计入转让资产损益。

（2）债权人。债务人以非现金资产清偿债务，债权人在债务重组日，按照非现金资产的公允价值作为受让资产的入账价值，重组债权的账面余额与受让的非现金资产的公允价值之间的差额，确认为债务重组损失；重组债权已计提减值准备的，应当先将该差额冲减坏账准备，冲减后，差额在借方计入营业外支出，差额在贷方冲减当期资产减值损失。

其中，受让非现金资产的公允价值，应按照《企业会计准则第39号——公允价值计量》计算确定。债权人为受让资产发生的运杂费、保险费等，应计入相关受让资产的价值。

【例4-2·单选题】琴岛公司应收华美公司货款2000万元，因华美公司财务困难到期未予偿付，琴岛公司就该项债权计提了400万元的坏账准备。2×16年6月10日，双方签订协议，约定以华美公司生产的100件A产品抵偿该债务。华美公司A产品售价为13万元/件（不含增值税），成本为10万元/件；6月20日，华美公司将抵债产品运抵琴岛公司并向其开具了增值税专用发票。琴岛、华美公司均为增值税一般纳税人，适用的增值税税率均为17%。不考虑其他因素，琴岛公司应确认的债务重组损失是（　　）。

A. 79 万元　　B. 279 万元

C. 300 万元　　D. 600 万元

【答案】A

【解析】琴岛公司应确认的债务重组损失 = 应收账款账面价值（2000 - 400） - 抵债资产的公允价值 100 × 13 × 1.17 = 79（万元）

【例 4 - 3 · 单选题】2 × 16 年 3 月 1 日，琴岛公司因发生财务困难，无力偿还所欠华美公司 800 万元款项。经双方协商同意，琴岛公司以自有的一栋办公楼和一批存货抵偿所欠债务。用于抵债的办公楼原值为 700 万元，已提折旧为 200 万元，公允价值为 600 万元；用于抵债的存货账面价值为 90 万元，公允价值为 120 万元。不考虑税费等其他因素，下列有关琴岛公司对该项债务重组的会计处理中，正确的是（　　）。

A. 确认债务重组收益 80 万元　　B. 确认商品销售收入 90 万元

C. 确认其他综合收益 100 万元　　D. 确认资产处置利得 130 万元

【答案】A

【解析】选项 A，确认债务重组收益 = 应付账款的账面价值 800 - 抵偿资产的公允价值（600 + 120） = 80（万元）；选项 B，确认商品销售收入 120 万元；选项 C，不确认其他综合收益；选项 D，确认资产处置利得 = 公允价值 600 - 账面价值（700 - 200） = 100（万元），存货对外出售时影响损益，但不属于利得。

【例 4 - 4 · 单选题】琴岛公司应付华美公司的购货款 2000 万元于 2 × 16 年 6 月 20 日到期，中国琴岛公司无力按期支付，经与华美公司协商进行债务重组，琴岛公司以其生产的 200 件 A 产品抵偿该债务，琴岛公司将抵债产品运抵华美公司并开具增值税专用发票后，原 2000 万元债务结清。琴岛公司 A 产品市场价格为每件 7 万元（不含增值税），成本为每件 4 万元。6 月 30 日，琴岛公司将 A 产品运抵华美公司并开具增值税专用发票。琴岛、华美公司均为增值税一般纳税人，适用的增值税税率均为 17%，华美公司在该项交易前已就该债权计提 500 万元坏账准备，不考虑其他因素，下列关于该交易或事项的会计处理中，正确的是（　　）。

A. 琴岛公司应确认营业收入 1400 万元

B. 华美公司应确认债务重组损失 600 万元

C. 琴岛公司应确认债务重组收益 1200 万元

D. 华美公司取得 A 产品成本 1500 万元

【答案】A

【解析】琴岛公司针对该事项的会计处理为：

借：应付账款	2000	
贷：主营业务收入		1400
应交税费——应交增值税（销项税额）		238
营业外收入		362

借：主营业务成本　　800
　　贷：库存商品　　800

华美公司针对该事项的会计处理为：

借：库存商品　　1400
　　应交税费——应交增值税（进项税额）　　238
　　坏账准备　　500
　　贷：应收账款　　2000
　　　　资产减值损失　　138

三、债务转为资本的会计处理

1. 债务人

对债务人而言，将债务转为资本，应当将债权人放弃债权而享有股份的面值总额（或者股权份额）确认为股本（或者实收资本），股份（或者股权）的公允价值总额与股本（或者实收资本）之间的差额确认为股本溢价（或者资本溢价）计入资本公积。将重组债务的账面价值与股权的公允价值之间的差额，计入营业外收入。

支付给券商的佣金先冲减发行股票的溢价收入，如果股本溢价不足冲减时，再冲减留存收益。

2. 债权人

在债务重组日，应将享有股权的公允价值确认为对债务人的投资，重组债权的账面余额与因放弃债权而享有的股权的公允价值之间的差额，应当先将该差额冲减已提取的减值准备，冲减后尚有余额的，差额在借方，计入营业外支出；差额在贷方，冲减当期资产减值损失。

【例4－5·多选题】 2×16年1月3日，琴岛公司因购买材料而欠华丽公司购货款及税款合计为2500万元，由于琴岛公司无法偿付应付账款，2×16年5月2日经双方协商同意，琴岛公司以普通股偿还债务，普通股每股面值为1元，假设股票市价为每股8元，琴岛公司以300万股偿还该项债务。2×16年6月1日增资手续办理完毕，华丽公司取得股权后划分为可供出售金融资产，其已对应收账款提取20万元坏账准备。华丽公司为取得股权发生相关交易费用10万元，琴岛公司为发行股票而支付相关交易费用10万元。华丽、琴岛公司债务重组会计处理正确的有（　　）。

A. 琴岛公司因债务重组确认资本公积——股本溢价2090万元

B. 琴岛公司因债务重组确认债务重组利得100万元

C. 华丽公司因债务重组取得可供出售金融资产的入账价值为2410万元

D. 华丽公司因债务重组确认债务重组损失100万元

【答案】 ABC

【解析】 琴岛公司会计处理：

借：应付账款——华丽公司　　2500

贷：股本　300

　资本公积——股本溢价［300×（8－1）－10］　2090

　营业外收入——债务重组利得（2500－300×8）　100

　银行存款　10

华丽公司会计处理：

借：可供出售金融资产（300×8＋10）　2410

　坏账准备　20

　营业外支出　80

　贷：应收账款　2500

　　银行存款　10

四、修改其他债务条件的会计处理

1. 不附或有条件的债务重组

（1）债务人。债务人应将重组债务的账面余额减记至重组后债务的公允价值，减记的金额作为债务重组利得，计入当期损益。

（2）债权人。债权人在重组日，应当将修改其他债务条件后的债权公允价值作为重组后债权的账面价值，重组债权的账面余额与重组后债权账面价值之间的差额确认为债务重组损失，计入当期损益。如果债权人已对该项债权计提了坏账准备，应当首先冲减已计提的坏账准备。

2. 附或有条件的债务重组

（1）债务人。附或有条件的债务重组，对于债务人而言，修改后的债务条款如涉及或有应付金额，且该或有应付金额符合或有事项中有关预计负债确认条件的，债务人应当将该或有应付金额确认为预计负债。重组债务的账面价值与重组后债务的入账价值和预计负债金额之和的差额，作为债务重组利得，计入营业外收入。

或有应付金额在以后会计期间没有发生的，公司应当冲销已确认的预计负债，同时确认营业外收入。

（2）债权人。对债权人而言，修改后的债务条款中涉及或有应收金额的，不应当确认，不得将其计入重组后债权的账面价值。在或有应收金额实际发生时，计入当期损益（先冲减债务重组日确认的营业外支出）。

【例4－6·单选题】下列关于债务重组会计处理的表述中，不正确的是（　　）。

A. 债权人将很可能发生的或有应收金额确认为应收债权

B. 债权人将收到的原未确认的或有应收金额计入当期损益

C. 债务人将很可能发生的或有应付金额确认为预计负债

D. 债务人确认的或有应付金额在随后无须支付时转入当期损益

【答案】A

【解析】债务重组中，对债权人而言，若债务重组过程中涉及或有应收金额，不应当确认或有应收金额，实际发生时计入当期损益。

五、组合方式的会计处理

主要有以下几种情况：以现金、非现金资产组合；以现金、非现金资产结合债务转为资本；以现金、非现金资产结合债务转为资本，再结合修改债务条件。

对于上述三种方式的混合，应注意以下几点：

（1）无论是从债务人还是从债权人角度讲，应考虑清偿的顺序。

（2）作为债权人，收到资产时是否需要按公允价值相对比例分配。新准则下，债权人收到的资产按照所收到资产的公允价值入账。

思考与练习

一、单选题

1. 公司之间进行债务重组的前提是（　　）。

A. 债权人发生了财务困难　　B. 债务人发生了财务困难

C. 债权人自愿作出让步　　D. 债务人商品难以销售

2. 债务人以现金清偿债务时，债权人应当将重组债权的账面余额与实际收到的现金之间的差额确认为（　　）。

A. 管理费用　　B. 期间费用

C. 营业外支出　　D. 坏账准备

3. 2×16 年 10 月 30 日，中国琴岛公司欠华美公司 600 万元货款到期。中国琴岛公司因财务困难，经协商于 2×16 年 11 月 15 日与华美公司签订债务重组协议，协议规定中国琴岛公司以价值 550 万元的商品抵偿所欠华美公司全部债务（假定不考虑相关税费的影响）。2×16 年 11 月 20 日，华美公司收到该商品并验收入库，同日办理了有关债务解除手续。该债务重组的重组日为（　　）。

A. 2×16 年 10 月 30 日　　B. 2×16 年 11 月 15 日

C. 2×16 年 11 月 20 日　　D. 2×16 年 12 月 31 日

4. 债务重组时，以修改其他债务条件进行债务重组的，债权人将来应收金额小于重组债权的账面价值的差额，应（　　）。

A. 计入管理费用　　B. 计入当期营业外支出

C. 冲减财务费用　　D. 冲减投资收益

5. 2×16 年 5 月 15 日，琴岛股份有限公司因购买材料而欠华美公司购货款及税款合计为 5000 万元，由于琴岛公司无法偿付应付账款，经双方协商同意，琴岛公司以普通股偿还债务，普通股每股面值为 1 元，市场价格每股为 3 元，琴岛公司以 1600 万股抵偿该项债务（不考虑相关税费）。华美对应收账款提取坏账准备 300 万元。假定华美公司将债权转为股权后，长期股权投资按照成本法核算。琴岛公司应确认的债务重组利得为（　　）万元。

A. 100　　B. 800　　C. 600　　D. 200

6. 琴岛公司与华美公司进行债务重组，重组协议规定，就应收华美公司账款100万元，华美公司以一批商品抵偿债务。商品的成本为60万元，计税价（公允价值）为80万元，增值税税率为17%，商品已交给琴岛公司。则华美公司在该债务重组中应计入营业外收入的金额为（　　）万元。

A. 6.4　　B. 30　　C. 0　　D. 22.5

7. 债务人（股份有限公司）以现金、非现金资产、将债务转为资本并附或有条件等方式的组合清偿某项债务，则该事项中，不会影响债务人当期损益的是（　　）。

A. 或有应付金额

B. 重组债务的账面价值与债权人因重组享有股权的公允价值之间的差额

C. 抵债的非现金资产的公允价值与账面价值的差额

D. 债权人因重组享有股权的公允价值与债务人确认的实收资本之间的差额

8. 下列各项中，能够按照《企业会计准则第12号——债务重组》的规定进行会计处理的是（　　）。

A. 债务人发行的可转换债券按正常条件转换为股权

B. 债务人破产清算时以低于债务账面价值的现金清偿债务

C. 债务人发生财务困难的情况下以一项价值低于债务账面价值的固定资产抵偿债务

D. 债务人借入新债以偿还旧债

9. 以修改其他债务条件进行债务重组的，如果债务重组协议中附有或有应付金额的，该或有应付金额最终没有发生的，应（　　）。

A. 冲减营业外支出　　B. 冲减财务费用

C. 冲减已确认的预计负债　　D. 不作账务处理

10. 将债务转为资本的，债务人应当将债权人放弃债权而享有股份的面值总额确认为股本（或者实收资本），重组债务的账面价值与股份的公允价值总额之间的差额，计入（　　）。

A. 营业外收入　　B. 营业外支出

C. 资本公积　　D. 资产减值损失

二、多选题

1. 某股份有限公司清偿债务的下列方式中，属于债务重组的有（　　）。

A. 根据转换协议将应付可转换公司债券转为资本

B. 以公允价值低于债务金额的非现金资产清偿

C. 延长债务偿还期限并加收利息

D. 以低于债务账面价值的银行存款清偿

2. 下列关于债务重组会计处理的表述中，正确的有（　　）。

A. 债务人以非现金资产抵偿债务的，债务人将重组债务的账面价值大于转让非现金资产的公允价值的差额计入资本公积

B. 债务人以债转股方式抵偿债务的，债权人将重组债务的账面价值大于相关股份公允价值的差额计入资产减值损失

C. 债务人以债转股方式抵偿债务的，债务人将重组债务的账面价值大于相关股份公允价值的差额计入营业外收入

D. 债务人以修改其他债务条件进行债务重组的，债权人涉及或有应收金额的，不予以确认，实际发生时，计入当期损益

3. 债务人以现金清偿债务的情况下，债权人进行账务处理可能涉及的科目有（　　）。

A. 库存现金　　B. 营业外支出

C. 营业外收入　　D. 资产减值损失

4. 下列关于债务重组会计处理的表述中，正确的有（　　）。

A. 债权人将很可能发生的或有应收金额确认为应收债权

B. 债权人收到的原未确认的或有应收金额计入当期损益

C. 债务人将很可能发生的或有应付金额确认为预计负债

D. 债务人确认的或有应付金额在随后不需支付时转入当期损益

5. 以下关于债务重组的说法中，正确的有（　　）。

A. 债务人以持有至到期投资偿还债务的，持有至到期投资公允价值与其账面价值之间的差额计入营业外收入或营业外支出

B. 债务人以债务转为资本的方式偿还债务的，股份的公允价值总额与股本之间的差额计入资本公积——股本溢价

C. 债务人以存货偿还债务的，视同销售该存货，应按照其公允价值确认相应的收入，同时结转存货的成本

D. 债务人以固定资产偿还债务的，固定资产公允价值与其账面价值之间的差额，计入营业外收入或营业外支出

6. 在债务重组时，债务人对以非现金资产偿债过程中发生的运杂费、保险费等相关费用，可能会记入（　　）科目。

A. 销售费用　　B. 主营业务成本

C. 营业外支出　　D. 营业外收入

7. 某股份有限公司清偿债务的下列方式中，属于债务重组的有（　　）。

A. 根据转换协议将应付可转换公司债券转为资本

B. 以公允价值低于债务金额的非现金资产清偿

C. 债权人作出让步时，延长债务偿还期限并收取比原利率小的利息

D. 以低于债务账面价值的银行存款清偿

8. 下列各项中，属于利得的有（　　）。

A. 出租无形资产取得的收益

B. 投资者的出资额大于其在被投资单位注册资本中所占份额的金额

C. 处置固定资产产生的净收益

D. 以现金清偿债务形成的债务重组收益

9. 债务重组的主要方式包括（　　）。

A. 以银行存款清偿债务　　B. 将债务转为资本

C. 修改其他债务条件　　D. 延期偿还债务

10. 2×16 年琴岛公司应收华美公司货款 125 万元，由于华美公司发生财务困难，遂于 2×16 年 12 月 31 日进行债务重组，琴岛公司同意延长 2 年，免除债务 25 万元，利息按年支付，利率为 5%。但附有一条件：债务重组后，如华美公司自第二年起有盈利，则利率上升至 7%，若无盈利，利率仍维持 5%。假定因该事项琴岛公司发生业务招待费 1 万元，琴岛公司未计提坏账准备。华美公司预计很可能盈利。下列各项中，不应计入债务重组日琴岛公司重组后债权账面价值的有（　　）。

A. 同意免除的债务　　B. 未来期间的或有应收金额

C. 未来期间应收的本金　　D. 未来期间应收的利息

三、判断题

1. 或有应付金额在随后会计期间没有发生的，公司应当冲销已确认的预计负债，同时确认营业外收入。（　　）

2. 修改其他债务条件进行债务重组的，债务人不能确认债务重组收益。（　　）

3. 对于附或有应付条件的债务重组，债务重组利得为重组债务的账面价值与重组后债务的入账价值之间的差额，这部分利得应计入当期损益（营业外收入）。（　　）

4. 附或有条件的债务重组，未支付的或有支出，待结算时应将其全部转入资本公积。（　　）

5. 将债务转为资本的，债权人应当将享有股份的公允价值确认为对债务人的投资，重组债权的账面余额与股份的公允价值之间的差额，比照以非现金资产清偿债务的债务重组会计处理规定进行处理。债权人已对债权计提减值准备的，应当先将该差额冲减减值准备，冲减后尚有余额的，计入营业外支出（债务重组损失）；冲减后减值准备仍有余额的，应予转回并抵减当期资产减值损失。（　　）

6. 减少债务本金、降低利率、免去应付未付的利息、延长偿还期限并减少债务的账面价值等重组方式属于修改其他债务条件的债务重组方式。（　　）

7. 以现金清偿债务的，债务人应当将重组债务的账面价值与实际支付现金之间的差额，计入资本公积。（　　）

8. 只要债权人对债务人的债务作出了让步，不管债务人是否发生财务困难，都

属于准则所定义的债务重组。 ( )

9. 将债务转为资本的，债务人应当将债权人放弃债权而享有股份的面值总额确认为股本（或者实收资本），股份的公允价值总额与股本（或者实收资本）之间的差额确认为资本公积。重组债务的账面价值与股份的公允价值总额之间的差额，计入资本公积。 ( )

10. 公司接受的债务人以非现金资产抵偿债务方式取得的无形资产，收到补价的，按应收债权的账面价值减去补价，作为实际成本入账。 ( )

四、业务题

1. 琴岛公司从华丽公司购入原材料 50 万元（含税），由于财务困难无法归还，2×16 年 10 月 1 日进行债务重组，琴岛公司用银行存款支付 40 万元后，余款不再偿还。华丽公司对应收账款已计提坏账准备 5 万元。

要求：根据上述经济业务编制相应的会计分录。

2. 2×16 年琴岛公司从华丽公司购入原材料一批，价款共计 117 万元（含增值税），现琴岛公司发生财务困难，无法按约定偿还货款，经双方协议，华丽公司同意琴岛公司用其产品抵偿该笔欠款。抵债产品市价为 80 万元，增值税税率为 17%，产品生产成本为 68 万元。华丽公司已为该笔应收账款计提坏账准备 10 万元，假定不考虑其他税费。

要求：根据上述经济业务编制相应的会计分录。

3. 琴岛公司和华美公司均为一般增值税纳税人。琴岛公司于 2×16 年 6 月 30 日向华美公司出售产品一批，产品销售价款 200 万元，应收增值税额 34 万元；华美公司于同年 6 月 30 日开出期限为 6 个月的票面年利率为 6% 的商业承兑汇票，抵偿该产品价款。在该票据到期日，华美公司未按期兑付该票据，琴岛公司将该应收票据按其到期价值转入应收账款，不再计算利息。至 2×17 年 12 月 31 日，琴岛公司对该应收账款提取的坏账准备为 1 万元。华美公司由于财务困难，短期内资金紧张，于 2×17 年 12 月 31 日经与琴岛公司协商，达成债务重组协议如下：

（1）华美公司以产品一批偿还部分债务。该批产品的账面价值为 4 万元，公允价值为 6 万元，应交增值税额为 1.02 万元。华美公司开出增值税专用发票。琴岛公司将该产品作为商品验收入库。

（2）琴岛公司同意减免华美公司所负全部债务扣除实物抵债后剩余债务的 40%，其余债务的偿还期延至 2×18 年 12 月 31 日。

要求：

（1）计算华美公司债务重组时应付账款的账面余额、债务重组后债务的入账价值、债务重组利得；

（2）编制华美公司与债务重组有关的会计分录；

（3）计算琴岛公司债务重组损失，并编制琴岛公司的会计分录。

第五章

所 得 税

本章基本内容框架

- 所得税会计概述
  - 所得税会计的处理方法
  - 所得税会计的核算程序
- 所得税会计的计税基础
  - 资产的计税基础
  - 负债的计税基础
  - 暂时性差异
    - 应纳税暂时性差异
    - 可抵扣暂时性差异
- 递延所得税资产和递延所得税负债的核算
  - 递延所得税资产的确认和计量
  - 递延所得税负债的确认和计量
- 所得税费用的确认和计量
  - 当期所得税
  - 递延所得税
  - 所得税费用

重点、难点讲解及典型例题

一、所得税会计的处理方法

我国所得税会计采用了资产负债表债务法，要求公司从资产负债表出发，通过比较资产负债表上列示的资产、负债按照会计准则规定确定的账面价值与按照税法规定确定的计税基础，对于两者之间的差异分别应纳税暂时性差异与可抵扣暂时性差异，确认相关的递延所得税负债与递延所得税资产，并在此基础上确定每一会计期间利润表中的所得税费用。

二、所得税会计的一般程序

（1）按照相关会计准则规定确定资产负债表中除递延所得税资产和递延所得税负债以外的其他资产和负债项目的账面价值。

（2）按照会计准则中对于资产和负债计税基础的确定方法，确定资产负债表中有关资产、负债项目的计税基础。

（3）确定递延所得税费用（或收益）。

（4）确定当期所得税费用。

（5）确定利润表中的所得税费用。

三、资产的计税基础

资产的计税基础，是指公司收回资产账面价值过程中，计算应纳税所得额时按照税法规定可以自应税经济利益中抵扣的金额，即某一项资产在未来期间计税时按照税法规定可以税前扣除的金额。

资产在初始确认时，其计税基础一般为取得成本，即公司为取得某项资产支付的成本在未来期间准予税前扣除。在资产持续持有的过程中，其计税基础是指资产的取得成本减去以前期间按照税法规定已经税前扣除的金额后的余额。

1. 固定资产

以各种方式取得的固定资产，初始确认时按照会计准则规定确定的入账价值基本上是被税法认可的，即取得时其账面价值一般等于计税基础。

固定资产在持有期间进行后续计量时，由于会计与税法规定就折旧方法、折旧年限以及固定资产减值准备的提取等处理的不同，可能造成固定资产的账面价值与计税基础的差异。

2. 无形资产

除内部研究开发形成的无形资产以外，以其他方式取得的无形资产，初始确认时其入账价值与税法规定的成本之间一般不存在差异。

3. 以公允价值计量且其变动计入当期损益的金融资产

按照《企业会计准则第 22 号——金融工具确认和计量》的规定，对于以公允价值计量且其变动计入当期损益的金融资产，其于某一会计期末的账面价值为公允价值，如果税法规定按照会计准则确认的公允价值变动损益在计税时不予考虑，即有关金融资产在某一会计期末的计税基础为其取得成本，会造成该类金融资产账面价值与计税基础之间的差异。

4. 其他资产

因公司会计准则规定与税法规定不同，公司持有的其他资产，可能造成其账面价值与计税基础之间存在差异。

四、负债的计税基础

负债的计税基础，是指负债的账面价值减去未来期间计算应纳税所得额时按照税法规定可予抵扣的金额。

1. 预计负债

如果税法规定，与销售产品相关的支出应于发生时税前扣除。因该类事项产生的预计负债在期末的计税基础为其账面价值与未来期间可税前扣除的金额之间的差额，因有关的支出实际发生时可全额税前扣除，其计税基础为0。

2. 预收账款

公司在收到客户预付的款项时，因不符合收入确认条件，会计上将其确认为负债。税法对于收入的确认原则一般与会计规定相同，即会计上未确认收入时，计税时一般亦不计入应纳税所得额，该部分经济利益在未来期间计税时可予税前扣除的金额为0，计税基础等于账面价值。如果不符合会计准则规定的收入确认条件，但按照税法规定应计入当期应纳税所得额时，有关预收账款的计税基础为0，即因其产生时已经计入应纳税所得额，未来期间可全额税前扣除，计税基础为账面价值减去在未来期间可全额税前扣除的金额，即其计税基础为0。

3. 应付职工薪酬

会计准则规定，公司为获得职工提供的服务给予的各种形式的报酬以及其他相关支出均应作为公司的成本、费用，在未支付之前确认为负债。税法对于合理的职工薪酬基本允许税前扣除，相关应付职工薪酬负债的账面价值等于计税基础。

4. 其他负债

其他负债如公司应交的罚款和滞纳金等，在尚未支付之前按照会计规定确认为费用，同时作为负债反映。税法规定，罚款和滞纳金不能税前扣除，即该部分费用无论是在发生当期还是在以后期间均不允许税前扣除，其计税基础为账面价值减去未来期间计税时可予税前扣除的金额0之间的差额，即计税基础等于账面价值。

【例5-1·多选题】下列表述方式正确的内容有（　）。

A. 资产的计税基础是指公司收回资产账面价值过程中，计算应纳税所得额时按照税法规定可以自应税经济利益中抵扣的金额

B. 负债的计税基础是指负债的账面价值减去未来期间计算应纳税所得额时按照税法规定可予抵扣的金额

C. 通常情况下，资产在取得时其入账价值与计税基础是相同的，后续计量过程中因公司会计准则规定与税法规定不同，可能造成账面价值与计税基础的差异

D. 通常情况下，短期借款、应付票据、应付账款等负债的确认和偿还，不会对当期损益和应纳税所得额产生影响，其计税基础即为账面价值

E. 公司应交的罚款和滞纳金等，税法规定不能在税前扣除，所以其计税基础为0

【答案】ABCD

【解析】负债的计税基础是指负债的账面价值减去其未来期间计算应纳税所得额时按照税法规定可予抵扣的金额。罚款和滞纳金的计税基础为账面价值减去其未来期间计税时可予扣除的金额之间的差额，即计税基础等于账面价值。

五、暂时性差异

1. 应纳税暂时性差异

应纳税暂时性差异通常产生于以下情况：

（1）资产的账面价值大于其计税基础。

（2）负债的账面价值小于其计税基础。

2. 可抵扣暂时性差异

可抵扣暂时性差异一般产生于以下情况：

（1）资产的账面价值小于其计税基础。

（2）负债的账面价值大于其计税基础。

【例5－2·多选题】 下列各种情形中，会产生可抵扣暂时性差异的有（　）。

A. 资产的账面价值大于其计税基础

B. 资产的账面价值小于其计税基础

C. 负债的账面价值大于其计税基础

D. 负债的账面价值小于其计税基础

E. 资产的账面余额小于其计税基础

【答案】 BC

六、递延所得税负债和递延所得税资产的核算

1. 递延所得税负债的确认和计量

（1）递延所得税负债的确认。公司在确认因应纳税暂时性差异产生的递延所得税负债时，应遵循以下原则：除会计准则中明确规定可不确认递延所得税负债的情况以外，公司对于所有的应纳税暂时性差异均应确认相关的递延所得税负债。除直接计入所有者权益的交易或事项以及公司合并外，在确认递延所得税负债的同时，应增加利润表中的所得税费用。

（2）递延所得税负债的计量。递延所得税负债应以应纳税暂时性差异转回期间适用的所得税税率计量。另外，无论应纳税暂时性差异的转回期间如何，递延所得税负债不要求折现。

2. 递延所得税资产的确认和计量

（1）递延所得税资产的确认。资产、负债的账面价值与其计税基础不同产生可抵扣暂时性差异的，在估计未来期间能够取得足够的应纳税所得额用以利用该可抵扣暂时性差异的，应当以很可能取得用来抵扣可抵扣暂时性差异的应纳税所得额为限，确认相关的递延所得税资产。

（2）递延所得税资产的计量。确认递延所得税资产时，应估计相关可抵扣暂时性差异的转回时间，采用转回期间适用的所得税税率为基础计算确定。另外，无论相关的可抵扣暂时性差异转回期间如何，递延所得税资产均不予折现。

【例5－3·多选题】 某公司2×16年发生亏损200万元，2×16年所得税税率为33%，2×17年所得税税率为25%，公司认为在以后年度可以产生足够应纳税所得额抵扣亏损，则2×16年该公司应（　）。

A. 增加递延所得税资产50万元　　B. 增加递延所得税负债66万元

C. 增加所得税费用 66 万元　　　　D. 减少递延所得税资产 50 万元

E. 减少所得税费用 50 万元

【答案】AE

【解析】对于能够结转以后年度的未弥补亏损，应视同可抵扣暂时性差异，以很可能获得用来抵扣该部分亏损的未来应纳税所得额为限，确认相应的递延所得税资产

递延所得税资产 = 可抵扣暂时性差异 × 所得税税率 = 200 × 25% = 50（万元）。

借：递延所得税资产　　　　500000

　　贷：所得税费用　　　　500000

七、所得税费用的确认和计量

所得税费用 = 当期所得税 + 递延所得税

当期所得税 = 当期应交所得税 = 应纳税所得额 × 所得税税率

递延所得税 = （期末递延所得税负债 - 期初递延所得税负债） - （期末递延所得税资产 - 期初递延所得税资产）

【例 5 -4 · 多选题】所得税会计应设置的会计账户有（　　）。

A. 所得税费用　　　　B. 递延所得税

C. 递延所得税资产　　　　D. 递延所得税负债

【答案】ACD

【解析】递延所得税属于所得税费用的一部分，主要受递延所得税资产和递延所得税负债的影响，不属于会计账户。

【例 5 -5 · 多选题】下列项目中，会影响所得税费用的有（　　）。

A. 当期应交所得税　　　　B. 递延所得税资产

B. 递延所得税负债　　　　D. 当期所得税税率变动

E. 资本公积

【答案】ABCD

【解析】所得税费用是由当期所得税和递延所得税费用两部分组成；递延所得税费用又与递延所得税资产和递延所得税负债有关。当期所得税税率变动时，应对原已确认的递延所得税资产及递延所得税负债的金额进行调整，所以也会影响所得税费用。

思考与练习

一、单选题

1. 某公司 2 × 16 年度的利润总额为 1000 万元，其中包括本年收到的国库券利息收入 10 万元；全年实发工资为 350 万元，假设均为合理的职工薪酬，公司所得税税

率为25%。税法规定，国库券利息收入免税，公司发生的合理的职工薪酬可在税前扣除。不考虑其他因素，则该公司2×16年所得税费用为（　　）万元。

A. 340　　B. 247.5

C. 252.5　　D. 162.5

2. 公司因下列事项所确认的递延所得税，不影响所得税费用的是（　　）。

A. 期末固定资产的账面价值高于其计税基础，产生的应纳税暂时性差异

B. 期末按公允价值调减交易性金融资产的金额，产生的可抵扣暂时性差异

C. 期末按公允价值调增可供出售金融资产的金额，产生的应纳税暂时性差异

D. 期末按公允价值调增投资性房地产的金额，产生的应纳税暂时性差异

3. 中国琴岛公司2×11年1月1日购入一项无形资产。该无形资产的实际成本为1000万元，摊销年限为10年（与税法规定相同），采用直线法摊销（与税法规定相同）。2×15年12月31日，该无形资产发生减值，预计可收回金额为360万元。计提减值准备后，该无形资产原摊销年限和摊销方法不变。中国琴岛公司适用的所得税税率为25%。2×16年12月31日，与该无形资产相关的"递延所得税资产"科目余额为（　　）万元。

A. 30　　B. 72

C. 36　　D. 28

4. 中国琴岛公司于2×16年发生经营亏损5000万元，按照税法规定，该亏损可用于抵减以后5个年度的应纳税所得额。该公司预计其于未来5年内能够产生的应纳税所得额为3000万元。中国琴岛公司适用的所得税税率为25%，无其他纳税调整事项，则中国琴岛公司2×16年就该事项的所得税影响，应确认（　　）。

A. 递延所得税资产1250万元　　B. 递延所得税负债1250万元

C. 递延所得税资产750万元　　D. 递延所得税负债750万元

5. 下列各项资产和负债中，因账面价值和计税基础不一致形成暂时性差异的是（　　）。

A. 计提职工工资形成的应付职工薪酬

B. 购买国债确认的利息收入

C. 因确认产品质量保证形成的预计负债

D. 因违反税法规定应缴纳但尚未缴纳的罚款

6. 某公司适用的所得税税率为25%，2×16年12月因违反当地有关环保法规的规定，接到环保部门的处罚通知，要求其支付罚款100万元。税法规定，公司因违反国家有关法律法规支付的罚款和滞纳金，计算应纳税所得额时不允许税前扣除。至2×16年12月31日，该项罚款尚未支付。则2×16年末该公司产生的应纳税暂时性差异为（　　）万元。

A. 0　　B. 100

C. -100　　D. 25

7. 中国琴岛公司 2×16 年初“预计负债”账面余额为 200 万元（预提的产品保修费用），“递延所得税资产”账面余额为 66 万元。2×16 年产品销售收入为 5000 万元，按照销售收入 2% 的比例计提产品保修费用，假设产品保修费用在实际支付时可以在税前抵扣。2×16 年未发生产品保修费用。2×16 年适用的所得税税率为 33%，预计 2×17 年所得税税率为 25%。则 2×16 年 12 月 31 日递延所得税资产的发生额为（　　）万元。

A. 66　　B. 33

C. 99　　D. 9

8. 下列各项负债中，其计税基础为 0 的是（　　）。

A. 因欠税产生的应交税款滞纳金　B. 因购入存货形成的应付账款

C. 因确认保修费用形成的预计负债　D. 为职工计提的应付养老保险金

9. 某公司 2×14 年 12 月 1 日购入的一项环保设备，原价为 1000 万元，使用年限为 10 年，会计处理时按照直线法计提折旧，税收规定允许按双倍余额递减法计提折旧，设备净残值为 0。2×16 年末公司对该项固定资产计提了 80 万元的固定资产减值准备。2×16 年末该项设备的计税基础是（　　）万元。

A. 640　　B. 720

C. 800　　D. 560

10. 我国所得税会计的核算方法为（　　）。

A. 资产负债表债务法　B. 资产负债表利润法

C. 利润表债务法　D. 现金流量表债务法

11. 所得税采用资产负债表债务法核算，其暂时性差异是指（　　）。

A. 资产、负债的账面价值与其公允价值之间的差额

B. 资产、负债的账面价值与计税基础之间的差额

C. 会计利润与税法应纳税所得额之间的差额

D. 仅仅是资产的账面价值与计税基础之间的差额

12. 中国琴岛公司 2×16 年末存货账面余额 100 万元，已计提存货跌价准备 10 万元，则存货的账面价值为 90 万元，存货的账面价值 90 万元与其计税基础 100 万元的差额 10 万元为（　　）。

A. 应纳税暂时性差异　B. 可抵扣暂时性差异

C. 递延所得税负债　D. 递延所得税资产

13. 中国琴岛公司 2×14 年 12 月 31 日取得的某项机器设备，原价为 900 万元，预计使用年限为 10 年。会计上按照直线法计提折旧，税法上采用双倍余额递减法计提折旧，预计净残值为 0。2×15 年 12 月 31 日，中国琴岛公司对该项固定资产计提了 75 万元的固定资产减值准备。2×16 年 12 月 31 日，该设备的计税基础为（　　）万元。

A. 501　　B. 645

C. 720　　D. 576

14. 有关应纳税暂时性差异，下列说法不正确的是（　　）。

A. 应纳税暂时性差异使本期的资产账面价值大于资产计税基础

B. 应纳税暂时性差异使本期的资产账面价值小于资产计税基础

C. 公司对于所有的应纳税暂时性差异均应确认相关的递延所得税负债，除直接计入所有者权益的交易或事项以及公司合并外

D. 应纳税暂时性差异在转回期间将增加未来期间公司的应纳税所得额和应交所得税

15. 某公司本年实现税前利润 100 万元，本年发生应增加应纳税所得额的差异 10 万元，发生应纳税暂时性差异 4 万元。公司采用资产负债表债务法，则应纳税所得额为（　　）万元。

A. 106　　B. 114

C. 110　　D. 96

二、多选题

1. 下列各事项中，计税基础等于账面价值的有（　　）。

A. 应付的购货合同违约金　　B. 计提的国债利息

C. 因产品质量保证计提的预计负债　　D. 应付的税收滞纳金

2. 下列关于资产或负债的计税基础的表述中，正确的有（　　）。

A. 资产的计税基础，即在未来期间计税时按照税法规定可以税前扣除的金额

B. 资产的计税基础，即账面价值减去在未来期间计税时按照税法规定可以税前扣除的金额

C. 负债的计税基础，即在未来期间计税时，按照税法规定可以税前扣除的金额

D. 负债的计税基础，即账面价值减去在未来期间计税时按照税法规定可以税前扣除的金额

3. 下列交易或事项中，其计税基础等于账面价值的有（　　）。

A. 公司持有的交易性金融资产在资产负债表日的公允价值变动

B. 公司为关联方提供债务担保确认了预计负债 1000 万元

C. 公司自行开发的无形资产，开发阶段符合资本化条件的支出为 100 万元，按税法规定，开发阶段支出形成无形资产，要按照无形资产成本的 150% 摊销

D. 税法规定的收入确认时点与会计准则一致，会计确认预收账款 500 万元

4. 下列交易或事项中，产生应纳税暂时性差异的有（　　）。

A. 公司购入固定资产，会计采用直线法计提折旧，税法采用年数总和法计提折旧

B. 公司购入交易性金融资产，期末公允价值小于其初始确认金额

C. 公司购入无形资产，作为使用寿命不确定的无形资产进行核算

D. 对联营公司的长期股权投资，因被投资单位实现净利润而调整增加投资的账面价值

5. 下列项目产生的递延所得税资产中，不应计入所得税费用的有（　　）。

A. 公司发生可用以后年度税前利润弥补的亏损

B. 可供出售金融资产期末公允价值暂时性下降

C. 公司合并中产生的可抵扣暂时性差异

D. 交易性金融资产期末公允价值下降

6. 下列资产和负债项目的账面价值与其计税基础之间的差额，应确认递延所得税的有（　　）。

A. 公司自行研究开发并资本化的专利权

B. 期末按公允价值调增可供出售金融资产的金额

C. 期末按公允价值调减投资性房地产的金额

D. 公司因销售商品提供售后服务确认的预计负债

7. 下列项目中，应确认递延所得税负债的有（　　）。

A. 固定资产账面价值大于其计税基础

B. 可供出售金融资产账面价值大于其计税基础

C. 预计负债账面价值大于其计税基础

D. 预收账款账面价值大于其计税基础

8. 下列项目中，不应确认递延所得税负债的有（　　）。

A. 与联营公司投资相关的应纳税暂时性差异，投资公司能够控制暂时性差异转回的时间且该暂时性差异在可预见的未来能够转回

B. 与合营公司投资相关的应纳税暂时性差异，投资公司能够控制暂时性差异转回的时间且该暂时性差异在可预见的未来很可能不会转回

C. 与联营公司投资相关的应纳税暂时性差异，该暂时性差异在可预见的未来很可能转回

D. 非同一控制下的公司合并中初始确认的商誉产生的应纳税暂时性差异

9. 下列说法中，正确的有（　　）。

A. 资产负债表日，有确凿证据表明未来期间很可能获得足够的应纳税所得额用来抵扣可抵扣暂时性差异的，应当确认以前期间未确认的递延所得税资产

B. 资产负债表日，有确凿证据表明未来期间可能获得足够的应纳税所得额用来抵扣可抵扣暂时性差异的，应当确认以前期间未确认的递延所得税负债

C. 当某项交易同时具有“该项交易不是公司合并”和“交易发生时既不影响会计利润也不影响应纳税所得额（或可抵扣亏损）”两个特征时，该项交易中因资产或负债的初始确认所产生的可抵扣暂时性差异不确认递延所得税资产

D. 当某项交易同时具有“该项交易不是公司合并”和“交易发生时既不影响会计利润也不影响应纳税所得额”两个特征时，该项交易中因资产或负债的初始确认

所产生的可抵扣暂时性差异要确认递延所得税资产

10. 下列关于递延所得税处理的表述中，不正确的有（　　）。

A. 资产负债表日，对于递延所得税资产和递延所得税负债，应当根据税法规定，按照预期收回该资产或清偿该负债期间的适用所得税税率计量

B. 产生暂时性差异，就应确认递延所得税

C. 适用税率发生变化的，应对已确认的递延所得税资产和递延所得税负债进行重新计量，并将其影响数计入变化当期的所得税费用

D. 递延所得税，均是由资产或负债的账面价值与计税基础之间的差异引起的

11. 下列各项中，影响公司利润表“所得税费用”项目金额的有（　　）。

A. 当期确认的应交所得税

B. 因对存货计提存货跌价准备而确认的递延所得税资产

C. 因可供出售金融资产公允价值上升而确认的递延所得税负债

D. 非同一控制下免税合并中，被合并方资产、负债公允价值与账面价值不等产生的暂时性差异，由此确认的递延所得税

12. 公司因下列事项所确认的递延所得税，应计入利润表所得税费用的有（　　）。

A. 期末按公允价值调增可供出售金融资产的金额，产生的应纳税暂时性差异

B. 非同一控制下的合并中，被投资公司可辨认资产、负债公允价值与账面价值不同所产生的暂时性差异

C. 计提资产减值准备产生的暂时性差异

D. 期末按公允价值调增投资性房地产的金额，产生的应纳税暂时性差异

13. 下列负债项目中，不会导致账面价值与计税基础产生差异的有（　　）。

A. 短期借款　　B. 应付票据

C. 应付账款　　D. 预计负债

14. 下列各项中，在计算当期应交所得税应予考虑的因素有（　　）。

A. 当期实现的利润总额　　B. 当期发生的可抵扣暂时性差异

C. 当期转回的应纳税暂时性差异　　D. 弥补以前年度亏损

15. 下列各事项中，不会导致计税基础和账面价值产生差异的有（　　）。

A. 存货期末的可变现净值高于成本（以前未计提过跌价准备）

B. 购买国债确认的利息收入

C. 固定资产发生的维修支出

D. 使用寿命不确定的无形资产计提减值准备

三、判断题

1. 计入当期损益的所得税费用或收益包括公司合并和直接在所有者权益中确认的交易或事项产生的所得税影响。（　　）

2. 所得税费用在利润表中单独列示，不需要在报表附注中披露与所得税相关的信息。（　）

3. 公司当期所得税资产及当期所得税负债在满足一定条件时可以以抵销后的净额列示。（　）

4. 对于按税法规定可以结转到以后年度的未弥补亏损和税款抵减，在预计可利用可弥补亏损或税款抵减的未来期间内能够取得足够的应纳税所得额时，应当以很可能取得的应纳税所得额为限，确认相关的递延所得税资产。（　）

5. 确认递延所得税资产时，应估计相关可抵扣暂时性差异的转回时间，如果转回期间与当期相隔较长时，相关递延所得税资产应予以折现。（　）

6. 递延所得税负债应以相关应纳税暂时性差异产生期间适用的所得税税率计量，递延所得税负债的确认不要求折现。（　）

7. 公司合并中产生的商誉，其账面价值和计税基础不同形成的应纳税暂时性差异，公司会计准则中规定不确认相关递延所得税负债。（　）

8. 递延所得税资产或递延所得税负债均应以相关暂时性差异产生当期适用的所得税税率计量。（　）

9. 可抵扣暂时性差异是指在确定未来收回资产或清偿负债期间的应纳税所得额时，将导致产生应税金额的暂时性差异。（　）

10. 资产账面价值大于其计税基础，产生可抵扣暂时性差异；负债账面价值小于其计税基础，产生可抵扣暂时性差异。（　）

11. 公司应交纳的罚款和滞纳金，在尚未支出之前按照会计准则规定确认为费用，同时作为负债反映。税法规定，罚款和滞纳金不允许税前扣除，则该项负债的账面价值等于计税基础。（　）

12. 资产的账面价值与计税基础不同产生暂时性差异的原因，主要是由于会计和税收对资产的入账价值不同所产生的。（　）

13. 未作为资产和负债确认的项目，如按照税法规定可以确定其计税基础，则该计税基础与其账面价值之间的差额应属于暂时性差异。（　）

14. 无论相关的可抵扣暂时性差异转回期间如何，递延所得税资产均不予折现。（　）

15. 所得税费用是由当期所得税和递延所得税费用两部分组成的。（　）

四、业务题

1. 中国琴岛公司 2×16 年 12 月 31 日资产负债表项目暂时性差异计算表列示：可抵扣暂时性差异 700000 元，应纳税暂时性差异 300000 元。该公司适用的所得税税率为 25%。假定中国琴岛公司预计会持续盈利，能够获得足够的应纳税所得额，2×16 年度税务机关核实的该公司应交所得税为 2725000 元。

要求：（1）计算中国琴岛公司 2×16 年递延所得税资产、递延所得税负债、递延所得税以及所得税费用。

（2）编制有关所得税费用的会计分录。

2. 中国琴岛公司2×16年度利润总额为2400万元，该公司适用的所得税税率为25%。2×16年发生的有关交易和事项中，会计处理与税收处理存在的差别有：

（1）2×16年1月1日开始计提折旧的一项固定资产，成本为1200万元，使用年限为10年，净残值为0，会计处理按双倍余额递减法计提折旧，税收处理按直线法计提折旧。假定税法规定的使用年限及净残值与会计规定相同。

（2）向关联公司提供现金捐赠400万元。

（3）当期取得作为交易性金融资产核算的股票投资成本为800万元，2×16年12月31日的公允价值为1200万元。税法规定，以公允价值计量的金融资产持有期间市价变动不计入应纳税所得额。

（4）应付违反环保法规定罚款200万元。

（5）期末对持有的存货计提了60万元的存货跌价准备。

该公司2×16年资产负债表相关项目金额及其计税基础如表5-1所示。

表5-1　　2×16年资产负债表相关项目金额及其计税基础　　单位：元

项目	账面价值	计税基础	差异	
			应纳税暂时性差异	可抵扣暂时性差异
存货	16000000	16600000		600000
固定资产：				
固定资产原价	12000000	12000000		
减：累计折旧	2400000	1200000		
减：固定资产减值准备	0	0		
固定资产账面价值	9600000	10800000		1200000
交易性金融资产	12000000	8000000	4000000	
其他应付款	2000000	2000000		
总计			4000000	1800000

要求：计算中国琴岛公司的应纳税所得额、应交所得税、所得税费用并作出会计分录。

第六章

外币业务

本章基本内容框架

- 记账本位币的确定
  - 记账本位币的定义
  - 公司记账本位币的确定
  - 境外经营记账本位币的确定
- 外币交易的会计处理
  - 外币交易的核算程序
  - 即期汇率和即期汇率的近似汇率
  - 外币交易的会计处理
- 外币财务报表折算
  - 境外经营财务报表的折算
  - 境外经营的处置

重点、难点讲解及典型例题

一、公司记账本位币的确定

公司通常应选择人民币作为记账本位币。业务收支以人民币以外的货币为主的公司，可以按规定选定其中一种货币作为记账本位币。但是，编报的财务会计报告应当折算为人民币。

【例6-1·单选题】 下列说法中正确的是（　　）。

A. 公司记账本位币一经确定，不得随意变更，除非公司经营所处的主要经济环境发生重大变化

B. 公司记账本位币一经确定，不得变更

C. 公司的记账本位币一定是人民币

D. 公司编报财务报表的货币可以按照人民币以外的币种来反映

【答案】 A

【解析】 公司记账本位币一经确定，不得随意变更，除非与确定公司记账本位币相关的经营所处的主要经济环境发生重大变化。

二、即期汇率和即期汇率的近似汇率

1. 即期汇率

即期汇率，通常是指中国人民银行公布的当日人民币外汇牌价的中间价。公司发生的外币兑换业务或涉及外币兑换的交易事项，应当按照交易实际采用的汇率（即银行买入价或卖出价）折算。

【例6-2·单选题】 中国琴岛公司系中外合资经营公司，其注册资本为520万美元，合同约定分两次投入，但未约定折算汇率。中、外投资者分别于2×16年1月1日和3月1日投入250万美元和270万美元。2×16年1月1日、3月1日、3月31日和12月31日美元对人民币的汇率分别为1:7.75、1:7.80、1:7.82和1:7.90。假定该公司采用人民币作为记账本位币，外币业务采用业务发生日的汇率折算。该公司2×16年年末资产负债表中"实收资本"项目的金额为人民币（　　）万元。

A. 4043.5　　　　B. 2370

C. 3128　　　　D. 3120

【答案】 A

【解析】 "实收资本"应按照其入账时的即期汇率来折算。所以，该公司2×16年年末资产负债表中实收资本项目的金额=250×7.75+270×7.80=4043.5（万元）。

【例6-3·单选题】 公司在编制合并财务报表时，下列子公司外币会计报表项目中，可以采用交易发生日的即期汇率折算为母公司记账本位币的是（　　）。

A. 无形资产　　　　B. 短期借款

C. 应付债券　　　　D. 管理费用

【答案】 D

【解析】 公司在编制合并财务报表时，"管理费用"科目在子公司外币会计报表项目中可以采用交易发生日的即期汇率折算为母公司的记账本位币。

2. 即期汇率的近似汇率

即期汇率的近似汇率，是指按照系统合理的方法确定的、与交易发生日即期汇率近似的汇率，通常采用当期平均汇率或加权平均汇率等。

【例6-4·单选题】 中国琴岛公司对外币业务采用即期汇率的近似汇率（月初汇率）进行折算，按季计算汇兑损益。3月1日收到一张期限为三个月的不带息的外币应收票据，票面金额为300万美元，当日的市场汇率为1美元=8.21元人民币。6月20日如数收到300万美元，当日的市场汇率为1美元=8.27元人民币。3月初的汇率为1美元=8.27元人民币；3月底和4月初的汇率均为1美元=8.25元人民币；4月底和5月初的汇率均为1美元=8.24元人民币；5月底和6月初的汇率均为1美元=8.26元人民币。6月30日的汇率为1美元=8.27元人民币。该外币应收票据在第二季度产生的汇兑收益为（　　）。

A. 0　　　　B. 3万元

C. 6 万元　　　　　　　　　　D. 9 万元

【答案】B

【解析】外币应收票据在第二季度产生的汇兑收益 = 300 × （8.26 - 8.25） = 3（万元）。

具体分录及分析如下：

3 月 20 日收到票据时：

借：应收票据——美元户（300 ×8.27）　　2481

　　贷：相关科目　　2481

3 月底将应收票据外币账户按照 3 月底汇率进行折算：

借：财务费用［300 × （8.27 - 8.25）］　　6

　　贷：应收票据——人民币户　　6

6 月 20 日收到 300 万美元：

借：银行存款——美元户（300 ×8.26）　　2478

　　贷：应收票据——美元户　　2478

6 月底应收票据外币账户余额为 0，其人民币账户余额也应是 0，在按照 6 月底汇率调整前，人民币户的余额是 2481 -6 -2478 = -3（万元），所以应作分录：

借：应收票据——人民币户　　3

　　贷：财务费用　　3

所以，应收票据在第二季度产生的汇兑收益为 3 万元。

三、外币交易的会计处理

1. 初始确认

外币交易应当在初始确认时，采用交易发生日的即期汇率将外币金额折算为记账本位币金额；也可以采用按照系统合理的方法确定的、与交易发生日即期汇率近似的汇率折算。

2. 期末调整或结算

（1）货币性项目，是指公司持有的货币和将以固定或可确定的金额收取的资产或者偿付的负债。例如，库存现金、银行存款、应收账款、其他应收款、长期应收款、应付账款、其他应付款、短期借款、长期借款、应付债券、长期应付款等。

（2）非货币性项目，是指货币性项目以外的项目。例如，存货、长期股权投资、交易性金融资产（股票、基金）、固定资产、无形资产等。

①以历史成本计量的外币非货币性项目，仍采用交易发生日的即期汇率折算，不改变其记账本位币金额。

②对于以成本与可变现净值孰低计量的存货，如果其可变现净值以外币确定，则在确定存货的期末价值时，应先将可变现净值折算为记账本位币金额，再与以记账本位币反映的存货成本进行比较。

【例 6-5·单选题】 中国琴岛公司对外币业务采用交易发生日的即期汇率进行核算，按月计算汇兑损益。2×16 年 6 月 20 日从境外购买零配件一批，价款总额为 800 万美元，货款尚未支付，当日的市场汇率为 1 美元 =7.24 元人民币。6 月 30 日的市场汇率为 1 美元 =7.21 元人民币。7 月 31 日市场汇率为 1 美元 =7.25 元人民币，该外币债务 7 月份发生的汇兑损失为（　　）万元人民币。

A. -24　　　　B. -32

C. 32　　　　D. 24

【答案】 C

【解析】 800×（7.25-7.21）=32（万元）。

四、外币财务报表折算

1. 外币折算方法

在对公司境外经营财务报表进行折算前，应当调整境外经营的会计期间和会计政策，使之与公司会计期间和会计政策相一致，根据调整后会计政策及会计期间编制相应货币（记账本位币以外的货币）的财务报表，再按照以下方法对境外经营财务报表进行折算：

（1）资产负债表中的资产和负债项目，采用资产负债表日的即期汇率折算，所有者权益项目除“未分配利润”项目外，其他项目采用发生时的即期汇率折算。

（2）利润表中的收入和费用项目，采用交易发生日的即期汇率折算；也可以采用按照系统合理的方法确定的、与交易发生日即期汇率近似的汇率折算。

（3）按照上述规定折算产生的外币财务报表折算差额，在合并资产负债表中所有者权益项目下的“其他综合收益”项目列示。

2. 境外经营的处置

公司可能通过出售、清算、返还股本或放弃全部或部分权益等方式处置其在境外经营中的利益。在包含境外经营的财务报表中，将已列入其他综合收益的外币报表折算差额中与该境外经营相关部分，自所有者权益项目中转入处置当期损益；如果是部分处置境外经营，应当按处置的比例计算处置部分的外币报表折算差额，转入处置当期损益。

【例 6-6·多选题】 关于外币财务报表折算差额，下列说法中正确的有（　　）。

A. 公司在处置境外经营时，应当将资产负债表中所有者权益项目下列示的、与该境外经营相关的外币财务报表折算差额，自外币财务报表折算差额项目转入未分配利润项目

B. 公司在处置境外经营时，应当将资产负债表中所有者权益项目下列示的、与该境外经营相关的外币财务报表折算差额，自所有者权益项目转入处置当期损益

C. 公司部分处置境外经营的，应当按处置的比例计算处置部分的外币报表折算差额，转入处置当期损益

D. 公司发生的外币报表折算差额，在资产负债表中所有者权益项目下单独列示

【答案】BCD

【解析】外币财务报表折算差额，在资产负债表中所有者权益项目下单独列示。公司在处置境外经营时，应当将资产负债表中所有者权益项目下列示的、与该境外经营相关的外币财务报表折算差额，自所有者权益项目转入处置当期损益；部分处置境外经营的，应当按处置的比例计算处置部分的外币报表折算差额，转入处置当期损益。

思考与练习

一、单选题

1. 中国琴岛公司 2×16 年 12 月 31 日有关外币账户余额如下（12 月 31 日市场汇率 1 美元 =8.5 元人民币）：应收账款（借方）10000 美元，81000 元人民币；银行存款 30000 美元，258000 元人民币；应付账款（贷方）6000 美元，49200 元人民币；短期借款 2000 美元，16500 元人民币；长期借款（固定资产已达到预定可使用状态）15000 美元，124200 元人民币。则期末应调整的汇兑损益为（　　）元。

A. 5150　　B. 850

C. 1400　　D. －4600

2. 中国琴岛公司采用业务发生时的即期汇率核算外币业务。2×16 年 5 月 25 日收到外商投入的资本 250000 美元，当日的市场汇率为 1 美元 =7.89 元人民币，合同约定的汇率为 1 美元 =8 元人民币。公司收到该项投资时应确认的外币资本折算差额为（　　）元。

A. 20000　　B. 27500

C. 0　　D. 30000

3. 下列各项中，不得使用即期汇率的近似汇率进行折算的是（　　）。

A. 接受投资收到的外币　　B. 购入原材料应支付的外币

C. 取得借款收到的外币　　D. 销售商品应收取的外币

4. 下列说法中正确的是（　　）。

A. 公司记账本位币一经确定，不得随意变更，除非公司经营所处的主要经济环境发生重大变化

B. 公司记账本位币一经确定，不得变更

C. 公司的记账本位币一定是人民币

D. 公司编报财务报表的货币可以按照人民币以外的币种来反映

5. 中国琴岛公司主要从事某化妆品的销售，该公司 20% 的销售收入源自出口，出口货物采用美元计价和结算；从法国进口所需原材料的 25%，进口原材料以欧元

计价和结算。不考虑其他因素，则该公司的记账本位币为（　　）。

A. 美元　　B. 欧元

C. 人民币　　D. 美元和欧元

6. 中国琴岛公司记账本位币为欧元，则下列说法中正确的是（　　）。

A. 该公司的列报货币为欧元

B. 该公司的列报货币为人民币

C. 该公司以美元计价和结算的交易不属于外币交易

D. 该公司以人民币计价和结算的交易不属于外币交易

7. 中国琴岛公司记账本位币为美元，下列说法中错误的是（　　）。

A. 该公司以人民币计价和结算的交易属于外币交易

B. 该公司以美元计价和结算的交易不属于外币交易

C. 该公司的编报货币为美元

D. 该公司的编报货币为人民币

8. 中国琴岛公司采用人民币作为记账本位币。下列项目中，不属于该公司外币业务的是（　　）。

A. 与外国公司发生的以人民币计价结算的购货业务

B. 与国内公司发生的以美元计价的销售业务

C. 与外国公司发生的以美元计价结算的购货业务

D. 与中国银行之间发生的美元与人民币的兑换业务

9. 下列各项中，属于外币兑换业务的是（　　）。

A. 从银行取得外币借款　　B. 进口材料发生的外币应付账款

C. 归还外币借款　　D. 从银行购入外汇

10. 中国琴岛公司的记账本位币为人民币。2×16 年 12 月 6 日，中国琴岛公司以每股 9 美元的价格购入华美公司 B 股 10000 股作为交易性金融资产，当日即期汇率为 1 美元 =7.80 元人民币。2×16 年 12 月 31 日，华美公司股票市价为每股 10 美元，当日即期汇率为 1 美元 =7.50 元人民币。假定不考虑相关税费。2×16 年 12 月 31 日，中国琴岛公司应确认的公允价值变动损益金额为（　　）元人民币。

A. －48000　　B. 48000

C. －78000　　D. 78000

二、多选题

1. 在外币报表折算时，应当按照交易发生时的即期汇率折算的项目有（　　）。

A. 固定资产　　B. 实收资本

C. 资本公积　　D. 盈余公积

2. 在外币报表折算时，应当按照资产负债表日的即期汇率折算的项目有（　　）。

A. 货币资金　　B. 持有至到期投资

C. 长期借款　　D. 应付账款

3. 以下说法中正确的有（　　）。

A. 公司选择人民币以外的货币作为记账本位币的，在编制财务报表时应折算为人民币

B. 记账本位币的选择应根据公司经营所处的主要经济环境的改变而改变

C. 只有当公司所处的主要经济环境发生重大变化时，公司才可以变更记账本位币

D. 公司经批准变更记账本位币的，应采用变更当日的即期汇率将所有项目折算为变更的记账本位币

4. 下列项目中，公司应当计入当期损益的有（　　）。

A. 外币银行存款账户发生的汇兑差额

B. 外币应收账款账户期末折算差额

C. 兑换外币时发生的折算差额

D. 外币会计报表折算差额

5. 按我国现行会计准则规定，在进行外币会计报表折算时，可按资产负债表日的即期汇率折算的报表项目有（　　）。

A. 实收资本　　B. 长期应收款

C. 未分配利润　　D. 长期借款

6. 关于外币财务报表折算差额，下列说法中正确的有（　　）。

A. 公司在处置境外经营时，应当将资产负债表中所有者权益项目下列示的、与该境外经营相关的外币财务报表折算差额，自外币财务报表折算差额项目转入未分配利润项目

B. 公司在处置境外经营时，应当将资产负债表中所有者权益项目下列示的、与该境外经营相关的外币财务报表折算差额，自所有者权益项目转入处置当期损益

C. 部分处置境外经营的，应当按处置的比例计算处置部分的外币报表折算差额，转入处置当期损益

D. 公司发生的外币报表折算差额，在资产负债表中所有者权益项目下单独列示

7. 以下关于外币折算，说法正确的有（　　）。

A. 以历史成本计量的外币非货币性项目，按交易发生日当日即期汇率折算，不产生汇率差额

B. 如存货的可变现净值以外币确定，确定存货的期末价值时，要先将可变现净值折算为记账本位币，可变现净值小于存货成本的差额计入资产减值损失

C. 以外币计量的交易性金融资产，由于汇率变动引起的公允价值变动计入公允价值变动损益

D. 外币利润表中的收入和费用项目，采用资产负债表日的即期汇率折算

8. 公司发生外币交易时可以选择的折算汇率有（　　）。

A. 外汇牌价的买入价　　B. 外汇牌价的卖出价

C. 交易日的即期汇率　　D. 即期汇率的近似汇率

9. 公司在选择境外经营的记账本位币时，应考虑的因素包括（　　）。

A. 境外经营对其所从事的活动是否拥有很强的自主性

B. 境外经营活动中与公司的交易是否在境外经营活动中占有较大比重

C. 境外经营产生的现金流量是否直接影响公司的现金流量、是否可以随时汇回

D. 境外经营活动产生的现金流量是否足以偿还其现有债务和可预期的债务

10. 当期末市场汇率下降时，以下外币账户会产生汇兑收益的有（　　）。

A. 短期借款　　B. 银行存款

C. 其他应付款　　D. 应付账款

三、判断题

1. 公司折算境外经营的资产负债表时，所有者权益项目中除“未分配利润”项目外，其他项目采用发生时的即期汇率折算。（　　）

2. 公司对境外子公司的外币资产负债表进行折算时，采用资产负债表日的即期汇率折算。（　　）

3. 以成本与可变现净值孰低计量的存货，在以外币购入存货且该存货在资产负债表日的可变现净值以外币反映的情况下，确定资产负债表日存货价值时应考虑汇率变动的影响。（　　）

4. 公司在资产负债表日，应当按照规定对外币货币性项目进行处理，应采用资产负债表日即期汇率折算。因资产负债表日即期汇率与初始确认时或者前一资产负债表日即期汇率不同而产生的汇兑差额，计入资本公积。（　　）

5. 公司收到投资者投入的资本，应按照合同约定的汇率进行折算。（　　）

6. 公司发生外币交易时，都应该采用交易发生日的即期汇率将外币金额折算为记账本位币金额。（　　）

7. 单独反映“汇兑损益”是单项交易观的内容。（　　）

8. 用于构建固定资产而发生的汇兑损益应当全部予以资本化。（　　）

9. 采用现行汇率法折算的资产负债表项目，基本上能够保持原外币报表中各项目间的比例关系，只有所有者权益项目的内部结构发生了变化。（　　）

10. 采用流动性与非流动性项目法进行折算时，利润表上的折旧费用、待摊费用项目，按计算期的平均汇率折算。（　　）

四、业务题

中国琴岛公司以人民币为记账本位币，采用业务发生日即期汇率为折合汇率，2×16 年发生如下外币业务：

（1）2 月 1 日，接受国外 AD 公司的外币投资 40000 美元，收到外币汇款时，当日即期汇率为 1 美元 = 8.00 元人民币。

（2）6 月 1 日，借入 10000 美元，约定 1 年到期还本付息，年利率 5%，收到款项时，当日即期汇率为 1 美元 = 8.70 元人民币。

（3）7 月 1 日，向 XY 公司出口乙商品，售价共计 100000 美元，当日即期汇率为 1 美元 = 8.60 元人民币，假设不考虑税费。

（4）9 月 1 日，以人民币向中国银行买入 15000 美元，中国银行当日美元卖出价为 1 美元 = 8.20 元人民币，当日的即期汇率为 1 美元 = 8.10 元人民币。

要求：编制以上经济业务的会计分录。

第七章

租　　赁

本章基本内容框架

- 租赁概述
  - 租赁的相关概念
  - 租赁的分类
- 经营租赁的会计处理
  - 经营租赁概述
  - 承租人对经营租赁的会计处理
  - 出租人对经营租赁的会计处理
- 融资租赁的会计处理
  - 融资租赁概述
  - 承租人对融资租赁的会计处理
  - 出租人对融资租赁的会计处理
- 售后租回业务的会计处理
  - 售后租回交易概述
  - 售后租回交易的会计处理

重点、难点讲解及典型例题

一、租赁的相关概念

（1）租赁期，是指租赁协议规定的不可撤销的租赁期间。

（2）租赁开始日，是指租赁协议日与租赁各方就主要条款作出承诺日中的较早者。

（3）租赁期开始日，是指承租人有权行使其使用租赁资产权利的日期，表明租赁行为的开始。

租赁开始日和租赁期开始日的关系见图 7－1。

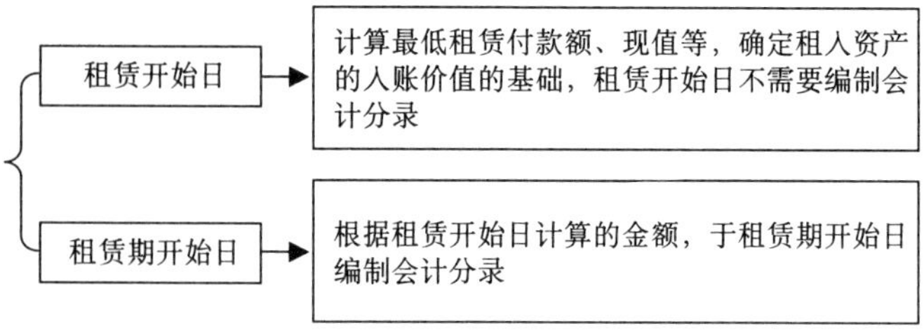

图 7－1　租赁开始日与租赁期开始日

（4）担保余值与未担保余值。资产余值是指在租赁开始日估计的租赁期届满时租赁资产的公允价值。资产余值按照有无担保分为担保余值和未担保余值。

①担保余值就承租人而言，是指由承租人或与其有关的第三方担保的资产余值。“第三方”是指与承租人有关的第三方，即在业务经营或财务上与承租人有关的各方，如母公司、子公司、联营公司、合营公司、主要原料供应商、主要产品承销商、租赁资产出售方等。

担保余值就出租人而言，是指就承租人而言的担保余值加上与独立于承租人和出租人的第三方担保的资产余值。这里的“第三方”相当于中介担保人，是指与承租人和出租人均无关，但在财务上有能力担保的各方，如担保公司，财产保险公司等。

②未担保余值，指租赁资产余值中扣除就出租人而言的担保余值以后的资产余值。对出租人而言，如果租赁资产余值中包含未担保余值，表明这部分余值的风险和报酬并没有转移，其风险应由出租人承担，因此，未担保余值不能作为应收融资租赁款的一部分。

（5）最低租赁付款额与最低租赁收款额。

①最低租赁付款额，是指在租赁期内，承租人应支付或可能被要求支付的各种款项（不包括或有租金和履约成本），加上由承租人或与其有关的第三方担保的资产余值，但是出租人支付但可退还的税金不包括在内。

租赁合同没有规定优惠购买选择权时：

最低租赁付款额 = 各期租金之和 + 承租人或与其有关的第三方担保的资产余值

租赁合同规定有优惠购买选择权时：

最低租赁付款额 = 各期租金之和 + 承租人行使优惠购买选择权而支付的任何款项

②最低租赁收款额，是指最低租赁付款额加上独立于承租人和出租人的第三方对出租人担保的资产余值（不包括或有租金和履约成本）。即：

最低租赁收款额 = 最低租赁付款额 + 无关第三方对出租人担保的资产余值

（6）初始直接费用，是指在租赁谈判和签订租赁合同中发生的可直接归属于租赁项目的费用。

【例 7－1・单选题】华美公司将一台大型设备以融资租赁方式租赁给中国琴岛公司。双方签订合同，该设备租赁期 4 年，租赁期届满中国琴岛公司归还给华美公司设备。每年末支付租金 100 万元，租期届满时设备的公允价值预计为 80 万元，其中中国琴岛公司担保的资产余值为 60 万元，中国琴岛公司的母公司担保的资产余值为 20 万元，另外担保公司担保金额为 12 万元，未担保余值为 28 万元，初始直接费用 6 万元。则最低租赁收款额为（　　）万元。

A. 492　　B. 480

C. 472　　D. 400

【答案】A

【解析】最低租赁收款额 = 最低租赁付款额 + 无关第三方对出租人担保的资产余

值 = （100 × 4 + 60 + 20） + 12 = 492（万元）。

【例 7-2 · 多选题】 如果租赁合同中规定承租人有优惠购买选择权，则最低租赁付款额的内容包括（　　）。

A. 每期支付的租金

B. 承租方担保的资产余值

C. 与承租人有关的第三方担保的资产余值

D. 承租人行使优惠购买选择权而支付的款项

E. 履约成本

【答案】 AD

【解析】 最低租赁付款额包括：（1）租金；（2）承租人或与其有关的第三方担保的余值；（3）承租人到期行使优惠购买权时支付的款项。

二、租赁的分类

按照与租赁资产所有权有关的风险和报酬归属于出租人或承租人的程度不同，承租人和出租人应当在租赁开始日将租赁分为融资租赁和经营租赁。融资租赁是指实质上转移与资产所有权有关的全部的风险和报酬的租赁，其所有权最终可能转移也可能不转移。经营租赁是指融资租赁以外的其他租赁。只要满足以下标准之一的即可确认为融资租赁，否则应认定为经营租赁：

（1）租赁期届满，租赁资产的所有权归承租人。

（2）承租人有非常优惠的购买选择权。

（3）租赁期占租赁资产使用寿命的大部分。这里的“大部分”，通常掌握在租赁期占租赁开始日租赁资产使用寿命的 75% 以上（含 75%，下同）。

（4）承租人在租赁开始日的最低租赁付款额的现值，几乎相当于租赁开始日租赁资产公允价值。这里的“几乎相当于”，通常掌握在 90%（含 90%）以上。

（5）租赁资产性质特殊，如果不作较大改造，只有承租人才能使用。

【例 7-3 · 多选题】 在对租赁业务进行会计分类时，应考虑的因素有（　　）。

A. 租赁期届满时，租赁资产所有权是否转移给承租人

B. 承租人是否有优惠购买租赁资产的选择权

C. 租赁期占租赁资产使用寿命的比例

D. 租赁开始日最低租赁付款额的现值或最低租赁收款额的现值与租赁资产公允价值的比例

E. 租赁开始日最低租赁付款额或最低租赁收款额与租赁资产公允价值的比例

【答案】 ABCD

三、经营租赁概述

经营租赁，又称为业务租赁，是融资租赁的对称，它是为了满足经营使用上短期

的、临时的或季节性需要而发生的资产租赁。经营租赁是一项可撤销的、不完全支付的短期租赁业务。其业务特征表现为：

（1）租赁资产一般是通用设备或技术含量很高、更新速度较快的设备；

（2）出租人既提供租赁资产，又同时提供必要的服务；

（3）出租人始终拥有租赁物件的所有权，并承担有关的一切利益与风险；

（4）租赁期限短，中途可解除合同；

（5）租赁物件的使用有一定的限制条件。

四、承租人与出租人对经营租赁的会计处理（见表 7－1）

表 7－1　　承租人与出租人对经营租赁的会计处理

项　目		承租人	出租人
租赁资产的所有权		无	有
租赁资产计提折旧		不需计提折旧	需按正常固定资产计提折旧
租金处理	分摊方法	按直线法或其他合理方法	
	如果存在免租期和出租人的代垫费用	应以扣除了代垫费用后的租金余额在包括免租期在内的整个租期内分摊入各期费用（或收入）	
会计分录	承租人预付租金	借：长期待摊费用 　贷：银行存款	借：银行存款 　贷：应收账款等
	每期确认租金费用或收益	借：制造费用 　管理费用 　销售费用等 　贷：长期待摊费用 　　银行存款	借：应收账款 　银行存款等 　贷：租赁收入等
	初始直接费用	借：管理费用 　贷：银行存款	借：管理费用 　贷：银行存款 注：金额较大的应当资本化
	或有租金	借：财务费用 　销售费用 　贷：银行存款等	借：银行存款 　贷：租赁收入等

【例 7－4·单选题】 中国琴岛公司向华美公司租入临街商铺，租期自 2×16 年 1 月 1 日至 2×18 年 12 月 31 日。租期内第一个半年为免租期，之后每半年租金 30 万元，于每年年末支付。除租金外，如果租赁期内租赁商铺销售额累计达到 2000 万元或以上，华美公司将获得额外 90 万元经营分享收入。2×16 年度商铺实现的销售额为 500 万元。中国琴岛公司 2×16 年应确认的租赁费用是（　　）。

A. 30 万元　　B. 50 万元

C. 60 万元　　D. 80 万元

【答案】B

【解析】中国琴岛公司 2×16 年应确认的租赁费用 =（30×5）/6×2 =50（万元）

【例 7-5·单选题】华美公司将一闲置设备以经营租赁方式出租给中国琴岛公司使用。租赁合同约定，租赁期开始日为 2×16 年 7 月 1 日，租赁期为 4 年，年租金为 240 万元，租金于每年 7 月 1 日支付，租赁期开始日起前 3 个月免租金，2×16 年 7 月 1 日，华美公司收到中国琴岛公司支付的扣除免租期后的租金 180 万元。不考虑其他因素，华美公司 2×16 年确认的租金收入为（　　）。

A. 112.5 万元　　B. 120 万元

C. 180 万元　　D. 240 万元

【答案】A

【解析】华美公司 2×16 年应确认的租赁收入 =（240×3 +180）/48×6 =112.5（万元）

五、融资租赁概述

融资租赁又称现代租赁，是指实质上转移与资产所有权有关的全部或绝大部分风险和报酬的租赁。融资租赁有以下五个方面的特征：

（1）租赁资产由承租人决定，出租人出资购买并租赁给承租人使用，并且在租赁期间内只能租给一个公司使用；

（2）承租人负责检查验收租赁资产，出租人对租赁资产的质量与技术条件不向承租人作出担保；

（3）出租人保留租赁物的所有权，承租人在租赁期间支付租金而享有使用权，并负责租赁期间租赁物的管理、维修和保养；

（4）租赁合同一经签订，在租赁期间任何一方均无权单方面撤销合同；

（5）租期结束后，承租人一般对租赁物有留购和退租两种选择。

六、承租人对融资租赁的账务处理

1. 租赁期开始日

首先，计算最低租赁付款额；

其次，计算最低租赁付款额的现值，确定租赁资产入账价值；

再次，根据孰低原则，租赁资产的入账价值应为租赁开始日租赁资产公允价值与最低租赁付款额现值两者中较低者，加上初始直接费用；

最后，计算未确认融资费用。

融资租赁下承租人租赁期开始日的账务处理为：

借：固定资产　【租赁资产公允价值与最低租赁付款额现值两者中较低者 + 初始直接费用】

　　未确认融资费用　【倒挤差额】

贷：长期应付款　【最低租赁付款额】

　　银行存款　【初始直接费用】

其中：未确认融资费用 = 最低租赁付款额 + 初始直接费用 - 租赁资产的入账价值

【例 7-6 · 多选题】下列各项中，应当计入相关资产的初始确认金额的有（　　）。

A. 采购原材料过程中发生的装卸费

B. 取得持有至到期投资时发生的交易费用

C. 取得交易性金融资产时发生的交易费用

D. 融资租赁承租人签订租赁合同过程中发生的可归属于租赁项目的初始直接费用

【答案】ABD

【解析】选项 C，取得交易性金融资产时发生的交易费用计入投资收益。

【例 7-7 · 业务题】华美公司于 2×16 年 12 月 31 日将公允价值为 5000 万元的一套大型电子计算机以融资租赁方式租赁给中国琴岛公司。双方签订合同，中国琴岛公司租赁该设备 48 个月，每 6 个月月末支付租金 600 万元，中国琴岛公司担保的资产余值为 900 万元，担保公司担保的金额为 750 万元，租赁合同规定的租赁利率为 3%（6 个月），租赁开始日估计资产余值为 1800 万元，中国琴岛公司发生的初始直接费用 10 万元。要求不考虑其他因素，作出中国琴岛公司在租赁开始日的账务处理［已知：(P/A，3%，8) =7.0197；(P/F，3%，8) =0.7874］。

【解析】最低租赁付款额 = 8×600 + 900 = 5700（万元）

最低租赁付款额的现值 = 600×（P/A，3%，8）+ 900×（P/F，3%，8）

= 600×7.0197 + 900×0.7874

= 4920.48（万元）

租赁资产公允价值 = 5000（万元）

固定资产的入账价值 = 4920.48 + 10 = 4930.48（万元）

未确认融资费用 = 5700 + 10 - 4930.48 = 779.52（万元）

借：固定资产　4930.48

　　未确认融资费用　779.52

　　贷：长期应付款　5700

　　　　银行存款　10

2. 未确认融资费用的分摊

（1）未确认融资费用分摊率的确定（见图 7-2）。

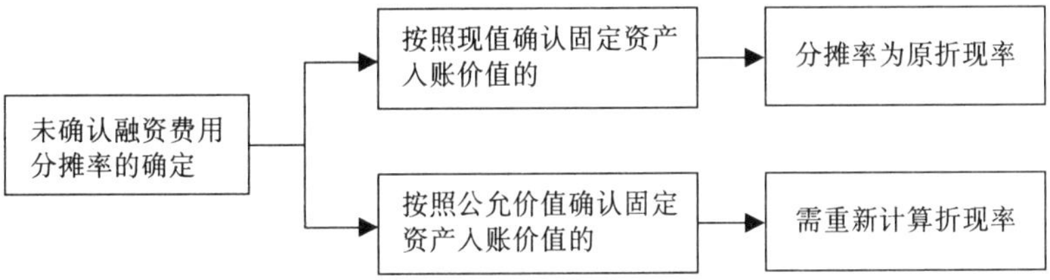

图 7-2　未确认融资费用分摊率

（2）计算分摊未确认融资费用：

每期未确认融资费用摊销 = 期初应付本金余额 × 实际利率

= （期初长期应付款余额 - 期初未确认融资费用余额） × 实际利率

（3）融资租赁下承租人每期摊销未确认融资收益的会计分录：

借：财务费用

贷：未确认融资费用

【例 7-8·单选题】 承租人对融资租入的资产采用公允价值作为入账价值的，分摊未确认融资费用所采用的分摊率是（　　）。

A. 银行同期贷款利率

B. 租赁合同中规定的利率

C. 出租人出租资产的无风险利率

D. 使最低租赁付款额的现值与租赁资产公允价值相等的折现率

【答案】 D

3. 租赁资产折旧的计提

（1）折旧政策。承租人应采用与自有应折旧资产相一致的折旧政策对租赁资产计提折旧。折旧基数在确定时具体处理分两种情况：

①承租人或与其有关的第三方对租赁资产余值提供了担保：

应计折旧额 = 租赁期开始日固定资产的入账价值 - 担保余值

②承租人或与其有关的第三方未对租赁资产余值提供担保：

应计折旧额 = 租赁期开始日固定资产的入账价值 - 预计净残值

（2）折旧期间（见表 7-2）。

表 7-2　　租赁资产的折旧处理

折　旧	情况分类		
折旧政策	采用与自有应折旧资产相一致的折旧政策对租赁资产计提折旧	承租人或与其有关的第三方对租赁资产余值提供了担保	应计折旧额 = 租赁期开始日固定资产的入账价值 - 担保余值
		承租人或与其有关的第三方未对租赁资产余值提供担保	应计折旧额 = 租赁期开始日固定资产的入账价值 - 预计净残值
折旧期间	如果能合理推断出租赁资产归承租人所有	按尚可使用期限来计提折旧	
	如果无法合理推断出租赁资产归承租人所有	按租期与尚可使用期孰低原则来认定折旧期间	
会计分录	等同于自有固定资产		

【例 7－9·单选题】A 公司以融资租赁方式租入设备一台，租赁合同规定租赁期满该设备的所有权归 A 公司。租赁开始日该设备的原账面价值为 525 万元，最低租赁付款额的现值与其公允价值均为 478.5 万元，另发生运杂费 20.05 万元，安装调试费 21.45 万元。该设备租赁期为 6 年，同类设备的使用寿命为 8 年，预计净残值为 6 万元。若 A 公司对该设备采用年限平均法计提折旧，则每年应计提的折旧额为（　　）。

A. 65 万元　　B. 86 万元

C. 65.91 万元　　D. 64.25 万元

【答案】D

【解析】固定资产入账价值＝478.5＋20.05＋21.45＝520（万元）

每年应计提的折旧＝（520－6）/8＝64.25（万元）

4. 履约成本、或有租金和出租人提供激励措施的处理（见表 7－3）

表 7－3　履约成本、或有租金和出租人提供激励措施的处理

情　形	处理	会计分录
履约成本	承租人发生的履约成本通常应计入当期损益	借：管理费用等 　贷：银行存款
或有租金	由于或有租金的金额不固定，无法采用系统合理的方法进行分摊，因此在实际发生时计入当期损益	借：销售费用【以销售百分比、使用量等为依据计算的】 　财务费用【以物价指数为依据计算的】 　贷：其他应付款/银行存款
出租人提供激励措施	出租人提供免租期的，将租金总额在不扣除免租期的整个租赁期内按直线法或其他合理方法进行分摊	
	出租人承担了承租人某些费用的，将该费用从租金总额中扣除，按扣除后的租金余额在租赁期内进行分摊	

【例 7－10·多选题】下列各项关于承租人与融资租赁有关会计处理的表述中，正确的有（　　）。

A. 或有租金应于发生时计入当期损益

B. 预计将发生的履约成本应计入租入资产成本

C. 租赁期满行使优惠购买选择权支付的价款应直接冲减相关负债

D. 知悉出租人的租赁内含利率时，应以租赁内含利率对最低租赁付款额折现

【答案】ACD

【解析】选项 B，承租方发生的履约成本应当直接计入当期损益。

5. 租赁期届满时的处理（见表 7－4）

表 7－4 **承租人租赁期届满时的处理**

情况分类	账务处理	
承租人返还租赁资产	存在承租人担保余值	借：长期应付款【担保余值】 累计折旧 贷：固定资产
	不存在承租人担保余值	借：累计折旧 贷：固定资产
承租人优惠续租租赁资产	承租人行使优惠续租选择权	视同该项租赁一直就存在一样作出相应的会计处理
	承租人租赁期届满时没有续租	向出租人支付违约金时： 借：营业外支出 贷：银行存款
承租人留购租赁资产	借：长期应付款【购买价款】 贷：银行存款 借：固定资产——自有固定资产 贷：固定资产——融资租入固定资产	

6. 相关会计信息的列报与披露

承租人应当在附注中披露与融资租赁有关的下列信息：

（1）每类租入资产的期初和期末原价、累计折旧额。

（2）资产负债表日后连续三个会计年度每年将支付的最低付款额，以及以后年度内将支付的最低付款总额。

（3）未确认融资费用的余额，即未确认融资费用的总额减去已确认融资费用部分后的余额。

（4）分摊未确认融资费用所采用的方法。

【例 7－11·单选题】 2×16 年 1 月 1 日，中国琴岛公司以融资租赁方式租入固定资产，租赁期为 3 年，租金总额 8300 万元，其中 2×16 年年末支付租金 3000 万元。假定在租赁期开始日最低租赁付款额的现值为 7000 万元，租赁资产公允价值为 8000 万元，租赁内含利率为 10%。2×16 年 12 月 31 日，该公司在资产负债表中因该项租赁而确认的长期应付款余额为（　　）。

A. 4700 万元　　B. 4000 万元

C. 5700 万元　　D. 5300 万元

【答案】 A

【解析】 应确认的长期应付款余额 ＝8300－3000－（1300－7000×10%）＝4700（万元）

七、出租人对融资租赁的账务处理

1. 租赁债权的确认

出租方在租赁期开始日对融资租赁的初始确认：

借：长期应收款——应收融资租赁款【最低租赁收款额与初始直接费用之和】

　　未担保余值

　　贷：融资租赁资产【原账面价值】

　　　　营业外收入【融资租赁资产的公允价值与其账面价值差额，或借记营业外支出】

　　　　银行存款【初始直接费用】

　　　　未实现融资收益【倒挤差额】

【例 7－12·单选题】华美公司 2×16 年 1 月 10 日采用融资租赁方式出租一台大型设备。租赁合同规定：（1）该设备租赁期为 6 年，每年支付租金 8 万元；（2）或有租金为 4 万元；（3）履约成本为 5 万元；（4）承租人提供的租赁资产担保余值为 7 万元；（5）与承租人和华美公司均无关联关系的第三方提供的租赁资产担保余值为 3 万元。华美公司 2×16 年 1 月 10 日对该租出大型设备确认的应收融资租赁款为（　　）。

A. 51 万元　　B. 55 万元

C. 58 万元　　D. 67 万元

【答案】C

【解析】最低租赁收款额＝最低租赁付款额＋无关第三方对出租人担保的资产余值

$$=6\times8+7+3=58\text{（万元）}$$

【例题 7－13·单选题】2×16 年 1 月 2 日，华美公司采用融资租赁方式出租一条生产线。租赁合同规定：（1）租赁期为 10 年，每年收取固定租金 20 万元；（2）除固定租金外，华美公司每年按该生产线所生产的产品销售额的 1% 提成，据测算平均每年提成约为 2 万元；（3）承租人提供的租赁资产担保余值为 10 万元；（4）与承租人和华美公司均无关联关系的第三方提供的租赁资产担保余值为 5 万元。华美公司为该项租赁另支付谈判费、律师费等相关费用 1 万元。华美公司租赁期开始日应确认的应收融资租赁款为（　　）。

A. 200 万元　　B. 206 万元

C. 216 万元　　D. 236 万元

【答案】C

【解析】最低租赁收款额＝最低租赁付款额＋无关第三方对出租人担保的资产余值

$$=10\times20+10+5=215\text{（万元）}$$

初始直接费用＝1 万元

应收融资租赁款＝最低租赁收款额＋初始直接费用＝215＋1＝216（万元）

【例 7－14·多选题】下列各项中，应当计入当期损益的有（　　）。

A. 经营租赁中出租人发生的金额较大的初始直接费用

B. 经营租赁中承租人发生的金额较大的初始直接费用

C. 融资租赁中出租人发生的金额较大的初始直接费用

D. 融资租赁中承租人发生的金额较大的初始直接费用

E. 融资租入不需要安装即可投入使用的设备发生的融资费用

【答案】 BE

【解析】 选项A，经营租赁中出租人发生的金额较大的初始直接费用应当资本化；选项C，融资租赁中出租人发生的初始直接费用应记入“长期应收款”科目；选项D，融资租赁中承租人发生的初始直接费用应记入“固定资产——融资租入固定资产”科目。

2. 未实现融资收益的分配

在分配未实现融资收益时，出租人应当采用实际利率法计算当期应确认的融资收入。

（1）出租人每期收到租金时：

借：银行存款

　　贷：长期应收款——应收融资租赁款

（2）每期采用合理方法分配未实现融资收益时，按当期应确认的融资收入金额：

借：未实现融资收益

　　贷：租赁收入

3. 应收融资租赁款坏账准备的计提

出租人应对应收融资租赁款减去未实现融资收益的差额部分（在金额上等于本金的部分）合理计提坏账准备，而不是对应收融资租赁款全额计提坏账准备。计提坏账准备的方法由出租人根据有关规定自行确定。坏账准备的计提方法一经确定，不得随意变更。其会计处理为：

（1）计提坏账准备时：

借：资产减值损失

　　贷：坏账准备

（2）对于确实无法收回的应收融资租赁款，经批准作为坏账损失，冲销计提的坏账准备：

借：坏账准备

　　贷：长期应收款——应收融资租赁款

（3）已确认并转销的坏账损失，如果以后又收回，按实际收回的金额：

借：长期应收款——应收融资租赁款

　　贷：坏账准备

同时：

借：银行存款

贷：长期应收款——应收融资租赁款

4. 未担保余值发生变动的处理

出租人应定期对未担保余值进行检查，至少于每年年末检查一次。未担保余值增加时，不作任何调整。在未担保余值发生减少时，对前期已确认的融资收入不作追溯调整，只对未担保余值发生减少的当期和以后各期，根据修正后的租赁投资净额和重新计算的租赁内含利率计算应确认的融资收入。其会计处理为：

（1）如果发生减值：

首先，对未实现融资收益总额进行调整：

借：资产减值损失

　　贷：未担保余值减值准备

然后，对租赁投资净额的减值额进行调整：

借：未实现融资收益

　　贷：资产减值损失

（2）如果已确认损失的未担保余值得以恢复，则作相反的处理。

5. 或有租金的处理

出租人在融资租赁下发生的或有租金，应在实际发生时确认为当期收入：

借：应收账款

　　贷：租赁收入

6. 租赁期届满时的处理（见表 7－5）

表 7－5　　　　出租人租赁期届满时的处理

情况分类	账务处理	
承租人返还租赁资产	存在担保余值不存在未担保余值	借：融资租赁资产 　　贷：长期应收款——应收融资租赁款 如果收回租赁资产的价值低于担保余值，应向承租人收取价值损失的补偿金： 借：其他应收款 　　贷：营业外收入
	存在担保余值同时存在未担保余值	借：融资租赁资产 　　贷：长期应收款——应收融资租赁款 　　　　未担保余值 如果收回租赁资产的价值低于担保余值，应向承租人收取价值损失的补偿金： 借：其他应收款 　　贷：营业外收入

续表

情况分类	账务处理	
承租人返还租赁资产	存在未担保余值不存在担保余值	借：融资租赁资产 　　贷：未担保余值
	担保余值与未担保余值均不存在	出租人无需作会计处理，只需作相应的备查登记
承租人优惠续租租赁资产	承租人行使优惠续租选择权	视同该项租赁一直就存在一样作出相应的会计处理
	承租人租赁期届满时没有续租	按收回租赁资产规定进行处理
承租人留购租赁资产	借：银行存款 　　贷：长期应收款——应收融资租赁款 如果还存在未担保余值还应： 借：营业外支出 　　贷：未担保余值	

7. 相关会计信息的列报与披露

出租人应在财务报告中披露与融资租赁有关的下列事项：

（1）资产负债表日后连续三个会计年度每年将收到的最低租赁收款额及以后年度将收到的最低租赁收款额总额。

（2）未实现融资收益的余额。

（3）分配未实现融资收益所采用的方法。

八、售后租回交易概述

定义：售后租回交易是一种特殊形式的租赁业务，是指卖主（即承租人）将一项自制或外购的资产出售后，又将该项资产从买主（即出租人）租回，习惯上称之为“回租”。

原理：通过售后租回交易，资产的原所有者（即承租人）在保留对资产的占有权、使用权和控制权的前提下，将固定资本转化为货币资本，在出售时可取得全部价款的现金，而租金则是分期支付的，从而获得了所需的资金；而资产的新所有者（即出租人）通过售后租回交易，找到了一个风险小、回报有保障的投资机会。

性质：对于销售方（即承租人）来说，通常售后租回在本质上是一项融资行为。

九、售后租回交易的账务处理

1. 售后租回交易形成融资租赁

卖方（即承租人）应将售价与资产账面价值之间的差额予以递延，并按该项租赁资产的折旧进度进行分摊，作为折旧费用的调整。按折旧进度进行分摊是指在对该项租赁资产计提折旧时，按与该项资产计提折旧所采用的折旧率相同的比例对未实现售后租回损益进行分摊。

2. 售后租回交易形成经营租赁

如果售后租回交易没有满足会计准则规定的5条标准中的任何一条，则应将该项交易认定为经营租赁。售后租回交易认定为经营租赁的，应当分别情况处理（见表7-6）。

表7-6　　售后租回形成经营租赁

<table>
<tr><td>按照公允价值达成</td><td colspan="3">售价与账面价值的差额应当计入当期损益</td></tr>
<tr><td rowspan="4">售后租回交易不是按照公允价值达成</td><td rowspan="3">售价低于公允价值</td><td>售价大于账面价值</td><td>应确认利润</td></tr>
<tr><td rowspan="2">售价小于账面价值（损失）</td><td>损失不能得到补偿，确认损失</td></tr>
<tr><td>损失能够得到补偿，确认递延收益，以后摊销</td></tr>
<tr><td>售价高于公允价值</td><td colspan="2">其高出公允价值的部分应予递延，并在预计的使用期限内摊销，公允价值与账面价值的差额计入当期损益</td></tr>
</table>

3. 售后租回交易的会计处理

（1）出售资产时：

借：固定资产清理【倒挤差额】

　　累计折旧【按固定资产已提折旧】

　　固定资产减值准备【按固定资产已计提减值准备】

　　贷：固定资产【按固定资产原价】

（2）收到出售资产的价款时：

借：银行存款

　　贷：固定资产清理

　　　　递延收益——未实现售后租回损益【或借记】

　　　　营业外收入【或借记“营业外收入”】

（3）租回资产时，如果形成一项融资租赁：

借：融资租赁资产【按租赁资产的公允价值与最低租赁付款额的现值两者中较低者】

　　未确认融资费用【倒挤差额】

　　贷：长期应付款——应付融资租赁款【按最低租赁付款额】

如果形成一项经营租赁，则作备查登记。

（4）各期根据该项租赁资产的折旧进度或租金支付比例分摊未实现售后租回损益时：

借：递延收益——未实现售后租回损益【或贷记】

　　贷：制造费用、销售费用、管理费用等【或借记】

【例 7-15·业务题】 2×16 年 1 月 6 日，中国琴岛公司与华美公司签订房产转让合同，将某房产转让给华美公司，合同约定按房产的公允价值 3200 万元作为转让价格。同日，双方签订经营租赁协议，约定自 2×16 年 7 月 1 日起，中国琴岛公司自华美公司所售房产租回供管理部门使用，租赁期 3 年，每年租金按市场价格确定为 100 万元，中国琴岛公司于 2×16 年 6 月 30 日收到华美公司支付的房产转让款。当日，房产所有权的转移手续办理完毕。上述房产在中国琴岛公司的账面原价为 4000 万元，至转让时已计提折旧 1400 万元，未计提减值准备。

要求：编制中国琴岛公司相关会计分录。

【解析】

借：固定资产清理	2600	
累计折旧	1400	
贷：固定资产		4000
借：银行存款	3200	
贷：固定资产清理		3200
借：固定资产清理	600	
贷：营业外收入		600
借：管理费用	50	
贷：银行存款		50

【例 7-16·业务题】 2×16 年 1 月 1 日，中国琴岛公司与华美公司签订资产转让合同。合同约定，中国琴岛公司将其办公楼以 3600 万元的价格出售给华美公司，同时中国琴岛公司自 2×16 年 1 月 1 日至 2×20 年 12 月 31 日可继续使用该办公楼，但每年末需支付华美公司租金 120 万元，租赁期满后华美公司收回办公楼。当日，该办公楼账面原值为 8000 万元，已计提折旧 4000 万元，未计提减值准备，预计尚可使用年限为 35 年，同等办公楼的市场售价为 4400 万元，市场上租用同等办公楼需每年支付租金 240 万元。1 月 6 日，中国琴岛公司收到华美公司支付的款项，并办妥办公楼产权变更手续。

要求：编制中国琴岛公司相关会计分录。

【解析】

（1）2×16 年 1 月 6 日，向华美公司出售办公设备。

借：固定资产清理	4000	
累计折旧	4000	
贷：固定资产		8000
借：银行存款	3600	
递延收益	400	
贷：固定资产清理		4000

（2）2×16 年 12 月 31 日，支付租金。

借：管理费用　　120

　　贷：银行存款　　120

（3）2×16 年 12 月 31 日，分摊未实现售后租回损益。

借：管理费用　　80

　　贷：递延收益　　80

【例 7－17·业务题】 承【例 7－16】，若每年末需支付华美公司租金 240 万元，市场上租用同等办公楼需每年支付租金 240 万元。

要求：编制中国琴岛公司相关会计分录。

【解析】

（1）2×16 年 1 月 6 日，向华美公司出售办公设备。

借：固定资产清理　　4000

　　累计折旧　　4000

　　贷：固定资产　　8000

借：银行存款　　3600

　　营业外支出　　400

　　贷：固定资产清理　　4000

（2）2×16 年 12 月 31 日，支付租金。

借：管理费用　　240

　　贷：银行存款　　240

【小结】 见图 7－3。

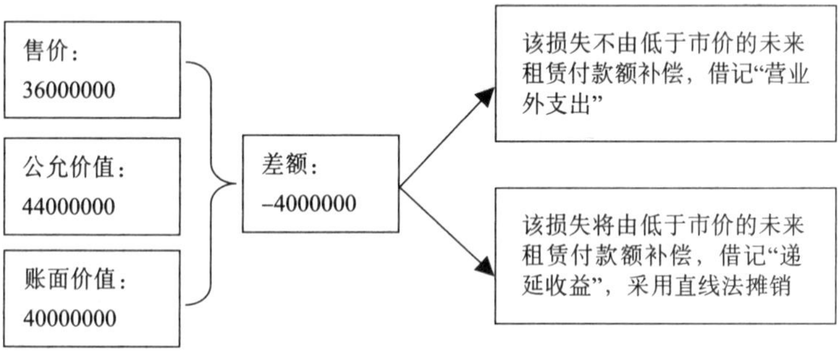

图 7－3

【例 7－18·业务题】 承【例 7－16】，若合同约定，中国琴岛公司将其办公楼以 4800 万元的价格出售给华美公司，同等办公楼的市场售价为 4400 万元，其他条件不变。

要求：编制中国琴岛公司相关会计分录。

【解析】

（1）2×16 年 1 月 6 日，向华美公司出售办公设备。

借：固定资产清理 4000

累计折旧 4000

贷：固定资产 8000

借：银行存款 4800

贷：固定资产清理 4000

营业外收入 400

递延收益 400

（2）2×16 年 12 月 31 日，支付租金。

借：管理费用 240

贷：银行存款 240

（3）2×16 年 12 月 31 日，分摊未实现售后租回损益。

借：递延收益 80

贷：管理费用 80

【小结】 见图 7－4。

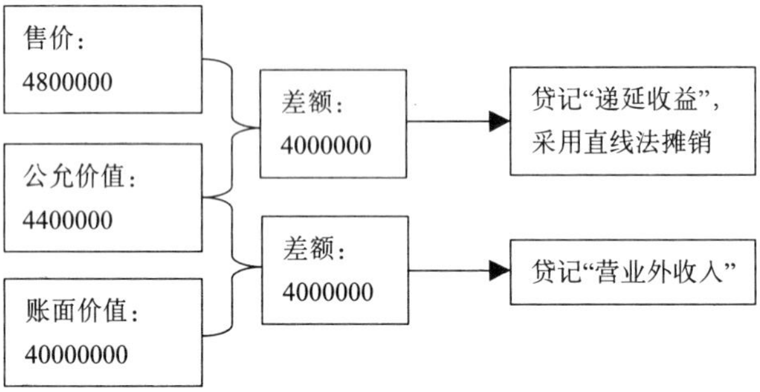

图 7－4

【例 7－19·单选题】 2×16 年 1 月 1 日，中国琴岛公司将公允价值为 4500 万元的办公楼以 3000 万元的价格出售给华美公司，同时签订一份中国琴岛公司租回该办公楼的租赁合同，租期为 5 年，年租金为 240 万元，于每年年末支付，期满后华美公司收回办公楼。当日，该办公楼账面价值为 4000 万元，预计尚可使用 30 年；市场上租用同等办公楼的年租金为 400 万元。不考虑其他因素，上述业务对中国琴岛公司 2×16 年度利润总额的影响金额为（ ）。

A. －200 万元 B. －480 万元

C. －1000 万元 D. －1200 万元

【答案】 B

【解析】 2×16 年分摊的递延收益金额＝（4000－3000）/5＝200（万元）

2×16 年租金为 240 万元。

该业务对中国琴岛公司 2×16 年度利润总额的影响金额＝200＋240＝480（万元）

思考与练习

一、单选题

1. 下列各项中，不属于初始直接费用的是（　　）。

A. 租赁合同的印花税　　B. 履约成本

C. 差旅费　　D. 手续费

2. 租赁开始日是指（　　）。

A. 租赁协议日　　B. 租赁各方就主要条款作出承诺日

C. 租赁协议日与租赁各方就主要条款作出承诺日中较早者

D. 租赁协议日与租赁各方就主要条款作出承诺日中任选其一

3. 就出租人而言，担保余值是指（　　）。

A. 租赁开始日估计的租赁期届满时租赁资产的公允价值

B. 租赁资产的最终残值

C. 由承租人或与其有关的第三方担保的资产余值

D. 由承租人或与其有关的第三方担保的资产余值，加上与承租人和出租人均无关但在财务上有能力担保的资产余值

4. 未确认融资费用在租赁期内各个期间进行分摊时，应将其记入（　　）科目。

A. 管理费用　　B. 长期应付款

C. 财务费用　　D. 销售费用

5. 出租人对未实现融资收益的分配，应采用（　　）核算。

A. 直线法　　B. 年数总和法

C. 实际利率法　　D. 与租出资产相一致的折旧方法

6. 某租赁公司将一台大型专用设备以融资租赁方式租赁给 B 公司。租赁开始日估计的租赁期届满时租赁资产的公允价值，即资产余值为 650 万元，双方合同中规定，B 公司担保的资产余值为 200 万元，B 公司的子公司担保的资产余值为 120 万元，另外无关的担保公司担保金额为 150 万元，则该租赁资产的未担保余值为（　　）万元。

A. 650　　B. 200

C. 120　　D. 180

7. 承租人采用融资租赁方式租入一台设备，该设备有效经济寿命一般为 15 年，租入的时候该设备尚可使用年限为 10 年，租赁期为 8 年，承租人租赁期满时以 1 万元的购价优惠购买该设备，该设备在租赁期满时的公允价值为 30 万元。则该设备计提折旧的期限为（　　）年。

A. 15　　B. 10

C. 8　　　　D. 以上都不对

8. 以下关于租赁的说法，错误的是（　　）。

A. 最低租赁付款额可能等于最低租赁收款额

B. 融资租赁期满，租赁资产所有权应转移给承租人

C. 免租期应计入租赁期内

D. 承租人的担保余值有可能等于出租人的担保余值

9. 售后租回形成融资租赁的情况下，承租人每期确认未实现售后租回损益的方法为（　　）。

A. 在租赁期内平均确定　　　　B. 按折旧进度分摊

C. 按租金支付比例分摊　　　　D. 按实际利率法分摊

10. A公司将一台专用设备以融资租赁方式租赁给B公司。双方签订合同，B公司租赁该设备4年，每年年末支付租金60万元，B公司的子公司担保的资产余值为20万元，另外担保公司的担保余值为10万元，未担保余值为10万元，则最低租赁收款额为（　　）万元。

A. 240　　　　B. 260

C. 270　　　　D. 280

二、多选题

1. 公司判断为融资租赁的标准中，下列表述正确的有（　　）。

A. 在租赁期届满时，租赁资产的所有权转移给承租人，判断为融资租赁

B. 承租人有购买租赁资产的选择权，所订立的购价预计远低于行使选择权时租赁资产的公允价值，判断为融资租赁

C. 租赁期÷租赁开始日租赁资产尚可使用年限≥75%，判断为融资租赁

D. 最低租赁付款额现值或最低租赁收款额现值占租赁资产原账面价值的90%以上（含90%）则从出租人角度或从承租人角度，该项租赁应被认定为融资租赁

2. 下列各项中，如果租赁期满，融资租赁资产归还给出租人，则最低租赁付款额应包括（　　）。

A. 租赁期内承租人每期应支付的租金

B. 与承租人有关的第三方担保的资产余值

C. 优惠购买价

D. 初始直接费用

3. 可以构成融资租入固定资产的入账价值的有（　　）。

A. 各期租金之和

B. 承租人或与其有关的第三方担保的资产余值

C. 承租人在租赁谈判和签订租赁合同过程中发生的，可归属于租赁项目的手续费、律师费、差旅费、印花税等初始直接费用

D. 未担保余值

E. 履约成本

4. 承租人在计算最低租赁付款额的现值时，可选择的折现率有（　　）。

A. 出租人的租赁内含利率　　B. 租赁合同规定的利率

C. 同期银行贷款利率　　D. 同期国外存款利率

E. 同期银行存款利率

5. 关于初始直接费用，下列说法中正确的有（　　）。

A. 承租人融资租赁业务发生的初始直接费用应计入租入资产的价值

B. 承租人融资租赁业务发生的初始直接费用应计入管理费用

C. 承租人经营租赁业务发生的初始直接费用应当计入当期损益

D. 出租人经营租赁业务发生的初始直接费用应当计入当期损益

E. 出租人融资租赁业务发生的初始直接费用应计入管理费用

三、判断题

1. 如果一项租赁属于融资租赁，则意味着在法律关系上租赁资产归承租人所有，承租人可以任意处置该租赁资产。（　　）

2. 应收融资租赁款应按照全额计提坏账准备。（　　）

3. 租赁的免租期期间，由于未支付租金，所以不属于租赁期。（　　）

4. 资产余值是租赁期开始日承租人确定的租赁期满租赁资产的公允价值。（　　）

5. 最低租赁收款额等于最低租赁付款额与独立第三方担保余值。（　　）

6. 或有租金和履约成本应当计入最低租赁付款额。（　　）

7. “未确认融资费用”账户是“长期应收款”账户的备抵账户。（　　）

8. 融资租赁租出的固定资产和经营租赁租出的固定资产均应比照固定资产计提折旧。（　　）

9. 在租赁期届满时资产的所有权未转移给承租人，则该租赁一定不是融资租赁。（　　）

10. 未担保余值是租赁资产余值中扣除担保余值之后的资产余值。（　　）

四、业务题

1. 2×16 年 1 月 1 日，中国琴岛公司与租赁公司签订一项经营租赁合同，向租赁公司租入一台管理用设备。租赁合同约定：租赁期为 3 年，租赁期开始日为合同签订当日；月租金为 12 万元，每年初支付当年度租金；2×16 年前 3 个月免交租金；如果市场平均月租金水平较上月上涨的幅度超过 10%，自次月起每月增加租金 1 万元。

中国琴岛公司为签订上述经营租赁合同于 2×16 年 1 月 2 日支付律师费 6 万元，同时预付租金 32 万元并支付本年后 9 个月的租金 108 万元。假定租赁开始日租赁设备的公允价值为1000万元。2×16年10月份起市场平均月租金水平较上月上涨的幅度超过10%，经过协商年末支付2个月的或有租金2万元。

要求：作出中国琴岛公司2×16年有关租赁业务的账务处理。

2. 2×15年12月31日，中国琴岛公司与华美租赁公司签订了一份矿泉水生产线租赁合同。租赁合同规定：租赁期开始日为2×16年1月1日；租赁期为3年，每年年末支付租金2000000元；租赁期届满，矿泉水生产线的估计残余价值为400000元，其中中国琴岛公司担保余值为300000元，未担保余值为100000元。

该矿泉水生产线于2×15年12月31日运抵中国琴岛公司，当日投入使用；中国琴岛公司采用年限平均法计提固定资产折旧，于每年年末一次确认融资费用并计提折旧。假定该矿泉水生产线为全新生产线，租赁开始日的公允价值为6000000元；租赁内含利率为6%。2×18年12月31日，中国琴岛公司将该矿泉水生产线归还给华美租赁公司。

要求：作出中国琴岛公司有关融资租赁的会计处理。已知：(P/A，6%，3) = 2.673，(P/F，6%，3) = 0.8396。

第八章

政府补助

本章基本内容框架

- 政府补助概述
  - 政府补助的含义及特征
  - 政府补助的主要形式
    - 财政拨款
    - 财政贴息
    - 税收返还
    - 无偿划拨非货币性资产
  - 政府补助的分类
- 政府补助的会计处理
  - 与收益相关的政府补助
  - 与资产相关的政府补助

重点、难点讲解及典型例题

一、政府补助的定义及特征

1. 政府补助的定义

政府补助是指公司从政府无偿取得货币性资产或非货币性资产，但不包括政府作为公司所有者投入的资本。

2. 政府补助的特征

一是无偿性。无偿性是政府补助的基本特征。

二是直接取得资产。政府补助是公司从政府直接取得的资产，包括货币性资产和非货币性资产。还需说明的是，增值税出口退税不属于政府补助。

【例8-1·单选题】公司享受的下列税收优惠中，属于公司会计准则规定的政府补助的是（　　）。

A. 增值税的出口退税　　B. 免征的公司所得税

C. 减征的公司所得税　　D. 先征后返的公司所得税

【答案】D

二、政府补助的形式

政府补助的形式主要有财政拨款、财政贴息、税收返还和无偿划拨非货币性资产等。

三、政府补助的分类

政府补助准则规定，公司不论通过何种形式取得的政府补助，在会计处理上都应当划分为与资产相关的政府补助和与收益相关的政府补助。

与资产相关的政府补助是指公司取得的、用于购建或以其他方式形成长期资产的政府补助。一般以银行转账方式拨付，也可能表现为政府向公司无偿划拨非货币性资产。

与收益相关的政府补助是指除与资产相关的政府补助之外的政府补助。通常以银行转账方式拨付。

四、政府补助的会计处理

1. 与收益相关的政府补助（见图8－1）

与收益相关的政府补助应当在其补偿的相关费用或损失发生的期间计入当期损益，即：用于补偿公司以后期间费用或损失的，在取得时先确认为递延收益，然后在确认相关费用的期间计入当期营业外收入；用于补偿公司已发生费用或损失的，取得时直接计入当期营业外收入。

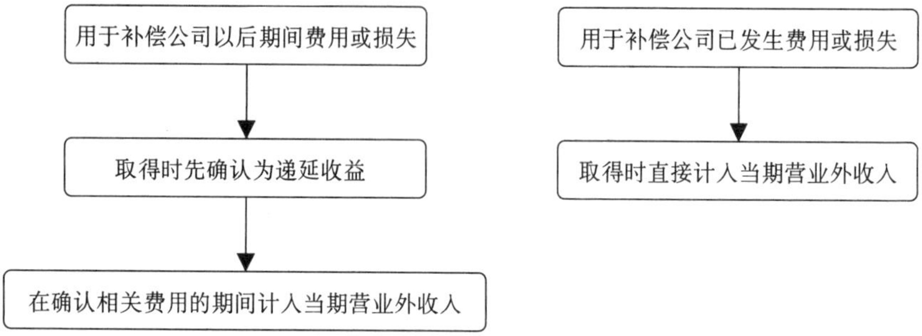

图8－1 与收益相关的政府补助

公司在日常活动中按照固定的定额标准取得的政府补助，应当按照应收金额计量，借记“其他应收款”科目，贷记“营业外收入”（或“递延收益”）科目。不确定的或者在非日常活动中取得的政府补助，应当按照实际收到的金额计量，借记“银行存款”等科目，贷记“营业外收入”（或“递延收益”）科目。涉及按期分摊递延收益的，借记“递延收益”科目，贷记“营业外收入”科目。

【例8－2·业务题】 编制中国琴岛公司自财政部门取得以下款项的会计分录：

（1）中国琴岛公司2×15年安置了职工再就业，按照国家规定可以申请财政补助资金30万元，中国琴岛公司按规定办理了补贴资金申请手续。2×15年12月收到财政拨付奖励资金30万元。

借：银行存款　　300000

　　贷：营业外收入　　300000

（2）中国琴岛公司销售其自主开发生产的动漫软件，按照国家规定，该公司的这种产品适用增值税即征即退政策，按17%的税率征收增值税后，对其增值税实际税负超过3%的部分，实行即征即退。2×16年1月，该公司实际缴纳增值税50万元，实际退回10万元。

借：银行存款　　100000

　　贷：营业外收入　　100000

（3）中国琴岛公司2×16年2月20日收到拨来的以前年度已完成重点科研项目的经费补贴30万元。

借：银行存款　　300000

　　贷：营业外收入　　300000

2. 与资产相关的政府补助

（1）会计处理原则（见图8-2）。

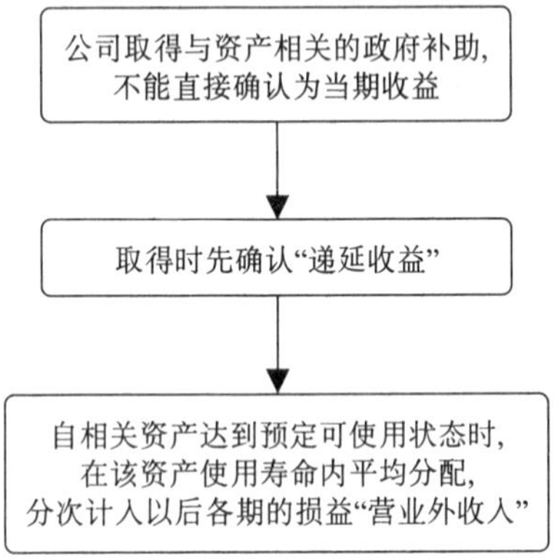

图8-2 与资产相关的政府补助

（2）确定递延收益分配的起点和终点。递延收益分配的起点是“相关资产可供使用时”，对于应计提折旧或摊销的长期资产，即为资产开始计提折旧或摊销的时点。递延收益只能采用直线法分摊。

【例8-3·计算题】中国琴岛公司新建厂房项目为当地政府的重点支持项目。2×15年1月2日，中国琴岛公司收到政府拨款3000万元，用于补充厂房建设资金。2015年6月30日新建厂房完工达到预定可使用状态交付使用，成本12000万元，预计使用年限20年，采用直线法计提折旧，不考虑净残值，2×15年应确认营业外收入为多少？假设为无形资产呢？

【解析】2×15年固定资产计提折旧＝12000/20×6/12＝300（万元）

2×15年递延收益分摊转为营业外收入＝3000/20×6/12＝75（万元）

假设为无形资产：

2×15年无形资产摊销＝12000/20×7/12＝350（万元）

2×15年递延收益分摊转为营业外收入＝3000/20×7/12＝87.5（万元）

递延收益分配的终点是“资产使用寿命结束或资产被处置时（孰早）”。相关资产在使用寿命结束前被处置（出售、转让、报废等），尚未分配的递延收益余额应当一次性转入资产处置当期的收益，不再予以递延。

【例8-4·业务题】 为扶持农业产业化经营，某市启动实施2×15年农业产业化市级重点龙头公司贷款项目财政贴息政策，中国琴岛公司符合申报项目的支持范围，即用于公司扩大再生产、增加产品产量的基础设施建设和农副产品原料生产基地建设的贷款项目。2×15年1月1日，中国琴岛公司为建造一项固定资产向银行专门借款1000万元，期限2年，年利率为6%，每年年末付息。当年1月1日，中国琴岛公司向当地政府提出财政贴息申请。

2×15年1月1日支付工程款1000万元。经审核，当地政府批准按照实际贷款额1000万元给予中国琴岛公司年利率3%的财政贴息，共计60万元（1000×3%×2），分两次支付。2×15年6月15日，第一笔财政贴息资金30万元到账。2×15年12月31日，工程完工，支付工程余款500万元。该固定资产预计使用寿命10年，采用直线法计提折旧，不考虑净残值。此外第二笔财政贴息资金30万元到账。

【解析】

（1）2×15年1月1日，取得长期借款：

借：银行存款　　10000000

　　贷：长期借款　　10000000

（2）2×15年6月15日，实际收到财政贴息，确认政府补助：

借：银行存款　　300000

　　贷：递延收益　　300000

（3）2×15年12月31日，实际收到财政贴息，确认政府补助：

借：银行存款　　300000

　　贷：递延收益　　300000

（4）2×15年12月31日，计提长期借款利息：

借：在建工程　（1000×6%）　　600000

　　贷：应付利息　　600000

（5）支付利息：

借：应付利息　　600000

　　贷：银行存款　　600000

（6）计算2×15年12月31日该固定资产的成本：

固定资产的成本=1000+500+60=1560（万元）

（7）2×16年1月，开始计提折旧和分配递延收益：

借：制造费用（1560/10÷12）　　130000

　　贷：累计折旧　　130000

借：递延收益（60/10÷12）　　5000

贷：其他收益　5000

思考与练习

一、单选题

1. 下列项目中，属于与收益相关的政府补助的是（　　）。

A. 政府拨付的用于公司购买无形资产的财政拨款

B. 政府向公司无偿划拨长期非货币性资产

C. 政府对公司用于建造固定资产的相关贷款给予的政府补贴

D. 公司收到的先征后返的增值税

2. 公司取得与收益相关的政府补助，用于补偿已发生相关费用的，直接计入补偿当期的（　　）。

A. 资本公积　　B. 营业外收入

C. 其他业务收入　　D. 主营业务收入

3. 公司取得与资产相关的政府补助，实际收到款项时，借记“银行存款”科目，贷记（　　）科目。

A. 资本公积　　B. 营业外收入

C. 其他业务收入　　D. 递延收益

4. 关于与资产相关的政府补助的确认，下列说法中正确的是（　　）。

A. 公司取得与资产相关的政府补助，应当确认为递延收益

B. 公司取得与资产相关的政府补助，应当直接确认为当期损益

C. 公司取得与资产相关的政府补助，应当确认为资本公积

D. 公司取得与资产相关的政府补助，应当确认为补贴收入

5. 关于公司取得针对综合性项目的政府补助，下列说法中正确的是（　　）。

A. 需将其分解为与资产相关和与收益相关两部分，分别进行处理

B. 无须分解而将其全部作为与收益相关的政府补助处理

C. 无须分解而将其全部作为与资产相关的政府补助处理

D. 难以区分为与资产相关和与收益相关的，将政府补助整体归类为与资产相关的政府补助

6. 下列各项中，应作为政府补助核算的是（　　）。

A. 营业税直接减免　　B. 增值税即征即退

C. 增值税出口退税　　D. 所得税加计抵扣

7. 中国琴岛公司为一家储备粮公司，2×16 年实际粮食储备量 5000 万千克。根据国家有关规定，财政部门按照公司的实际储备量给予每季度每千克 0.078 元的粮食保管费补贴，于每个季度初支付。中国琴岛公司 2×16 年 1 月初收到财政拨付的补贴

款。2×16 年 1 月确认的营业外收入为（　　）。

A. 390 万元　　　　B. 130 万元

C. 260 万元　　　　D. 0

8. 按照相关规定，某粮食储备公司需要根据有关主管部门每季度下达的轮换计划出售陈粮，同时购入新粮。为弥补粮食储备公司发生的轮换费用，财政部门按照轮换计划中规定的轮换量支付给公司 0.04 元/千克的轮换费补贴。假设按照轮换计划，丙公司需要在 2×14 年第一季度轮换储备粮 6000 万千克，款项尚未收到。2×16 年 1 月丙公司不正确的会计处理是（　　）。

A. 1 月初确认递延收益 240 万元

B. 1 月底确认营业外收入 80 万元

C. 1 月底尚未分配的递延收益余额 160 万元

D. 1 月底尚未分配的递延收益余额 320 万元

9. 2×16 年 4 月，中国琴岛公司拟为处于研究阶段的项目购置一台实验设备。根据国家政策，中国琴岛公司向有关部门提出补助 500 万元的申请。2×16 年 6 月，政府批准了中国琴岛公司的申请并拨付 500 万元，该款项于 2×16 年 6 月 30 日到账。2×16 年 6 月 5 日，中国琴岛公司购入该实验设备并投入使用，实际支付价款 900 万元（不含增值税额）。中国琴岛公司采用年限平均法按 5 年计提折旧，预计净残值为 0。不考虑其他因素，中国琴岛公司因购入和使用该台实验设备对 2×16 年度损益的影响金额为（　　）。

A. －40 万元　　　　B. －80 万元

C. 410 万元　　　　D. 460 万元

10. 2×16 年度，中国琴岛公司发生的相关交易或事项如下：（1）4 月 1 日，中国琴岛公司收到先征后返的增值税 600 万元。（2）6 月 30 日，中国琴岛公司以 8000 万元的拍卖价格取得一栋已达到预定可使用状态的房屋，该房屋的预计使用年限为 50 年。当地政府为鼓励中国琴岛公司在当地投资，于同日拨付中国琴岛公司 2000 万元，作为对中国琴岛公司取得房屋的补偿。（3）8 月 1 日，中国琴岛公司收到政府拨付的 300 万元款项，用于正在建造的新型设备。至 12 月 31 日，该设备仍处于建造过程中。（4）10 月 10 日，中国琴岛公司收到当地政府追加的投资 500 万元。中国琴岛公司按年限平均法对固定资产计提折旧。中国琴岛公司 2×16 年度因政府补助应确认的收益金额是（　　）。

A. 600 万元　　　　B. 620 万元

C. 900 万元　　　　D. 3400 万元

二、多选题

1. 中国琴岛公司为境内上市公司，2×16 年发生的有关交易或事项包括：（1）因增资取得母公司投入资金 1000 万元；（2）享有联营公司持有的可供出售金融资产当年公允价值增加额 140 万元；（3）收到税务部门返还的增值税款 100 万元；（4）收到政府对公司前期已发生亏损的补贴 500 万元。中国琴岛公司 2×16 年对上述交易或事项会计处理正确的有（　　）。

A. 收到返还的增值税款 100 万元确认为资本公积

B. 收到政府亏损补贴 500 万元确认为当期营业外收入

C. 取得其母公司 1000 万元投入资金确认为股本及资本公积

D. 应享有联营公司 140 万元的公允价值增加额确认为其他综合收益

2. 下列各项表述正确的有（　　）。

A. 实际收到先征后返方式返还的增值税税额 100 万元，属于政府补助

B. 实际收到先征后返方式返还的所得税税额 200 万元，属于政府补助

C. 实际收到增值税出口退税 300 万元，不属于政府补助

D. 实际收到行政无偿划拨的土地使用权，其公允价值 400 万元，属于政府补助

3. 中国琴岛公司 2×16 年自财政部门取得以下款项：（1）2 月 20 日，收到拨来的以前年度已完成重点科研项目的经费补贴 260 万元；（2）6 月 20 日，取得国家对公司进行技改项目的支持资金 3000 万元，用于购置固定资产，相关资产于当年 12 月 28 日达到预定可使用状态，预计使用 20 年，采用年限平均法计提折旧；（3）12 月 30 日，收到战略性新兴产业研究补贴 4000 万元，该项目至取得补贴款时已发生研究支出 1600 万元，预计项目结束前仍将发生研究支出 2400 万元。假定上述政府补助在 2×16 年以前均未予以确认，不考虑其他因素影响，下列关于中国琴岛公司 2×16 年对政府补助相关的会计处理中，正确的有（　　）。

A. 当期应计入损益的政府补助是 1860 万元

B. 当期取得与收益相关的政府补助是 260 万元

C. 当期取得与资产相关的政府补助是 3000 万元

D. 当期应计入资本公积的政府补助是 4000 万元

4. 下列项目中，属于政府补助的主要形式的有（　　）。

A. 财政拨款　　B. 财政贴息

C. 税收返还　　D. 行政划拨土地使用权

5. 与收益相关的政府补助的确认，下列说法中正确的有（　　）。

A. 用于补偿公司以后期间的相关费用或损失的，确认为递延收益，并在确认相关费用的期间，计入当期损益

B. 用于补偿公司已发生的相关费用或损失的，直接计入当期损益

C. 用于补偿公司已发生的相关费用或损失的，应当调整期初留存收益

D. 用于补偿公司以后期间的相关费用或损失的，应直接计入当期损益

6. 与收益相关的政府补助，用于补偿公司以后期间相关费用或损失的，在核算时可能涉及的会计科目有（　　）。

A. 银行存款　　B. 其他业务收入

C. 递延收益　　　　　　　　　　　　D. 营业外收入

7. 下列有关政府补助的会计处理表述正确的有（　　）。

A. 与收益相关的政府补助，用于补偿公司以后期间费用或损失的，在取得时先确认为递延收益，然后在确认相关费用的期间计入当期营业外收入

B. 与收益相关的政府补助，用于补偿公司已发生费用或损失的，取得时直接计入当期营业外收入

C. 与资产相关的政府补助，应当确认为递延收益，然后自相关资产可供使用时起，在该项资产使用寿命内平均分配，计入当期营业外收入

D. 与资产和收益均相关的政府补助，需要将其分解为与资产相关的部分和与收益相关的部分，分别进行会计处理

8. 下列各项中，属于政府补助的有（　　）。

A. 直接减免的税款　　　　　　　　　B. 财政拨款

C. 税收返还　　　　　　　　　　　　D. 行政划拨的土地使用权

9. 下列事项中，属于与资产相关的政府补助的有（　　）。

A. 政府拨付的用于公司购买无形资产的财政拨款

B. 政府对公司用于建造固定资产给予的财政贴息

C. 政府向公司无偿划拨长期非货币性资产

D. 公司收到的即征即退的营业税

10. 关于政府补助的计量，叙述正确的有（　　）。

A. 政府补助为货币性资产的，应当按照收到或应收的金额计量

B. 政府补助为货币性资产的，只有存在确凿证据表明该项补助是按照固定的定额标准拨付的，才可以在这项补助成为应收款时予以确认并按照应收的金额计量

C. 政府补助为非货币性资产的，应当按照公允价值计量

D. 政府补助为非货币性资产的，公允价值不能可靠取得的，按照名义金额计量

三、判断题

1. 政府向公司提供补助属于非互惠交易，具有无偿性的特点。（　　）

2. 公司收到的政府补助为非货币性资产的，如果没有注明价值，且没有活跃交易市场，不能可靠取得公允价值，应按该资产未来现金流量的现值作为入账价值。（　　）

3. 公司取得与资产相关的政府补助，应当确认为递延收益，并在该项资产使用寿命内分期计入当期损益。（　　）

4. 与资产和收益均相关的政府补助，如果难以区分哪些与资产相关，哪些与收益相关，则应该将整项政府补助归类为与收益相关的政府补助。（　　）

5. 与收益相关的政府补助，应当确认为递延收益。（　　）

四、业务题

1. 2×16 年 4 月 1 日，A 公司购买储备粮从国家农发行借款 2000 万元，3 个月，同期银行贷款利率为 6%。自 2×16 年 4 月开始，财政部门于每季度初，按照 A 公司的实际贷款额和贷款利率拨付 A 公司贷款利息，A 公司收到财政部门拨付的利息后再支付给银行。A 公司按月确认损益。

要求：作出相应的会计处理。

2. 2×16 年 12 月，中国琴岛公司收到财政部门拨款 2000 万元，系对中国琴岛公司 2015 年执行国家计划内政策价差的补偿。中国琴岛公司 A 商品单位售价为 5 万元/台，成本为 2.5 万元/台，但在纳入国家计划内政策体系后，中国琴岛公司对国家规定范围内的用户销售 A 商品的售价为 3 万元/台，国家财政给予 2 万元/台的补贴。2×16 年中国琴岛公司共销售政策范围内 A 商品 1000 件。

要求：作出相应的会计处理。

3. 2×14 年 3 月 1 日，政府拨付 A 公司战略性新兴产业研发补贴 1000 万元财政拨款（同日到账），要求用于从国外购买大型科研设备 1 台及其国内配套设备；2×14 年 4 月 1 日，A 公司进口大型设备到达，以银行存款支付实际价款为 160 万美元（当日即期汇率为 1 美元 =6 元人民币），同日采用出包方式委托丙公司开始安装。2×14 年 4 月 3 日按合理估计的发包工程进度和合同规定向丙公司支付结算进度款 10 万元，2×14 年 6 月 30 日安装完毕，工程完工后，收到有关工程结算单据，实际安装费用 40 万元，补付工程款 30 万元。同日交付研发新产品的部门使用，使用寿命为 5 年，预计净残值为 40 万元，采用年数总和法计提年折旧额。2×16 年 6 月 30 日，A 公司出售了这台设备，取得价款 700 万元。

要求：作出相应的会计处理。

第九章

借款费用

本章基本内容框架

- 借款费用的概述
  - 借款的范围
  - 借款费用的范围
- 借款费用的确认
  - 借款费用的确认原则
  - 借款费用资本化期间的确定
- 借款费用的计量
  - 借款利息资本化金额的确定
  - 借款辅助费用资本化金额的确定
  - 外币专门借款汇兑差额资本化金额的确定

重点、难点讲解及典型例题

一、借款范围

借款包括专门借款和一般借款。

专门借款，为购建或者生产某项符合资本化条件的资产而专门借入的款项，通常应当有标明专门用途的借款合同。

一般借款，通常没有特指必须用于符合资本化条件的资产的购建或者生产。

二、借款费用的范围

借款费用反映的是公司借入资金所付出的代价，是指公司因借款而发生的利息及其他相关成本。借款费用主要包括的内容如图 9－1 所示。

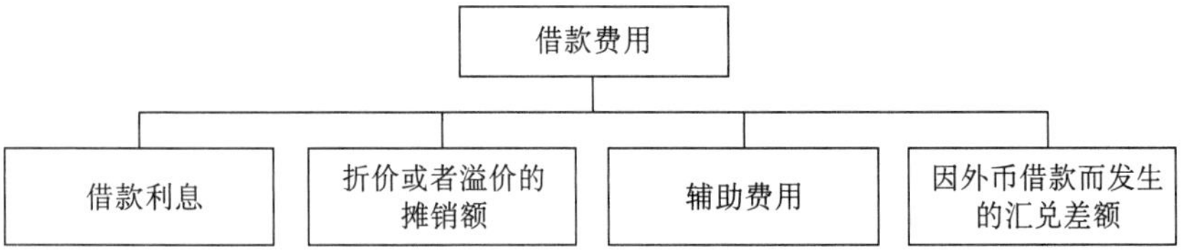

图 9－1　借款费用的范围

需要注意的是，公司发生的权益性融资费用，不应包括在借款费用中。但是，承租人根据租赁会计准则所确认的融资租赁发生的融资费用属于借款费用。

三、借款费用的确认原则

公司发生的借款费用，可直接归属于符合资本化条件的资产的购建或者生产的，应当予以资本化，计入符合资本化条件的资产成本。其他借款费用，应当在发生时根据其发生额确认为财务费用，计入当期损益。

符合资本化条件的资产，是指需要经过相当长时间的购建或者生产活动才能达到预定可使用或者可销售状态的固定资产、投资性房地产和存货等资产。其中，“相当长时间”指一年以上（含一年）。需要注意的是，由于人为或者故意等非正常因素导致资产的构建或者生产时间相当长的，该资产不属于符合资本化条件的资产。

【例9－1·多选题】下列项目中，属于借款费用的有（　　）。

A. 应付公司债券的利息

B. 发行公司债券的手续费

C. 发行公司债券的折价

D. 外币借款本金发生的汇兑差额

E. 发行股票的发行费用

【答案】ABD

四、借款费用资本化期间的确定

借款费用资本化期间，是指从借款费用开始资本化时点到停止资本化时点的期间，但借款费用暂停资本化的期间不包括在内。只有发生在资本化期间内的借款费用，才允许资本化，它是借款费用确认和计量的重要前提。

借款费用资本化期间的确定包括三个时间的确定：借款费用开始资本化的时点、借款费用暂停资本化的时点和借款费用终止资本化的时点。

1. 借款费用开始资本化时点的确定

借款费用允许开始资本化必须同时满足三个条件，即资产支出已经发生、借款费用已经发生、为使资产达到预定可使用或者可销售状态所必要的购建或者生产活动已经开始（见图9－2）。这三个条件中，只要有一个条件不满足，相关借款费用就不能资本化。

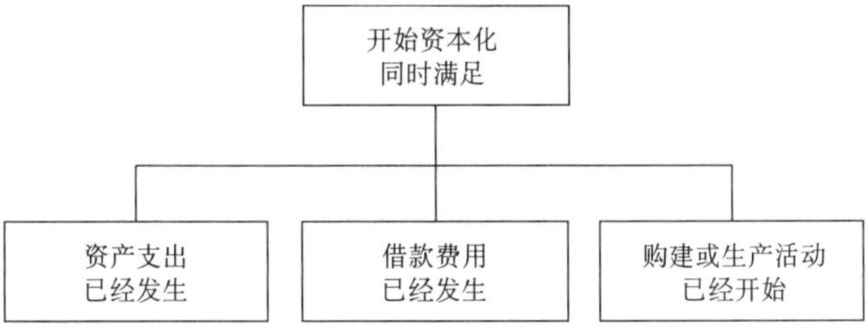

图9－2　开始资本化的条件

（1）“资产支出已经发生”的界定。“资产支出已经发生”是指公司已经发生了支付现金、转移非现金资产和承担带息债务形式所发生的支出。

【例9-2·多选题】下列各项中，属于资产支出已经发生的有（　　）。

A. 提取在建工程人员福利费

B. 工程领用自产的产成品

C. 以银行存款购入工程物资

D. 购入工程物资，开出带息的商业汇票

E. 购入工程物资，货款尚未支付计入应付账款

【答案】BCD

（2）“借款费用已经发生”的界定。借款费用已经发生，是指公司已经发生了因购建或者生产符合资本化条件的资产而专门借入款项的借款费用或者所占用的一般借款的借款费用。

（3）“为使资产达到预定可使用或者可销售状态所必要的购建或者生产活动已经开始”的界定。为使资产达到预定可使用或者可销售状态所必要的购建或者生产活动已经开始，是指符合资本化条件的资产的实体建造或者生产工作已经开始，如主体设备的安装、厂房的实际开工建造等。它不包括仅仅持有资产但没有发生为改变资产形态而进行的实质上的建造或者生产活动。

2. 借款费用暂停资本化时点的确定

符合资本化条件的资产在购建或者生产过程中发生非正常中断且中断时间连续超过3个月的，应当暂停借款费用的资本化（见图9-3）。中断的原因必须是非正常中断，属于正常中断的，相关借款费用仍可资本化。

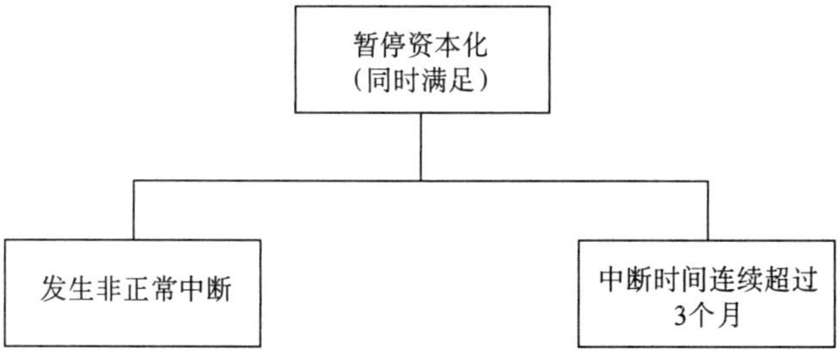

图9-3　暂停资本化的时点

其中，非正常中断，通常是由于公司管理决策上的原因或者其他不可预见的原因等所导致的中断（见图9-4）。

而正常中断通常仅限于因购建或者生产符合资本化条件的资产达到预定可使用或者可销售状态所必要的程序，或者事先可预见的不可抗力因素导致的中断（见图9-5）。

图 9－4　非正常中断

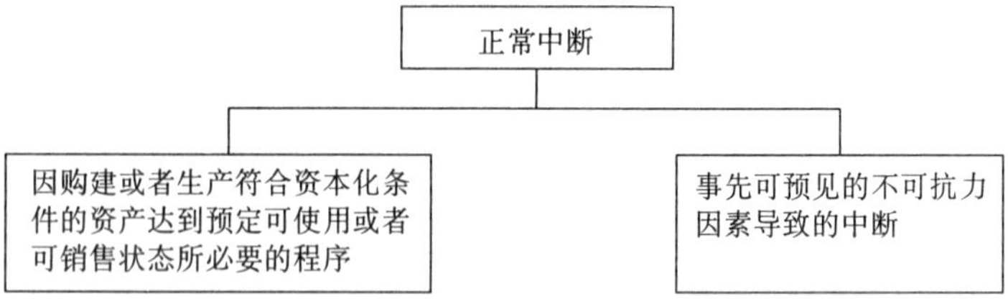

图 9－5　正常中断

【例 9－3 · 多选题】 下列情况中，属于非正常中断的有（　　）。

A. 由于劳务纠纷而造成连续超过 3 个月的固定资产的建造中断

B. 由于安全检查而造成连续超过 3 个月的固定资产的建造中断

C. 由于资金周转困难而造成连续超过 3 个月的固定资产的建造中断

D. 由于发生安全事故而造成连续超过 3 个月的固定资产的建造中断

E. 由于可预测的冰冻季节而造成连续超过 3 个月的固定资产的建造中断

【答案】 ACD

3. 借款费用停止资本化时点的确定

购建或者生产符合资本化条件的资产达到预定可使用或者可销售状态时，借款费用应当停止资本化。在符合资本化条件的资产达到预定可使用或者可销售状态之后所发生的借款费用，应当在发生时根据其发生额确认为费用，计入当期损益（见图 9－6）。

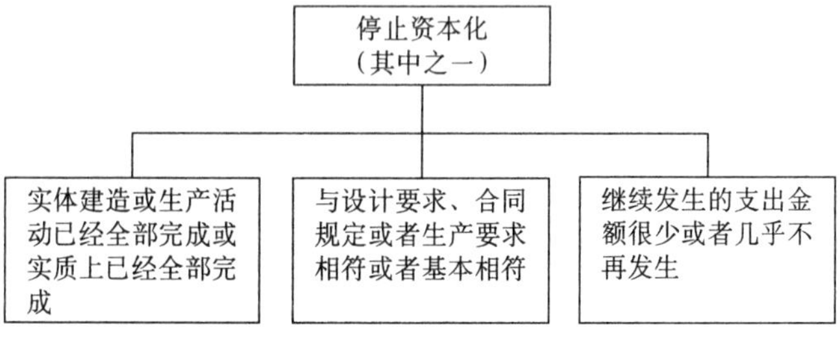

图 9－6　停止资本化的时点

【例 9－4 · 多选题】 在符合借款费用资本化条件的会计期间，下列有关借款费用的会计处理中，符合会计准则规定的有（　　）。

A. 购建或者生产符合资本化条件的资产达到预定可使用或者可销售状态时，借款费用应当停止资本化

B. 为购建固定资产借款资本化的利息金额，不应超过当期专门借款实际发生的利息

C. 为购建固定资产活动发生正常中断且中断持续时间超过 3 个月的，中断期间的利息应计入建造成本

D. 购建固定资产活动发生的非正常中断且中断时间未超过 3 个月的，中断期间的利息应计入建造成本

【答案】ABCD

五、借款利息资本化金额的确定

借款费用应予资本化的借款包括专门借款和一般借款。在借款费用资本化期间内，每一会计期间的利息资本化金额，也要区分为专门借款利息资本化金额和一般借款利息资本化金额。

1. 专门借款利息资本化金额的确定

专门借款利息费用资本化金额 = 当期实际发生的专门借款利息费用 - 尚未动用的专门借款派生的利息收益或投资收益

其中，当期实际发生的专门借款利息费用的计算，不考虑资产支出情况，直接根据专门借款金额、资本化期间及借款利率计算。尚未动用的借款资金存入银行取得的利息收入或进行暂时性投资取得的投资收益，是指专门借款在未使用的时间段内存入银行或进行暂时性投资所取得的利息收入或投资收益金额。

2. 一般借款利息资本化金额的确定

计算一般借款利息费用资本化金额的步骤如下：

（1）计算所占用一般借款的资本化率：

所占用一般借款的资本化率

= 所占用一般借款加权平均利率

$$=\frac{\text{所占用一般借款当期实际发生的利息之和}}{\text{所占用一般借款本金加权平均数}}$$

所占用一般借款本金加权平均数

= Σ（所占用每笔一般借款本金 × 每笔一般借款在当期所占用的天数/当期天数）

（2）计算累计资产支出加权平均数：

累计资产支出加权平均数 = Σ（每笔资产支出金额 × 每笔资产在当期所占用的天数/当期天数）

（3）计算一般借款利息费用资本化金额：

一般借款利息费用资本化金额 = 累计资产支出超过专门借款部分的资产支出加权平均数 × 所占用一般借款的资本化率

一般的账务处理如下：

①长期借款筹款方式：

借：财务费用

　　在建工程

　　贷：应付利息

②公司债筹款方式：

借：在建工程

　　财务费用

　　贷：应付债券——利息调整【可借记】

　　　　应付债券——应计利息【或应付利息】

需要注意的是，借款存在折价或者溢价的，应当按照实际利率法确定每一会计期间应摊销的折价或溢价金额，调整每期利息金额。同时，每一会计期间的利息资本化金额，不应当超过当期相关借款实际发生的利息金额。

【例 9－5·单选题】下列借款费用在满足资本化条件进行资本化时，应当考虑累计资产支出加权平均数的是（　　）。

A. 专门借款的借款利息　　B. 专门借款的辅助费用

C. 外币专门借款汇兑差额　　D. 一般借款的借款利息

【答案】D

【例 9－6·单选题】中国琴岛公司为建造厂房于 2×16 年 4 月 1 日从银行借入 4000 万元专门借款，借款期限为 2 年，年利率为 6%。2×16 年 7 月 1 日，中国琴岛公司采取出包方式委托 B 公司为其建造该厂房，并预付了 1000 万元工程款，厂房实体建造工作于当日开始。该工程因发生施工安全事故在 2×16 年 8 月 1 日至 11 月 30 日中断施工，12 月 1 日恢复正常施工，至年末工程尚未完工。2×16 年将未动用借款资金进行暂时性投资获得投资收益 20 万元，其中资本化期间内闲置资金获得投资收益 14 万元。该项厂房建造工程在 2×16 年度应予资本化的利息金额为（　　）万元。

A. 160　　B. 26

C. 106　　D. 20

【答案】B

【解析】资本化期间为当年 7 月和 12 月共计两个月。应予资本化利息金额 = 4000 × 6% × 2/12 － 14 = 26（万元）。

【例 9－7·单选题】中国琴岛公司建造生产线，该工程预计工期为 2 年，建造活动自 2×16 年 7 月 1 日开始，当日预付承包商建设工程款为 6000 万元。9 月 30 日，追加支付工程进度款为 4000 万元。中国琴岛公司生产线建造工程占用借款包括：（1）2×16 年 6 月 1 日借入的三年期专门借款 8000 万元，年利率为 6%；（2）2×16 年 1 月 1 日借入的两年期一般借款 6000 万元，年利率为 7%。

中国琴岛公司将部分闲置专门借款投资于货币市场基金，月收益率为 0.6%。不考虑其他因素，2×16 年中国琴岛公司建造该建设工程应予以资本化的利息费用是（ ）。

A. 239 万元　　B. 245 万元

C. 275 万元　　D. 279 万元

【答案】A

【解析】专门借款资本化金额 = 8000 × 6% × 6/12 - 2000 × 0.6% × 3 = 204（万元），一般借款资本化金额 = 2000 × 7% × 3/12 = 35（万元），2×16 年中国琴岛公司建造该生产线应予以资本化的利息费用 = 204 + 35 = 239（万元）。

小结：见表 9 - 1。

表 9 - 1　专门借款与一般借款资本化利息的计算

情　形	专门借款	一般借款
需关注的问题	专门借款存款利息收入或投资收益	①资产支出何时超过专门借款而占用一般借款 ②占用金额 ③资本化率
资本化利息的计算	资本化金额 = 资本化期间实际利息费用 - 资本化期间专门借款存款利息收入或投资收益	资本化金额 = 累计资产支出超过专门借款部分的资产支出加权平均数 × 资本化率

六、借款辅助费用资本化金额的确定

专门借款发生的辅助费用的处理，分为两种情况：

（1）所购建或者生产的符合资本化条件的资产达到预定可使用或者可销售状态之前发生的，应当在发生时根据其发生额予以资本化，计入符合资本化条件的资产的成本。

（2）在所购建或者生产的符合资本化条件的资产达到预定可使用或者可销售状态之后所发生的，应当在发生时根据其发生额确认为费用，计入当期损益。

七、外币专门借款汇兑差额资本化金额的确定

借款费用准则规定，在资本化期间内，外币专门借款本金及其利息的汇兑差额，应当予以资本化，计入符合资本化条件的资产的成本。而除外币专门借款之外的其他外币借款本金及其利息所产生的汇兑差额应当作为财务费用，计入当期损益（见图 9 - 7）。

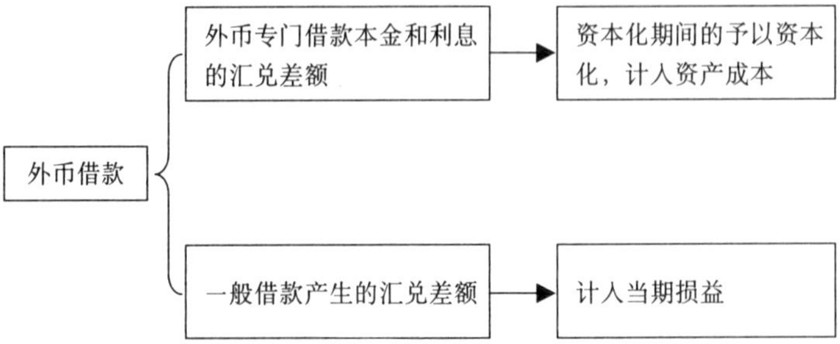

图 9-7　外币专门借款汇兑差额的处理

思考与练习

一、单选题

1. 借款费用准则中的专门借款是指（　　）。

A. 为购建或者生产符合资本化条件的资产而专门借入的款项

B. 发行债券收款

C. 长期借款

D. 技术改造借款

2. 不属于借款费用的是（　　）。

A. 借款手续费　　B. 发行公司债券基金

C. 借款利息　　D. 发行股票佣金

3. 资本化期间内在确定借款费用资本化金额时，与专门借款有关的利息收入应（　　）。

A. 计入营业外收入　　B. 计入资本公积

C. 计入当期财务费用　　D. 冲减借款费用资本化的金额

4. 关于辅助费用以及因外币借款而发生的汇兑差额，下列说法中不正确的是（　　）。

A. 在资本化期间内，外币专门借款本金及利息的汇兑差额，应当予以资本化，计入符合资本化条件的资产成本

B. 在资本化期间内，外币专门借款本金及利息的汇兑差额的计算不与资产支出相挂钩

C. 专门借款发生的辅助费用，在所购建或者生产的符合资本化条件的资产达到预定可使用状态或者可销售状态之前发生的，应当在发生时根据其发生额予以资本化，计入符合资本化条件的资产的成本

D. 专门借款发生的辅助费用，在计算其资本化金额时应与资产支出相挂钩

5. 某公司于 2×16 年 1 月 1 日开工建造一项固定资产，该公司为建造该固定资产

于2×15年12月1日专门借入一笔款项，本金为1000万元，年利率为9%，期限为2年。该公司另借入两笔一般借款：第一笔为2×16年1月1日借入的800万元，借款年利率为8%，期限为2年；第二笔为2×16年7月1日借入的500万元，借款年利率为6%，期限为3年；2×16年12月31日该固定资产全部完工并投入使用，该公司2×16年为购建固定资产而占用的一般借款所使用的资本化率为（　　）。

A. 7.00%　　B. 7.52%

C. 6.80%　　D. 6.89%

6. 中国琴岛上市公司股东大会于2×16年1月4日作出决议，决定建造厂房。为此，中国琴岛公司于3月5日向银行专门借款5000万元，年利率为6%，款项于当日划入中国琴岛公司银行存款账户。3月15日，厂房正式动工兴建。3月16日，中国琴岛公司购入建造厂房用水泥和钢材一批，价款500万元，当日用银行存款支付。3月31日，计提当月专门借款利息。中国琴岛公司在3月份没有发生其他与厂房购建有关的支出，则中国琴岛公司专门借款利息应开始资本化的时间为（　　）。

A. 3月5日　　B. 3月15日

C. 3月16日　　D. 3月31日

7. 长期借款所发生的利息支出、汇兑损益等借款费用，不能记入以下（　　）科目。

A. 在建工程　　B. 管理费用

C. 财务费用　　D. 营业外支出

8. 生产经营期间，如果某项固定资产的购建发生非正常中断，并且中断时间超过3个月（含3个月），应当将中断期间所发生的借款费用，记入（　　）科目。

A. 长期待摊费用　　B. 在建工程

C. 营业外支出　　D. 财务费用

9. 予以资本化的借款费用计入（　　）。

A. 资产成本　　B. 当期损益

C. 财务费用　　D. 借款费用

10. 符合资本化条件的资产发生借款费用予以资本化时，要与资产支出挂钩的有（　　）。

A. 专门借款利息　　B. 专门借款的溢价摊销

C. 一般借款利息　　D. 外币专门借款的汇兑差额

二、多选题

1. 下列项目中，属于借款费用应予资本化的资产范围的有（　　）。

A. 经过相当长时间的购建达到预定可使用状态的投资性房地产

B. 需要18个月的生产活动才能达到销售状态的存货

C. 以经营租赁方式租入的生产设备

D. 经过 2 年的建造可达到预定可使用状态的生产设备

E. 经过 3 个月即可达到预定可使用状态的生产设备

2. 下列项目中，属于借款费用的有（　　）。

A. 承租人根据租赁会计准则的规定确认的融资租赁发生的融资费用

B. 因外币借款所发生的汇兑差额　C. 发行公司债券发生的溢价

D. 发行公司债券折价的摊销　E. 发生的权益性融资费用

3. 借款费用包括（　　）。

A. 因借款而发生的利息　B. 折价或溢价的摊销

C. 因外币借款而发生的汇兑差额　D. 发生的权益性融资费用

E. 承租人根据租赁会计准则所确认的融资租赁发生的融资费用

4. 借款费用准则中的资产支出包括（　　）。

A. 为购建符合资本化条件的资产而支付的现金

B. 为购建符合资本化条件的资产而转移的非现金资产

C. 为购建符合资本化条件的资产以承担带息债务形式发生的支出

D. 计提在建工程人员工资

E. 赊购工程物资（不带息）

5. 公司为购建固定资产专门借入的款项所发生的借款费用，停止资本化的时点有（　　）。

A. 所购建固定资产与设计要求或合同要求相符或基本相符

B. 固定资产的实体建造工作已经全部完成或实质上已经完成时

C. 继续发生在所购建固定资产上的支出金额很少或者几乎不再发生时

D. 需要试生产的固定资产在试生产结果表明资产能够正常生产出合格产品时

三、判断题

1. 外币专门借款及其利息所产生的汇兑差额应当予以资本化，计入固定资产的成本。（　　）

2. 在借款费用允许资本化的期间内发生的外币一般借款汇兑差额，应当计入以该外币一般借款所购建固定资产的成本。（　　）

3. 资本化期间内，闲置专门借款资金取得的固定收益债券利息收入应直接计入当期投资收益。（　　）

4. 在资本化期间内，一般外币借款本金及利息所产生的汇兑差额一律计入当期损益。（　　）

5. 专门借款实际发生的借款利息减去闲置资金的利息收入或投资收益后的金额应全部资本化。（　　）

6. 借款费用开始资本化的条件：即资产支出已经发生、借款费用已经发生、为使资产达到预定可使用或者可销售状态所必要的购建或者生产活动已经开始。只要满

足其中的一个条件就可以资本化。（ ）

7. 借款费用资本化期间是指从借款费用开始资本化时点到停止资本化时点的整个期间。（ ）

8. 公司发生的借款费用，可直接归属于固定资产的购建或者生产的，应当予以资本化。（ ）

9. 公司为生产产品而借入的银行借款所产生的利息，不能够进行资本化。（ ）

10. 借款利息，仅包括公司向银行或者其他金融机构等借入资金发生的利息、发行公司债券发生的利息。（ ）

四、业务题

1. 中国琴岛公司为建造一栋办公楼，于2×15年12月1日借入期限为三年，本金为1000万元，年利率为6%，按年付息到期一次还本的专门借款。另外，中国琴岛公司有一般借款200万元，年利率为7%，期限为2年，每年年末计提利息，将于2×17年6月30日到期。

工程采用出包方式，2×16年1月1日，用银行存款支付工程价款300万元；工程因质量纠纷于2×16年3月1日到2×16年6月30日发生非正常中断。2×16年9月1日用银行存款支付工程价款800万元，工程于2×17年1月31日达到预定可使用状态。2×17年2月10日办理竣工决算，2×17年2月28日交付使用。

中国琴岛公司借款费用按年资本化。2×16年未动用的专门借款资金取得的利息收入分别为：1月1日到2月28日为2万元、3月1日到6月30日为4万元、7月1日到9月1日为2万元。

要求：

（1）指出借款费用开始资本化的时点和停止资本化的时点；

（2）计算2×16年借款利息资本化的金额；

（3）编制中国琴岛公司2×16年年末计提利息的有关会计分录。

2. 中国琴岛公司于2×16年1月1日动工兴建一办公楼，工程采用出包方式，每半年支付一次工程进度款。工程于2×17年6月30日完工，达到预计可使用状态。

中国琴岛公司建造工程资产支出如下：

（1）2×16年1月1日，支出3000万元；

（2）2×16年7月1日，支出5000万元，累计支出8000万元；

（3）2×17年1月1日，支出3000万元，累计支出11000万元。

中国琴岛公司为建造办公楼于2×16年1月1日专门借款4000万元，借款期限为3年，年利率为8%，按年支付利息。除此之外，无其他专门借款。办公楼的建造还占用两笔一般借款：

（1）从A银行取得长期借款4000万元，期限为2×15年12月1日至2×18年12月1日，年利率为6%，按年支付利息。

（2）发行公司债券 2 亿元，发行日为 2×15 年 1 月 1 日，期限为 5 年，年利率为 8%，按年支付利息。

闲置专门借款资金用于固定收益债券临时性投资，暂时性投资月收益率为 0.5%。假定全年按 360 天计。

要求：

（1）计算 2×16 年和 2×17 年专门借款利息资本化金额。

（2）计算 2×16 年和 2×17 年一般借款利息资本化金额。

（3）计算 2×16 年和 2×17 年利息资本化金额。

（4）编制 2×16 年和 2×17 年与利息资本化金额有关的会计分录。

第十章

股份支付

本章基本内容框架

- 股份支付概述
  - 股份支付特征
  - 股份支付四个主要环节
  - 股份支付工具的主要类型
- 权益结算的股份支付
  - 确认和计量的原则
  - 股份支付条件的种类
  - 股份支付的会计处理
- 现金结算的股份支付
  - 确认和计量的原则
  - 股份支付的会计处理

重点、难点讲解及典型例题

一、股份支付概述（见表 10－1、表 10－2）

表 10－1

概念	股份支付是指公司为获取职工和其他方提供服务而授予权益工具或承担以权益工具为基础确定的负债的交易		
主要环节	等待期	授予日	股份支付协议获得股东大会或类似机构批准的日期
		可行权日	指可行权条件得到满足、职工或其他方具有从公司取得权益工具或现金权利的日期
	禁售期	行权日	行使权利、获取现金或权益工具的日期
		出售日	持有人将行使期权所取得的期权股票出售的日期

表 10－2

类型	以权益结算的股份支付	为获取服务而以股份或其他权益工具作为对价进行结算的交易
	以现金结算的股份支付	为获取服务而承担的以股份或其他权益工具为基础计算的交付现金或其他资产的义务的交易
举例	以权益结算的股份支付	限制性股票、股票期权
	以现金结算的股份支付	模拟股票、现金股票增值权

【例 10-1·单选题】下列关于股份支付的说法中，表述正确的是（　　）。

A. 股份支付是公司与股东之间发生的交易

B. 股份支付是以获取职工或其他方服务为目的的交易

C. 股份支付是公司为获取服务而以股份或其他权益工具作为对价进行结算的交易

D. 股份支付是公司为获取服务承担以股份或其他权益工具为基础计算确定的交付现金或其他资产义务的交易

【答案】B

【解析】本题考核股份支付的概念、特征和分类。股份支付，是指公司为获取职工和其他方提供服务而授予权益工具或者承担以权益工具为基础确定的负债的交易。

【例 10-2·单选题】下列各项中，应当作为以现金结算的股份支付进行会计处理的是（　　）。

A. 以低于市价向员工出售限制性股票的计划

B. 授予高管人员低于市价购买公司股票的期权计划

C. 公司承诺达到业绩条件时向员工无对价定向发行股票的计划

D. 授予研发人员以预期股价相对于基准日股价的上涨幅度为基础支付奖励款的计划

【答案】D

【解析】选项 A、B、C 均应当作为以权益结算的股份支付进行处理。

【例 10-3·单选题】下列各项交易或事项中，属于股份支付的是（　　）。

A. 股份有限公司向其股东分派股票股利

B. 股份有限公司向其高管授予股票期权

C. 债务重组中债务人向债权人定向发行股票抵偿债务

D. 公司合并中合并方向被合并方股东定向增发股票作为合并对价

【答案】B

【解析】选项 A 是分配股利；选项 C 是债务重组业务；选项 D 是以股票为对价的公司合并；只有选项 B 是股份支付。

二、股份支付条件的种类（见图 10-1 和表 10-3）

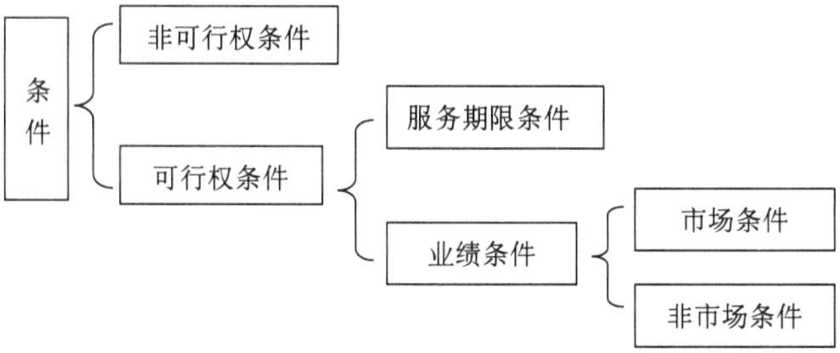

图 10-1

表 10－3

可行权条件是指能够确定公司是否得到职工或其他方提供的服务且该服务使职工或其他方具有获取权益工具或现金等权利的条件	
业绩条件是指职工或其他方完成规定服务期限且公司已达到特定业绩目标才行权的条件，包括市场条件和非市场条件	
市场条件	指行权价格等与权益工具市场价格相关的业绩条件
非市场条件	除市场条件之外的其他业绩条件，如最低盈利目标
服务期限条件是指职工或其他方完成规定服务期限才可行权	

【例 10－4·思考题】 市场条件：经股东大会批准，中国琴岛公司实施股权激励计划，向其 10 名高管人员每人授予 10 万份股票期权。可行权条件为：如果 3 年后股价达到了 50 元/股，高管人员即可以低于市价的价格购买一定数量的本公司股票。实际情况：第 1 年 30 元/股；第 2 年 40 元/股；第 3 年 48 元/股。

【答案】 等待期为 3 年，不需要单独计算等待期的长短。管理层成员满足了市场条件之外的全部可行权条件。尽管 3 年后股价未达到 50 元/股，即市场条件未得到满足，中国琴岛公司在 3 年中各年末也均确认了收到的管理层提供的服务，并相应确认了费用。所以市场条件没有得到满足，也不影响公司对预计可行权情况的估计，在这 3 年中，每年年末应确认相关的成本费用，这些费用不应再转回。

三、权益结算的股份支付

1. 股份支付的确认和计量原则（见表 10－4）

表 10－4

权益结算的股份支付	有等待期	公司应在等待期内的每个资产负债表日，以对可行权权益工具数量的最佳估计为基础，按照权益工具在授予日的公允价值，将当期取得的服务计入相关资产成本或当期费用，同时计入资本公积中的其他资本公积
	没等待期	对于授予后立即可行权的换取职工提供服务的权益结算的股份支付，应在授予日按照权益工具的公允价值，将取得的服务计入相关资产成本或当期费用，同时计入资本公积中的股本溢价
	换取其他方服务的，应优先采用所提供服务的公允价值	

2. 股份支付的会计处理（见表 10－5）

表 10－5

权益结算的股份支付
1. 授予日 （1）立即可行权的股份支付【按授予日权益工具的公允价值】 借：管理费用等 　　贷：资本公积——股本溢价 （2）除了立即可行权的股份支付外，在授予日均不进行会计处理

续表

2. 在等待期内的每个资产负债表日【以授予日公允价值为基础计量】 借：管理费用等 　　贷：资本公积——其他资本公积
3. 可行权日之后 对于权益结算的股份支付，在可行权日之后不再对已确认的成本费用和所有者权益总额进行调整
4. 行权日 借：银行存款 　　资本公积——其他资本公积 　　贷：股本 　　　　资本公积——股本溢价

【例 10－5·多选题】 下列各项关于附等待期的股份支付会计处理的表述中，正确的有（　　）。

A. 权益结算的股份支付，相关权益性工具的公允价值在授予日后不再调整

B. 现金结算的股份支付在授予日不作会计处理，但权益结算的股份支付应予处理

C. 市场条件的股份支付，应在所有市场及非市场条件均满足时确认相关成本费用

D. 业绩条件为非市场条件的股份支付，等待期内应根据后续信息调整对可行权情况的估计

【答案】 AD

【解析】 选项 B，除非是立即可行权的股份支付，否则不论是现金结算的股份支付还是权益结算的股份支付，在授予日均不作处理；选项 C，没有满足市场条件时，只要满足了其他非市场条件，公司也应当确认相关的成本费用。

3. 回购股份进行职工期权激励（见表 10－6）

表 10－6

公司以回购股份形式奖励本公司职工的，属于权益结算的股份支付，应当进行以下处理：
（1）回购股份同时进行备查登记 借：库存股（实际成本） 　　贷：银行存款
（2）确认成本费用 借：管理费用等 　　贷：资本公积——其他资本公积
（3）职工行权 借：银行存款（公司收到的股票价款） 　　资本公积——其他资本公积（等待期内资本公积累计确认的金额） 　　贷：库存股（交付给职工的库存股成本） 　　　　资本公积——股本溢价（差额）

【例10-6·单选题】2×15年1月1日，中国琴岛公司向50名高管人员每人授予2万份股票期权，这些人员从被授予股票期权之日起连续服务满2年，即可按每股6元的价格购买中国琴岛公司2万股普通股股票（每股面值1元）。该期权在授予日的公允价值为每份12元。2×16年10月20日，中国琴岛公司从二级市场以每股15元的价格回购本公司普通股股票100万股，拟用于高管人员股权激励。

在等待期内，中国琴岛公司没有高管人员离职。2×16年12月31日，高管人员全部行权，当日中国琴岛公司普通股市场价格为每股16元。2×16年12月31日，中国琴岛公司因高管人员行权应确认的股本溢价为（　　）万元。

A. 200　　B. 300

C. 500　　D. 1700

【答案】B

【解析】回购股份时：

借：库存股　1500

　贷：银行存款　1500

等待期内每个资产负债表日确认费用：

借：管理费用　600

　贷：资本公积——其他资本公积　600

行权时：

借：银行存款　600

　资本公积——其他资本公积（600×2）　1200

　贷：库存股　1500

　　资本公积——股本溢价　300

四、现金结算股份支付

1. 股份支付的确认和计量原则（见表10-7）

表10-7

现金结算的股份支付	有等待期	公司应当在等待期内的每个资产负债表日，以对可行权情况的最佳估计为基础，按照公司承担负债的公允价值，将当期取得的服务计入相关资产成本或当期费用，同时计入负债，并在可行权日之后、结算日之前的每个资产负债表日和结算日对负债（应付职工薪酬）的公允价值进行重新计量，并将其变动计入损益
	没等待期	对于授予后立即可行权的现金结算的股份支付，公司应当在授予日按照公司承担负债的公允价值计入相关资产成本或费用，同时计入负债，并在结算前的每个资产负债表日和结算日对负债的公允价值进行重新计量，并将其变动计入损益

2. 股份支付的会计处理（见表 10－8）

表 10－8

现金结算的股份支付
1. 授予日 （1）立即可行权的股份支付 借：管理费用等 　　贷：应付职工薪酬 　　【按授予日公司承担负债的公允价值，并在结算前的每个资产负债表日和结算日对负债的公允价值重新计量，将其变动计入损益】 （2）除了立即可行权的股份支付外，在授予日均不进行会计处理
2. 在等待期内的每个资产负债表日【以每个资产负债表日公允价值为基础计量】 借：管理费用等 　　贷：应付职工薪酬
3. 可行权日之后 对于现金结算的股份支付，公司在可行权日之后不再确认成本费用，公允价值的变动应当计入当期损益（公允价值变动损益）【以资产负债表日公允价值为基础计量】 借：公允价值变动损益 　　贷：应付职工薪酬（或相反）
4. 行权日 借：应付职工薪酬 　　贷：银行存款

【例 10－7 · 单选题】 在可行权日之后，与现金结算的股份支付有关的应付职工薪酬公允价值发生变动的，公司应将该变动金额计入（　　）。

A. 当期损益　　B. 盈余公积

C. 资本公积　　D. 未分配利润

【答案】 A

【解析】 现金结算的股份支付，可行权日后负债的公允价值变动应记入“公允价值变动损益”科目，即计入当期损益。

【例 10－8 · 单选题】 以现金结算的股份支付，公司应在可行权日之后的每个资产负债表日重新计量有关负债的公允价值，并将其与账面价值的差额列示在利润表中的项目为（　　）。

A. 投资收益　　B. 管理费用

C. 营业外收入　　D. 公允价值变动收益

【答案】 D

【解析】 对于现金结算的股份支付，可行权日之后负债的公允价值变动应记入“公允价值变动损益”，在利润表的“公允价值变动收益”项目下列示。

思考与练习

一、单选题

1. 下列表述中，属于股份支付的是（　　）。

A. 中国琴岛公司与其高管人员达成一项协议，若高管人员在本公司服务满 3 年，期满后公司将支付每人 100 万元作为奖励

B. 华美公司为其 100 名中层以上管理人员每人授予 100 份现金股票增值权，这些人员从 2×16 年 1 月 1 日起必须在该公司连续服务 3 年，即可按照当时股价的增长幅度获得现金

C. 乐尚公司根据股东的持股比例向股东支付相应数量的股份

D. 合并交易中合并方向被合并方支付股票以取得被合并方的股权

2. 下列各项中，应当作为以现金结算的股份支付进行会计处理的是（　　）。

A. 以低于市价向员工出售限制性股票的计划

B. 授予高管人员低于市价购买公司股票的期权计划

C. 公司承诺达到业绩条件时向员工无对价定向发行股票的计划

D. 授予高管人员以根据股价的上涨幅度为基础获得现金的计划

3. 下列各项有关权益结算的股份支付的说法中，正确的是（　　）。

A. 以权益结算的股份支付换取职工提供服务的，在授予日应当以授予日权益工具的公允价值计量

B. 对于权益结算的股份支付，应当按照每个资产负债表日权益工具的公允价值重新计量，确认成本费用和资本公积

C. 对于权益结算的股份支付，在可行权日之后不再对已确认的成本费用和所有者权益总额进行调整

D. 对于权益结算的股份支付，在可行权日之后不再确认成本费用，负债公允价值的变动计入当期损益

4. 中国琴岛公司为上市公司，2×15 年 1 月 1 日，中国琴岛公司向本公司 100 名管理人员每人授予 200 份股票期权，这些员工需自 2×15 年 1 月 1 日在本公司连续服务满 3 年，即可以 5 元每股购买本公司 200 股股票，从而获益。中国琴岛公司估计每份期权在授予日的公允价值为 15 元，2×15 年 12 月 31 日，每份期权公允价值为 18 元，2×16 年 12 月 31 日，每份期权公允价值为 16 元。第一年有 10 名管理人员离开公司，预计 3 年中离开的管理人员比例将达到 30%，第二年中国琴岛公司将预计的离职比例修正为 25%。则 2×16 年 12 月 31 日中国琴岛公司累计确认的“资本公积——其他资本公积”的金额应为（　　）元。

A. 160000　　　　B. 150000

C. 76000　　　　　　　　D. 90000

5. 2×14 年 10 月 20 日，中国琴岛公司批准了一项股份支付协议。协议规定，2×15 年 1 月 1 日，中国琴岛公司为其 100 名中层以上管理人员每人授予 100 份现金股票增值权，条件是这些人员必须为公司连续服务 3 年，即可按照当时股价增长幅度获得现金，该增值权应在 2×18 年 12 月 31 日之前行使。2×15 年、2×16 年、2×17 年、2×18 年年末该现金股票增值权的公允价值分别为 12 元、15 元、16 元和 18 元。2015 年有 10 名管理人员离开，预计未来 2 年还将有 8 名管理人员离开；2×16 年实际有 5 名管理人员离开，预计 2×17 年还将有 2 名管理人员离开；2×17 年没有管理人员离开公司，同时有 30 名管理人员于当年年末行使股票增值权取得了现金；2×18 年年末有 45 人行使股票增值权取得了现金。则中国琴岛公司 2×18 年 12 月 31 日应确认的管理费用为（　　）元。

A. 0　　　　　　　　B. 32800

C. 11000　　　　　　　　D. 48800

6. 2×13 年 12 月 20 日，经股东大会批准，中国琴岛公司向 100 名高管人员每人授予 2000 份股票期权。根据股份支付协议的规定，这些高管人员自 2×14 年 1 月 1 日起在公司连续服务满 3 年，即可于 2×16 年 12 月 31 日以每股 5 元的价格购买本公司普通股股票（每股面值 1 元）。中国琴岛公司股票期权 2×13 年 12 月 20 日的市场价格为每股 15 元，2×13 年 1 月 1 日的市场价格为每股 18 元。2×14 年 2 月 8 日，中国琴岛公司从二级市场以每股 12 元的价格回购本公司普通股 200000 股，拟用于高管人员股权激励。在等待期内，中国琴岛公司没有高管人员离开公司。2×16 年 12 月 31 日，高管人员全部行权。当日，中国琴岛公司普通股股票的市场价格为每股 15.5 元。中国琴岛公司因高管人员行权增加的股本溢价金额是（　　）元。

A. 3000000　　　　　　　　B. 2200000

C. 1600000　　　　　　　　D. 3600000

7. 关于权益结算的股份支付，下列表述中正确的是（　　）。

A. 对于授予后立即可行权的换取职工提供服务的权益结算的股份支付，应在授予日按照权益工具的公允价值，将取得的服务计入相关资产成本或当期费用，同时计入应付职工薪酬

B. 对于授予后立即可行权的换取职工提供服务的权益结算的股份支付，应在授予日按照权益工具的账面价值，将取得的服务计入相关资产成本或当期费用，同时计入资本公积中的股本溢价

C. 对于授予后立即可行权的换取职工提供服务的权益结算的股份支付，应在授予日按照权益工具的公允价值，将取得的服务计入相关资产成本或当期费用，同时计入资本公积中的股本溢价

D. 对于授予后立即可行权的换取职工提供服务的权益结算的股份支付，应在授予日按照权益工具的账面价值，将取得的服务计入相关资产成本或当期费用，同时计

入应付职工薪酬

8. 2×14 年 1 月 1 日，中国琴岛公司向其 100 名管理人员每人授予 100 份股票期权：第一年年末的可行权条件为公司净利润增长率达到 20%；第二年年末的可行权条件为公司净利润两年平均增长 15%；第三年年末的可行权条件为公司净利润三年平均增长 10%。2×14 年 12 月 31 日，中国琴岛公司净利润增长了 18%，同时有 10 名管理人员离开，中国琴岛公司预计 2×15 年将以同样速度增长，因此预计 2×15 年 12 月 31 日将可以行权。另外，预计第二年又将有 8 名管理人员离开。关于等待期的确定，下列说法中正确的是（　　）。

A. 2×14 年 12 月 31 日应将其预计等待期调整为 2 年

B. 2×14 年 12 月 31 日应将其预计等待期调整为 3 年

C. 此股票期权的等待期是 1 年

D. 此股票期权的等待期是 2 年

9. 2×13 年 12 月 10 日，中国琴岛公司董事会批准了一项股份支付协议。协议规定，2×14 年 1 月 1 日，公司为其 200 名中层以上管理人员每人授予 100 份现金股票增值权，条件是这些人员必须为公司连续服务 3 年，即可按照当时股价增长幅度获得现金，该增值权应在 2×18 年 12 月 31 日之前行使。2×14 年、2×15 年、2×16 年年末股票增值权的公允价值分别为 14 元、15 元和 18 元。2×14 年有 20 名管理人员离开，预计未来 2 年还将有 15 名管理人员离开；2×15 年实际有 10 名管理人员离开，预计 2×16 年还将有 10 名管理人员离开。则中国琴岛公司 2×16 年 12 月 31 日应确认的应付职工薪酬为（　　）元。

A. 77000　　B. 83000

C. 84000　　D. 108000

10. 对于以现金结算的股份支出，可行权日后相关负债公允价值发生变动的，其变动金额应在资产负债表日记入（　　）科目。

A. 公允价值变动收益　　B. 管理费用

C. 利润分配——未分配利润　　D. 资本公积

二、多选题

1. 下列各项中，属于以现金结算的股份支付的工具的有（　　）。

A. 优先股　　B. 模拟股票

C. 现金股票增值权　　D. 限制性股票

2. 下列关于市场条件和非市场条件的说法中，不正确的有（　　）。

A. 公司在确定权益工具授予日的公允价值时，应考虑非市场条件的影响，而不考虑市场条件的影响

B. 市场条件是否得到满足，不影响公司对预计可行权情况的估计

C. 非市场条件是否得到满足，不影响公司对预计可行权情况的估计

D. 公司在确定权益工具授予日的公允价值时，应考虑市场条件的影响，而不考虑非市场条件的影响

3. 2×16 年 1 月，为奖励并激励高级管理人员，中国琴岛公司与其管理层成员签署股份支付协议，规定如果管理层成员在其后 3 年中都在公司任职，并且公司股价每年均提高 15% 以上，管理层成员即可以以低于市价的价格购买一定数量的本公司股票。同时作为协议的补充，公司把全体管理层成员的年薪提高了 5 万元，但公司将这部分年薪按月存入公司专门设立的内部基金，3 年后，管理层成员可用属于其个人的部分抵减未来行权时支付的购买股票的款项。如果管理层成员决定退出这项基金，可随时全额提取。下列说法中正确的有（　　）。

A. 公司股价每年均增长 15% 以上属于可行权条件

B. 服务期满 3 年是一项服务期限条件

C. 公司将管理层成员部分薪金存入统一账户保管属于可行权条件

D. 服务期满 3 年是一项非市场条件

4. 对于以权益结算的股份支付，在可行权日之后可能会涉及的会计科目有（　　）。

A. 公允价值变动损益　　B. 应付职工薪酬

C. 资本公积——其他资本公积　　D. 资本公积——股本溢价

5. 典型的股份支付通常包括的环节有（　　）。

A. 授予　　B. 可行权

C. 行权　　D. 出售

三、判断题

1. 对于以权益结算的股份支付，若其他方服务的公允价值和权益工具的公允价值都不能可靠计量，应以内在价值计量该权益工具，内在价值变动计入资本公积。（　　）

2. 可行权条件分为市场条件和非市场条件。（　　）

3. 对于授予职工的股票期权，如果不存在条款和条件相似的交易期权，就应通过期权定价模型来估计所授予的期权的公允价值。（　　）

4. 现金结算的股份支付，在可行权日之后至结算日前的每个资产负债表日和结算日，应对负债的公允价值重新计量，并将其变动计入当期管理费用。（　　）

5. 无论是权益结算的股份支付还是现金结算的股份支付，除了立即可行权的股份支付外，公司在授予日均不作会计处理。（　　）

6. 公司如果回购其职工已可行权的权益工具，应当借记所有者权益，回购支付的金额高于该权益工具在回购日公允价值的部分，计入当期费用。（　　）

7. 股价增长幅度是股份支付协议中的非市场业绩条件。（　　）

8. 当权益工具的公允价值无法可靠确定时，等待期公司就不能确认成本和所有

者权益。（ ）

9. 对于授予后立即可行权的换取职工提供服务的权益结算的股份支付，应在授予日按照权益工具的公允价值，将取得的服务计入相关资产成本或当期费用，同时计入负债。（ ）

10. 股份支付的授予日是指公司按照股份支付协议授予职工权益工具的日期。（ ）

四、业务题

1. 2×13 年 1 月 1 日，中国琴岛公司为其 100 名中层以上管理人员每人授予 100 份现金股票增值权，这些人员从 2×13 年 1 月 1 日起必须在该公司连续服务 3 年，即可自 2×15 年 12 月 31 日起根据股价的增长幅度获得现金，该增值权应在 2×17 年 12 月 31 日之前行使完毕。中国琴岛公司估计，该增值权在负债结算之前的每一资产负债表日以及结算日的公允价值和可行权后的每份增值权现金支出额如表 10－9 所示。

表 10－9 单位：元

年份	公允价值	支付现金
2×13 年	12	
2×14 年	14	
2×15 年	15	16
2×16 年	20	18
2×17 年		22

2×13 年有 10 名管理人员离开中国琴岛公司，中国琴岛公司估计三年中还将有 8 名管理人员离开；2×14 年又有 6 名管理人员离开公司，公司估计还将有 6 名管理人员离开；2×15 年又有 4 名管理人员离开，有 40 人行使股票增值权取得了现金；2×16 年有 30 人行使股票增值权取得了现金；2×17 年有 10 人行使股票增值权取得了现金。

要求：计算 2×13 年至 2×17 年每年应确认的费用（或损益）、应付职工薪酬余额和支付的现金，并编制有关会计分录。

2. 2×14 年 1 月 1 日，经股东大会批准，中国琴岛公司（为上市公司）与 100 名高级管理人员签署股份支付协议。协议规定：

①中国琴岛公司向 100 名高级管理人员每人授予 15 万股股票期权，行权条件为这些高级管理人员从授予期权之日起连续服务满 3 年，公司 3 年平均净利润增长率达到 12%；

②符合行权条件后，每持有 1 股普通股股票期权可以自 2×17 年 1 月 1 日起 1 年内，以每股 5 元的价格购买公司 1 股普通股票，在行权期间内未行权的股票期权将失效。中国琴岛公司估计授予日每股股票期权的公允价值为 15 元。

2×14 年至 2×17 年，中国琴岛公司股票期权的资料如下：

（1）2×14 年 5 月，中国琴岛公司自市场回购本公司股票 1500 万股，共支付价款 13500 万元，作为库存股待行权时使用。

（2）2×14 年，中国琴岛公司有 3 名高级管理人员离开公司，本年净利润增长率为 10%。该年末，中国琴岛公司预计未来两年将有 1 名高级管理人员离开公司，预计 3 年平均净利润增长率将达到 12%；每股股票期权的公允价值为 16 元。

（3）2×15 年，中国琴岛公司没有高级管理人员离开公司，本年净利润增长率为 14%。该年末，中国琴岛公司预计未来 1 年将有 2 名高级管理人员离开公司，预计 3 年平均净利润增长率将达到 12.5%；每股股票期权的公允价值为 18 元。

（4）2×16 年，中国琴岛公司有 2 名高级管理人员离开公司，本年净利润增长率为 15%。该年末，每股股票期权的公允价值为 20 元。

（5）2×17 年 3 月，95 名高级管理人员全部行权，中国琴岛公司收到款项 7125 万元，相关股票的变更登记手续已办理完毕。

要求：

（1）编制中国琴岛公司回购本公司股票时的相关会计分录；

（2）计算中国琴岛公司 2×14 年、2×15 年、2×16 年因股份支付确认的费用，并编制相关会计分录；

（3）编制中国琴岛公司高级管理人员行权时的相关会计分录。

第十一章

会计政策、会计估计变更和差错更正

本章基本内容框架

- 会计政策及其变更
  - 会计政策概述
    - 会计政策的含义
    - 会计政策的特点
  - 会计政策变更
  - 会计政策变更的会计处理
    - 追溯调整法
    - 未来适用法
  - 会计政策变更的披露
- 会计估计及其变更
  - 会计估计概述
    - 会计估计的含义
    - 会计估计的特点
  - 会计估计变更
  - 会计估计变更的会计处理
  - 会计估计变更的披露
- 前期差错及其更正
  - 前期差错概述
  - 前期差错更正的会计处理
  - 前期差错更正的披露

重点、难点讲解及典型例题

一、会计政策及其变更

1. 会计政策的概念

会计政策，是指公司在会计确认、计量和报告中所采用的原则、基础和会计处理方法。会计政策包括的会计原则、基础和处理方法，是指导公司进行会计确认和计量的具体要求。

原则，是指按照企业会计准则规定的、适合于公司会计要素确认过程中所采用的具体会计原则。例如，《企业会计准则第 4 号——固定资产》规定的与固定资产相关的经济利益很可能流入企业、该固定资产的成本能够可靠计量同时满足时，才能予以确认，就属于固定资产确认的具体会计原则。

基础，是指为了将会计原则应用于交易或者事项而采用的基础，主要是计量基础（即计量属性），包括历史成本、重置成本、可变现净值、现值和公允价值等。

会计处理方法，是指公司在会计核算中按照法律、行政法规或者国家统一的会计制度等规定采用或者选择的、适合于本公司的具体会计处理方法。

2. 会计政策的判断

（1）在资产方面属于资产要素的会计政策有：

①存货的取得、发出和期末计价的处理方法；

②长期股权投资的取得及后续计量中的成本法和权益法；

③投资性房地产的确认及其后续计量模式；

④固定资产、无形资产的确认条件及其减值政策；

⑤金融资产的分类；

⑥非货币性资产交换商业实质的判断。

（2）在负债方面属于负债要素的会计政策有：

①借款费用资本化的条件；

②债务重组的确认和计量；

③预计负债的确认和计量；

④应付职工薪酬和股份支付的确认和计量；

⑤金融负债的分类等。

（3）在所有者权益方面属于所有者权益要素的会计政策有：

①权益工具的确认和计量；

②混合金融工具的分拆。

（4）在收入方面属于收入要素的会计政策有：

①商品销售收入和提供劳务收入的确认条件；

②建造合同、租赁合同、保险合同、贷款合同等合同收入的确认与计量方法。

（5）在费用方面属于费用要素的会计政策有：

①商品销售成本及劳务成本的结转；

②期间费用的划分。

（6）除会计要素相关会计政策外，财务报表列报方面所涉及的编制现金流量表的直接法和间接法、合并财务报表合并范围的判断、分部报告中报告分部的确定，也属于会计政策。

3. 会计政策变更

会计政策变更，是指公司对相同的交易或者事项由原来采用的会计政策改用另一会计政策的行为。

（1）符合下列条件之一的，公司可以变更会计政策：

①法律、行政法规或国家统一的会计制度等要求变更；

②会计政策的变更能够提供更可靠、更相关的会计信息。

（2）下列情况不属于会计政策变更：

①本期发生的交易或者事项与以前相比具有本质差别而采用新的会计政策。

例如，中国琴岛公司 2×15 年租入的普通机床均为临时需要而租入的，租期为 2 个月，公司按经营租赁会计处理方法核算。但自 2×16 年度起租入的设备均为采用融资租赁方式租入的数控机床，租期达到该设备使用年限 75% 以上，则中国琴岛公司自本年度起对新租赁的设备采用融资租赁会计处理核算。由于经营租赁和融资租赁有着本质差别，因而改变会计政策不属于会计政策变更。

②对初次发生的或不重要的交易或者事项采用新的会计政策。

例如，中国琴岛公司 2×16 年初成立，第一次签订一项建造合同，为另一公司建造三栋厂房，中国琴岛公司对该项建造合同采用完工百分比法确认收入。由于中国琴岛公司初次发生该项交易，采用完工百分比法确认该项交易的收入，不属于会计政策变更。

【例 11－1 · 多选题】 下列各项中，属于会计政策变更的有（　　）。

A. 所得税核算方法由应付税款法改为资产负债表债务法

B. 固定资产的折旧方法由年限平均法变更为年数总和法

C. 发出存货的计价方法由先进先出法变更为加权平均法

D. 应收账款计提坏账准备由余额百分比法变更为账龄分析法

【答案】 AC

【解析】 选项 B、D 属于会计估计变更。

【例 11－2 · 多选题】 某上市公司发生的下列交易或事项中，不属于会计政策变更的有（　　）。

A. 因固定资产改良将其折旧年限由 8 年延长至 10 年

B. 期末对按业务发生时即期汇率折算的外币长期借款余额按期末市场汇率进行调整

C. 年末根据当期发生的暂时性差异所产生的递延所得税负债调整本期所得税费用

D. 投资性房地产核算由成本模式改为公允价值模式

E. 所得税核算方法由应付税款法改为资产负债表债务法

【答案】 ABC

【解析】 选项 A 属于会计估计变更，选项 B、C 属于正常的事项。

4. 会计政策变更的会计处理

（1）追溯调整法。

第一，计算会计政策变更的累积影响数。

会计政策变更累积影响数，是指按照变更后的会计政策对以前各期追溯计算的列报前期最早期初留存收益应有金额与现有金额之间的差额。会计政策变更的累积影响数，通常可以通过以下各步计算获得：

①根据新的会计政策重新计算受影响的前期交易或事项；

②计算两种会计政策下的差异；

③计算差异的所得税影响金额（是指对递延所得税影响，不涉及对应交所得税影响）；

④确定前期中每一期的税后差异；

⑤计算会计政策变更的累积影响数。

第二，进行相关的账务处理。

涉及损益的通过“盈余公积”和“利润分配——未分配利润”科目核算。

第三，调整报表相关项目。

第四，报表附注说明。

【例 11－3·业务题】 中国琴岛公司为上市公司，已从 2×07 年开始执行《企业会计准则》。该公司按净利润的 10% 计提盈余公积，所得税税率为 25%。税法规定某投资性房地产作为固定资产处理，折旧年限为 50 年，净残值为 0，采用直线法计提折旧。公允价值变动损益不得计入应纳税所得额。

2×16 年 1 月 1 日中国琴岛公司董事会决定将该投资性房地产后续计量模式从成本模式转换为公允价值模式。该房地产为 2×12 年 12 月外购一栋写字楼，支付价款 50000 万元，预计使用年限为 50 年，净残值为 0，采用直线法计提折旧。同日将该写字楼租赁给 B 公司使用。2×16 年以前，中国琴岛公司对投资性房地产一直采用成本模式进行后续计量。

该项投资性房地产各年公允价值如表 11－1 所示。

表 11－1　　单位：万元

年度	公允价值
2×12 年年末	50000
2×13 年年末	55000
2×14 年年末	58000
2×15 年年末	60500

要求：根据上述资料，编制中国琴岛公司的账务处理。

【解析】

①计算累积影响数如表 11－2 所示。

表 11－2　　单位：万元

年度末	按原会计政策确认的损益	按新会计政策确认的损益	税前差异	所得税影响	税后差异
2×12	不计提折旧，所以为 0	50000－50000＝0	0	0	0
2×13	－50000/50＝－1000	55000－50000＝5000	6000	6000×25%＝1500	4500
2×14	－1000	58000－55000＝3000	4000	1000	3000
2×15	－1000	60500－58000＝2500	3500	875	2625
合计	－3000	10500	13500	3375	10125

②编制相关的会计分录。

借：投资性房地产——成本　50000

——公允价值变动　10500

投资性房地产累计折旧　3000

贷：投资性房地产　50000

递延所得税负债　3375

盈余公积（10125×10%）　1012.5

利润分配——未分配利润（10125×90%）　9112.5

注：账面价值 = 60500（万元）

计税基础 = 50000 - 50000/50×3 = 47000（万元）

应纳税暂时性差异 = 13500（万元）

递延所得税负债 = 13500×25% = 3375（万元）

（2）未来适用法。

未来适用法，是指将变更后的会计政策应用于变更日及以后发生的交易或者事项，或者在会计估计变更当期和未来期间确认会计估计变更影响数的方法。

在未来适用法下，不需要计算会计政策变更产生的累积影响数，也无须重编以前年度的财务报表。公司会计账簿记录及财务报表上反映的金额，变更之日仍保留原有的金额，不因会计政策变更而改变以前年度的既定结果，并在现有金额的基础上再按新的会计政策进行核算。

5. 会计政策变更的会计处理方法的选择

（1）公司依据法律、行政法规或者国家统一的会计制度等要求变更会计政策的情况。

（2）会计政策变更能够提供更可靠、更相关的会计信息的，应当采用追溯调整法处理，将会计政策变更累积影响数调整列报前期最早期初留存收益，其他相关项目的期初余额和列报前期披露的其他比较数据也应当一并调整，但确定该项会计政策变更累积影响数不切实可行的除外。

（3）确定会计政策变更对列报前期影响数不切实可行的，应当从可追溯调整的最早期间期初开始应用变更后的会计政策。在当期期初确定会计政策变更对以前各期累积影响数不切实可行的，应当采用未来适用法处理。

二、会计估计及其变更

1. 会计估计

会计估计，是指公司对结果不确定的交易或者事项以最近可利用的信息为基础所作的判断。通常情况下，下列属于会计估计：

（1）存货可变现净值的确定，非流动资产可收回金额的确定。

（2）公允价值的确定。

（3）固定资产的使用寿命、预计净残值和折旧方法。

（4）使用寿命有限的无形资产的预计使用寿命、残值、摊销方法。

（5）职工薪酬金额的确定。

（6）预计负债金额的确定。

（7）收入金额的确定、提供劳务完工进度的确定。

（8）一般借款利息资本化金额的确定。

（9）应纳税暂时性差异和可抵扣暂时性差异的确定。

（10）与金融工具相关的公允价值的确定、摊余成本的确定、金融资产减值损失的确定。

2. 会计估计变更

会计估计变更，是指由于资产和负债的当前状况及预期经济利益和义务发生了变化，从而对资产或负债的账面价值或者资产的定期消耗金额进行调整。

通常情况下，公司可能由于以下原因而发生会计估计变更：

（1）赖以进行估计的基础发生了变化。公司进行会计估计，总是依赖于一定的基础，如果其所依赖的基础发生了变化，则会计估计也应相应作出改变。例如，公司某项无形资产的摊销年限原定为 10 年，以后发生的情况表明，该资产的受益年限已不足 10 年，则应相应调减摊销年限。

（2）取得了新的信息，积累了更多的经验。公司进行会计估计是就现有资料对未来所作的判断，随着时间的推移，公司有可能取得新的信息、积累更多的经验，在这种情况下，也需要对会计估计进行修订。例如，公司对应收账款计提坏账准备比例为 10%，后来根据新得到的信息，对方财务状况恶化，发生坏账的可能性为 80%，则公司需要补提 70% 的坏账准备。

3. 会计估计变更应采用未来适用法处理

即在会计估计变更当期及以后期间，采用新的会计估计，不改变以前期间的会计估计，也不调整以前期间的报告结果。

（1）如果会计估计的变更仅影响变更当期，有关估计变更的影响应于当期确认。比如计提坏账准备。

（2）如果会计估计的变更既影响变更当期又影响未来期间，有关估计变更的影响在当期及以后各期确认。例如，应计提折旧的固定资产，其有效使用年限或预计净残值的估计发生的变更，常常影响变更当期及资产以后使用年限内各个期间的折旧费用。因此，这类会计估计的变更，应于变更当期及以后各期确认。

【例 11－4·单选题】 下列各项中，属于会计估计变更的是（　　）。

A. 固定资产的预计使用年限由 15 年改为 10 年

B. 所得税会计处理由应付税款法改为资产负债表债务法

C. 投资性房地产的后续计量由成本模式改为公允价值模式

D. 开发费用的处理由直接计入当期损益改为有条件资本化

【答案】A

【解析】选项 B、C、D，属于会计政策变更。

【例 11－5·多选题】下列各项中，属于会计估计变更的有（　　）。

A. 因执行新准则将对某控股公司长期股权投资的后续计量由权益法改为成本法

B. 无形资产的摊销方法由年限平均法改为产量法

C. 因执行新准则将开发费用的处理由直接计入当期损益改为有条件资本化

D. 管理用固定资产的折旧方法由年限平均法改为双倍余额递减法

【答案】BD

【解析】选项 A，如果属于首次执行新会计准则，属于会计政策变更；选项 C，属于会计政策变更。

三、前期差错及其更正

1. 前期差错的概念

前期差错，是指由于没有运用或错误运用下列两种信息，而对前期财务报表造成省略或错报：

（1）编报前期财务报表时预期能够取得并加以考虑的可靠信息；

（2）前期财务报告批准报出时能够取得的可靠信息。

2. 前期差错的类型

没有运用或错误运用上述两种信息而形成前期差错的情形主要有：

（1）计算以及账户分类错误；

（2）采用法律、行政法规或者国家统一的会计制度等不允许的会计政策；

（3）对事实的疏忽或曲解，以及舞弊。

3. 前期差错更正的会计处理

当期发现的当期差错应当在财务报表发布之前予以更正。当重要差错直到下一期间才被发现，就形成了前期差错。

公司应当采用追溯重述法更正重要的前期差错，但确定前期差错累积影响数不切实可行的除外。

追溯重述法，是指在发现前期差错时，视同该项前期差错从未发生过，从而对财务报表相关项目进行更正的方法。

（1）不重要的前期差错的处理。

对于不重要的前期差错，公司不需调整财务报表相关项目的期初数，但应调整发现当期与前期相同的相关项目：属于影响损益的，应直接计入本期与上期相同的净损益项目；属于不影响损益的，应调整本期与前期相同的相关项目。

【例 11－6·业务题】中国琴岛公司于 2×16 年 3 月份发现，当年 1 月份购入的一项管理用低值易耗品，价值 1800 元，误记为固定资产，并已提折旧 100 元。该低值易耗品已领用 50%，公司应于发现时进行更正，会计分录为：

借：周转材料——低值易耗品　　1800
　　贷：固定资产　　1800
借：累计折旧　　100
　　贷：管理费用　　100
借：管理费用　　900
　　贷：周转材料——低值易耗品　　900

【例 11－7·业务题】 2×16 年 12 月 31 日，中国琴岛公司发现一台管理用固定资产本年度漏提折旧，金额为 18000 元。公司在发现该项会计差错时，应补提固定资产折旧，会计分录为：

借：管理费用　　18000
　　贷：累计折旧　　18000

（2）重要的前期差错的处理。

对于重要的前期差错，公司应当在其发现当期的财务报表中，调整前期比较数据。

具体地说，公司应当在当期的财务报表中，进行追溯更正：

①追溯重述差错发生期间列报的前期比较金额；

②如果前期差错发生在列报的最早前期之前，则追溯重述列报的最早前期的资产、负债和所有者权益相关项目的期初余额。

【例 11－8·业务题】 中国琴岛公司在 2×16 年发现，2×15 年公司漏记一项固定资产的折旧费用 150000 元，但在所得税申报表中扣除了该项折旧。假设 2×15 年适用所得税税率为 25%，对上述折旧费用记录了 49500 元的递延所得税负债，无其他纳税调整事项。该公司按净利润的 10% 提取法定盈余公积，按净利润的 5% 提取任意盈余公积。该公司发行股票份额为 1800000 股。

（1）分析差错的影响数。

2×15 年少计折旧费用	150000
少计累计折旧	150000
多计所得税费用（150000×25%）	37500
多计净利润	100500
多计递延所得税负债（150000×25%）	37500
多提法定盈余公积	112500
多提任意盈余公积	5625

（2）编制有关项目的调整分录。

①补提折旧：

借：以前年度损益调整　　150000
　　贷：累计折旧　　150000

②调整递延税款：

借：递延所得税负债　　37500

　　贷：以前年度损益调整　　37500

③将“以前年度损益调整”科目的余额转入利润分配：

借：利润分配——未分配利润　　112500

　　贷：以前年度损益调整　　112500

④调整利润分配有关数字：

借：盈余公积　　16875

　　贷：利润分配——未分配利润　　16875

（3）财务报表调整和重述（财务报表略）。

中国琴岛公司 2×16 年度资产负债表的年初数和利润表及股东权益变动表的上年数栏分别按调整前和调整后的金额列示如下，2×16 年度资产负债表的期末数栏和利润表及股东权益变动表的本年累计数栏的年初未分配利润，应该以调整后的年初数为基础编制。

①资产负债表项目的调整：

调增累计折旧 150000 元；调减递延所得税负债 37500 元；调减盈余公积 16875 元；调减未分配利润 95625 元。

②利润表项目的调整：

调增营业成本 150000 元；调减所得税费用 37500 元；调增净利润 112500 元；调减基本每股收益 0.0625 元。

③所有者权益变动表项目的调整：

调减前期差错更正项目中盈余公积上年余额 16875 元，未分配利润上年金额 95625 元，所有者权益合计上年金额 112500 元。

（4）附注说明。

本年度发现 2×15 年漏记固定资产折旧 150000 元，在编制 2×15 年与 2×16 年可比的财务报表时，已对该项差错进行了更正。由于此项错误的影响，2×15 年虚增净利润及留存收益 112500 元，少计累计折旧 150000 元。

思考与练习

一、单选题

1. 下列各项中，属于会计政策变更的是（　　）。

A. 将一项固定资产的净残值由 20 万元变更为 5 万元

B. 将产品保修费用的计提比例由销售收入的 2% 变更为 1.5%

C. 将发出存货的计价方法由移动加权平均法变更为个别计价法

D. 将一台生产设备的折旧方法由年限平均法变更为双倍余额递减法

2. 中国琴岛公司董事会决定的下列事项中，属于会计政策变更的是（　　）。

A. 将自行研发无形资产的摊销年限由 8 年调整为 6 年

B. 将发出存货计价方法由先进先出法变为移动加权平均法

C. 账龄在 1 年内的应收账款坏账计提比例由 5% 调整至 8%

D. 将符合持有待售条件的固定资产由非流动资产重分类为流动资产列报

3. 中国琴岛公司于 2×16 年 1 月 15 日取得一项无形资产，2×17 年 6 月 7 日中国琴岛公司发现 2×16 年对该项无形资产仅摊销了 11 个月。中国琴岛公司 2×16 年度的财务会计报告已于 2×17 年 4 月 12 日批准报出。假定该事项涉及的金额较大，不考虑其他因素，则中国琴岛公司正确的做法是（　　）。

A. 按照会计政策变更处理，调整 2×16 年 12 月 31 日资产负债表的年初数和 2×16 年度利润表、所有者权益变动表的上年数

B. 按照重要会计差错处理，调整 2×17 年 12 月 31 日资产负债表的期末数和 2×17 年度利润表、所有者权益变动表的本期数

C. 按照重要会计前期差错处理，调整 2×17 年 12 月 31 日资产负债表的年初数和 2×17 年度利润表、所有者权益变动表的上年数

D. 按会计估计变更处理，不需追溯重述

4. 甲股份有限公司 2×16 年实现净利润 8500 万元。该公司 2×16 年发生和发现的下列交易或事项中，会影响其年初未分配利润的是（　　）。

A. 发现 2×14 年少计管理费用 4500 万元

B. 发现 2×15 年少提财务费用 0.01 万元

C. 为 2×15 年售出的设备提供售后服务发生支出 550 万元

D. 因客户资信状况明显改善，将应收账款坏账准备计提比例由 10% 改为 5%

5. 中国琴岛公司 2×16 年 3 月在上年度财务会计报告批准报出后，发现 2×14 年 10 月购入的专利权摊销金额出现错误，该专利权 2×08 年应摊销的金额为 120 万元，2×15 年应摊销的金额为 480 万元，2×14 年、2×15 年实际摊销金额均为 480 万元。中国琴岛公司对此重大会计差错采用追溯重述法进行会计处理。适用所得税税率为 25%，按净利润的 10% 提取法定盈余公积。中国琴岛公司 2×16 年年初未分配利润应调增的金额为（　　）万元。

A. 270　　　　B. 243

C. 648　　　　D. 324

6. 对下列前期差错更正的会计处理，说法不正确的是（　　）。

A. 对于不重要的前期差错，应作为本期事项处理

B. 确定前期差错影响数不切实可行的，只能采用未来适用法

C. 公司应当在重要的前期差错发现当期的财务报表中，调整前期比较数据

D. 对于不重要的前期差错，公司不需要调整财务报表相关项目的期初数，但应调整发现当期的相关项目

7. 中国琴岛公司 2×16 年度财务报告经董事会批准对外公布的日期为 2×17 年 3 月 30 日，实际对外公布的日期为 2×17 年 4 月 5 日。该公司 2×17 年 1 月 1 日至 4 月 5 日发生的下列事项中，应当作为资产负债表日后调整事项的是（　　）。

A. 2 月 15 日，中国琴岛公司按照 2×16 年 12 月份申请通过的方案成功发行公司债券

B. 3 月 11 日，中国琴岛公司临时股东大会决议购买华美公司 51% 的股权并于 4 月 2 日执行完毕

C. 2 月 1 日，中国琴岛公司与丁公司签订的债务重组协议执行完毕，该债务重组协议系中国琴岛公司于 2×17 年 1 月 5 日与丁公司签订

D. 3 月 1 日，中国琴岛公司发现 2×15 年 10 月接受捐赠获得的一项固定资产尚未入账

8. 中国琴岛公司 2×11 年 12 月 1 日购入管理部门使用的设备一台，原价为 1500000 元，预计使用年限为 10 年，预计净残值为 100000 元，采用直线法计提折旧。2×16 年 1 月 1 日考虑到技术进步因素，将原估计的使用年限改为 8 年，净残值改为 60000 元，该公司的所得税税率为 25%，采用资产负债表债务法进行所得税核算。则由于上述会计估计变更对 2×11 年净利润的影响金额为减少净利润（　　）元。

A. −53600　　B. 60000

C. 80000　　D. −70000

9. 下列事项不属于会计估计变更的是（　　）。

A. 资产负债表日交易性金融资产按公允价值计量且其变动计入当期损益

B. 固定资产折旧方法由年限平均法变更为加速折旧法

C. 无形资产摊销期限由 10 年改为 6 年

D. 固定资产净残值率由 5% 改为 4%

10. 下列项目中，属于会计估计项目的是（　　）。

A. 固定资产的使用年限和折旧方法

B. 建造合同的收入确认采用完成合同法还是完工百分比法

C. 内部研发项目开发阶段的支出资本化还是费用化

D. 长期股权投资采用成本法核算还是权益法核算

二、多选题

1. 下列各项中，属于会计政策变更的有（　　）。

A. 管理用固定资产的预计使用年限由 10 年改为 8 年

B. 发出存货成本的计量由先进先出法改为移动加权平均法

C. 将建造合同收入确认由完成合同法改为完工百分比法

D. 所得税的会计处理由应付税款法改为资产负债表债务法

2. 以下各种情况，公司可以变更会计政策的有（　　）。

A. 因原采用的会计政策不能可靠地反映公司的真实情况而改变会计政策

B. 会计准则要求变更会计政策

C. 因更换了董事长而改变会计政策

D. 投资公司因被投资公司发生亏损而改变股权投资的核算方法

3. 下列各项中，应采用未来适用法处理会计政策变更的情况有（　　）。

A. 公司因账簿超过法定保存期限而销毁，引起会计政策变更累积影响数只能确定账簿保存期限内的部分

B. 公司账簿因不可抗力而毁坏，引起会计政策变更累积影响数无法确定

C. 会计政策变更累积影响数能够确定，但法律或行政法规要求对会计政策的变更采用未来适用法

D. 会计政策变更累积影响数能够合理确定，法律或行政法规要求对会计政策的变更采用追溯调整法

4. 下列有关会计估计变更的表述中，正确的有（　　）。

A. 会计估计变更，不改变以前期间的会计估计，也不调整以前期间的报告结果

B. 公司难以对某项变更区分为会计政策变更或会计估计变更的，应当将其作为会计估计变更处理

C. 公司难以对某项变更区分为会计政策变更或会计估计变更的，应当将其作为会计政策变更处理

D. 对于会计估计变更，公司应采用未来适用法进行会计处理

5. 下列关于会计政策、会计估计及其变更的表述中，正确的有（　　）。

A. 对初次发生的或不重要的交易或事项采用新的会计政策，不属于会计政策变更

B. 公司应在国家统一的会计制度规定的会计政策范围内选择适用的会计政策

C. 会计估计变更，不改变以前期间的会计估计，也不调整以前期间的报告结果

D. 无形资产摊销原定为 10 年，以后获得了国家专利保护，该资产的受益年限变为 8 年，属于会计政策变更

6. 下列各项中，属于会计估计变更的有（　　）。

A. 固定资产的净残值率由 9% 改为 7%

B. 存货的期末计价由成本法改为成本与可变现净值孰低法

C. 坏账准备的提取比例由 15% 降低为 10%

D. 法定盈余公积的提取比例由 15% 降低为 10%

7. 公司发生的如下情形中，一般属于前期会计差错的有（　　）。

A. 固定资产盘亏　　B. 以前期间会计舞弊

C. 以前期间漏提折旧　　D. 固定资产盘盈

8. 公司发生的下列事项中，不应作为重要差错更正的有（　　）。

A. 由于地震使厂房使用寿命受到影响，调减了厂房的预计使用年限

B. 委托代销方式销售商品时在发出商品时确认了收入

C. 由于出现新技术，将专利权的摊销年限由8年改为5年

D. 鉴于当期利润完成状况不佳，将固定资产的折旧方法由双倍余额递减法改为直线法

9. 下列有关会计差错的处理中，正确的有（　　）。

A. 对于当期发生的重要的会计差错，调整当期项目的金额

B. 对发现以前年度影响损益的重要会计差错应当调整发现当期的期初留存收益

C. 对于比较会计报表期间的重要会计差错，编制比较报表应调整各该期间的净损益及其他相关项目

D. 对于年度资产负债表日至财务报告批准报出日发现的报告年度的重要会计差错，应作为资产负债表日后的调整事项处理

10. 下列各项中，属于会计估计变更的有（　　）。

A. 因执行新准则将对某控股公司长期股权投资的后续计量由权益法改为成本法

B. 无形资产的摊销方法由年限平均法改为产量法

C. 因执行新准则将开发费用的处理由直接计入当期损益改为有条件资本化

D. 管理用固定资产的折旧方法由年限平均法改为双倍余额递减法

三、判断题

1. 公司某项固定资产的折旧年限原预计使用寿命为10年，由于市场中新设备的出现，该资产总的使用寿命不足8年，该事项属于差错，按前期差错更正的规定进行会计处理。（　　）

2. 固定资产的盘盈在未经批准前先记入待处理财产损溢科目，批准后再转入到营业外收入科目核算。（　　）

3. 公司应对固定资产预计使用寿命、预计净残值的调整按照会计估计变更的有关规定进行会计处理，而对于固定资产折旧方法的变更，则应作为会计政策变更处理。（　　）

4. 如果会计政策变更的累积影响数能够合理确定，无论属于什么情况，均采用追溯调整法进行会计处理。（　　）

5. 初次发生的交易或事项采用新的会计政策属于会计政策变更，应采用追溯调整法进行处理。（　　）

四、业务题

1. 中国琴岛公司从2×16年1月1日起执行企业会计准则，从2×16年1月1日起，所得税的核算方法由应付税款法改为资产负债表债务法。该公司适用的所得税税率将变更为25%。2×16年末，资产负债表中存货账面价值为420万元，计税基础为460万元；固定资产账面价值为1250万元，计税基础为1030万元；预计负债的账面

价值为 125 万元，计税基础为 0。假定中国琴岛公司按 10% 提取法定盈余公积。

要求：

（1）计算该公司会计政策变更的累积影响数，确认相关的所得税影响；

（2）编制 2×16 年相关的账务处理。

2. 中国琴岛公司 2×16 年以前执行小企业会计准则，由于中国琴岛公司将公开发行股票、债券；同时因经营规模或公司性质变化而成为大中型公司，按照准则规定应当从 2×16 年 1 月 1 日起转为执行企业会计准则。资料如下：

中国琴岛公司 2×13 年分别以 450 万元和 110 万元的价格从股票市场购入 A、B 两只以交易为目的的股票，假定不考虑相关税费。按照原小企业会计准则确认为“短期投资”并采用成本法对该股票进行初始和后续计量。按照企业会计准则的规定，对其以交易为目的购入的股票由原成本法改为公允价值计量，且其变动计入当期损益。假设中国琴岛公司适用的所得税税率为 25%，公司按净利润的 10% 提取法定盈余公积，按净利润的 5% 提取任意盈余公积。2×15 年公司发行在外普通股加权平均数为 4500 万股。A、B 股票有关成本及公允价值资料如表 11－3 所示。

表 11－3　　A、B 股票有关成本及公允价值　　单位：万元

股票	购入成本	2×13 年年末公允价值	2×14 年年末公允价值	2×15 年年末公允价值
A 股票	450	446	500	510
B 股票	110	106	120	130

要求：根据上述资料，进行会计处理。

3. 中国琴岛公司适用的所得税税率为 25%。2×16 年 3 月 31 日，中国琴岛公司董事会决定将其固定资产的折旧年限由 10 年调整为 6 年，该项变更自 2×16 年 1 月 1 日起执行。上述管理用固定资产系 2×13 年 12 月购入，成本为 1000 万元，采用年限平均法计提折旧，预计净残值为 0。税法规定该固定资产的计税年限为 10 年。

要求：计算会计估计变更对 2×16 年净利润的影响数。

第十二章

资产负债表日后事项

本章基本内容框架

- 资产负债表日后事项概述
  - 资产负债表日后事项的概念
  - 资产负债表日后事项涵盖的期间
  - 资产负债表日后事项的内容
    - 调整事项
    - 非调整事项
- 资产负债表日后调整事项
  - 资产负债表日后调整事项的处理原则
  - 资产负债表日后调整事项的具体会计处理方法
- 资产负债表日后非调整事项
  - 资产负债表日后非调整事项的处理原则
  - 资产负债表日后非调整事项的具体会计处理方法

重点、难点讲解及典型例题

一、资产负债表日后事项概述

1. 资产负债表日后事项的概念

资产负债表日后事项，是指资产负债表日至财务报告批准报出日之间发生的有利或不利事项。

（1）资产负债表日。

资产负债表日是指会计年度末和会计中期期末。

（2）财务报告批准报出日。

财务报告批准报出日是指董事会或类似机构批准财务报告报出的日期，通常是指对财务报告的内容负有法律责任的单位或个人批准财务报告对外公布的日期。

（3）资产负债表日后事项包括有利事项和不利事项。

（4）资产负债表日后事项不是在这个特定期间内发生的全部事项。

2. 资产负债表日后事项涵盖的期间

资产负债表日后事项涵盖的期间是自资产负债表日次日起至财务报告批准报出日止一段时间。对上市公司而言，这一期间内涉及几个日期，包括完成财务报告编制日、注册会计师出具审计报告日、董事会批准财务报告可以对外公布日、实际对外公布日等。

3. 资产负债表日后事项的内容

资产负债表日后事项包括资产负债表日后调整事项（以下简称调整事项）和资产负债表日后非调整事项（以下简称非调整事项）。

（1）调整事项，是指对资产负债表日已经存在的情况提供了新的或进一步证据的事项。

（2）非调整事项，是指表明资产负债表日后发生的情况的事项。非调整事项的发生不影响资产负债表日公司的财务报表数字，只说明资产负债表日后发生了某些情况。

（3）调整事项与非调整事项的区别。资产负债表日后发生的某一事项究竟是调整事项还是非调整事项，取决于该事项表明的情况在资产负债表日或资产负债表日以前是否已经存在。若该情况在资产负债表日或之前已经存在，则属于调整事项；反之，则属于非调整事项。

【例 12-1·多选题】下列各项中，属于资产负债表日后调整事项的有（　　）。

A. 发生的商品销售退回　　B. 银行同意借款展期 2 年

C. 法院判决赔偿专利侵权损失　　D. 董事会通过利润分配预案

E. 银行要求履行债务担保责任

【答案】ACE

【解析】公司发生的调整事项，通常包括下列各项：（1）资产负债表日后诉讼案件结案，法院判决证实了公司在资产负债表日已经存在现时义务，需要调整原先确认的与该诉讼案件相关的预计负债，或确认一项新负债。（2）资产负债表日后取得确凿证据，表明某项资产在资产负债表日发生了减值或者需要调整该项资产原先确认的减值金额。（3）资产负债债表日后进一步确定了资产负债表日前购入资产的成本或售出资产的收入。（4）资产负债表日后发现了财务报表舞弊或差错。

【例 12-2·单选题】中国琴岛公司 2×16 年度财务报告于 2×17 年 3 月 5 日对外报出，2×17 年 2 月 1 日，中国琴岛公司收到华美公司因产品质量原因退回的商品，该商品系 2×16 年 12 月 5 日销售；2×17 年 2 月 5 日，中国琴岛公司按照 2×16 年 12 月份申请通过的方案成功发行公司债券；2×17 年 1 月 25 日，中国琴岛公司发现 2×16 年 11 月 20 日入账的固定资产未计提折旧；2×17 年 1 月 5 日，中国琴岛公司得知丙公司 2×16 年 12 月 30 日发生重大火灾，无法偿还所欠中国琴岛公司 2×16 年货款。下列事项中，属于中国琴岛公司 2×16 年度资产负债表日后非调整事项的是（　　）。

A. 华美公司退货　　B. 中国琴岛公司发行公司债券

C. 固定资产未计提折旧　　D. 应收丙公司货款无法收回

【答案】B

【解析】选项 A，报告年度或以前期间所售商品在日后期间退回的，属于调整事项；选项 C 是日后期间发现的前期差错，属于调整事项；选项 D，因为火灾是在报告年度 2×16 年发生的，所以属于调整事项，如果是在日后期间发生的，则属于非调整事项。

二、资产负债表日后调整事项

1. 资产负债表日后调整事项的处理原则

资产负债表日后发生的调整事项，应具体分别以下情况进行处理：

（1）涉及损益的事项，通过“以前年度损益调整”科目核算。调整增加以前年度利润或调整减少以前年度亏损的事项，记入“以前年度损益调整”科目的贷方；调整减少以前年度利润或调整增加以前年度亏损的事项，记入“以前年度损益调整”科目的借方。

涉及损益的调整事项，如果发生在资产负债表日所属年度（即报告年度）所得税汇算清缴前的，应调整报告年度应纳税所得额、应纳所得税税额；由于以前年度损益调整增加的所得税费用，记入“以前年度损益调整”科目的借方，同时贷记“应交税费——应交所得税”等科目；由于以前年度损益调整减少的所得税费用，记入“以前年度损益调整”科目的贷方，同时借记“应交税费——应交所得税”等科目。调整完成后，将“以前年度损益调整”科目的贷方或借方余额，转入“利润分配——未分配利润”科目。

涉及损益的调整事项，发生在报告年度所得税汇算清缴后的，应调整本年度（即报告年度的次年）应纳所得税税额。

（2）涉及利润分配调整的事项，直接在“利润分配——未分配利润”科目核算。

（3）不涉及损益及利润分配的事项，调整相关科目。

（4）通过上述账务处理后，还应同时调整财务报表相关项目的数字，包括：

①资产负债表日编制的财务报表相关项目的期末数或本年发生数；

②当期编制的财务报表相关项目的期初数或上年数；

③上述调整如果涉及报表附注内容的，还应当作出相应调整。

【例 12－3·单选题】资产负债表日至财务会计报告批准报出日之间发生的调整事项在进行调整处理时，下列不能调整的项目是（　　）。

A. 涉及货币资金收支的项目　　B. 涉及应收账款的事项

C. 涉及所有者权益的事项　　D. 涉及损益调整的事项

【答案】A

【解析】因为选项 A 是收付实现制。

2. 资产负债表日后调整事项的具体会计处理方法

（1）资产负债表日后诉讼案件结案，法院判决证实了公司在资产负债表日已经存在现时义务，需要调整原先确认的与该诉讼案件相关的预计负债，或确认一项新负债。

这一事项是指导致诉讼的事项在资产负债表日已经发生，但尚不具备确认负债的条件而未确认，资产负债表日后至财务报告批准报出日之间获得了新的或进一步的证据（人民法院判决结果），表明符合负债的确认条件，因此应在财务报告中确认为一项新负债；或者在资产负债表日已确认某项负债，但在资产负债表日至财务报告批准报出日之间获得新的或进一步的证据，表明需要对已经确认的金额进行调整。

（2）资产负债表日后取得确凿证据，表明某项资产在资产负债表日发生了减值或者需要调整该项资产原先确认的减值金额。

这一事项是指在资产负债表日，根据当时的资料判断某项资产可能发生了损失或减值，但没有最后确定是否会发生，因而按照当时的最佳估计金额反映在财务报表中；但在资产负债表日至财务报告批准报出日之间，所取得的确凿证据能证明该事实成立，即某项资产已经发生了损失或减值，则应对资产负债表日所作的估计予以修正。

（3）资产负债表日后进一步确定了资产负债表日前购入资产的成本或售出资产的收入。

这类调整事项包括两方面的内容：①若资产负债表日前购入的资产已经按暂估金额等入账，资产负债表日后获得证据，可以进一步确定该资产的成本，则应该对已入账的资产成本进行调整。②公司符合收入确认条件确认销售收入，但资产负债表日后获得关于资产收入的进一步证据，如发生销售退回、销售折让等，此时也应调整财务报表相关项目的金额。

（4）资产负债表日后发现了财务报表舞弊或差错

这一事项是指资产负债表日至财务报告批准报出日之间发生的属于资产负债表期间或以前期间存在的财务报表舞弊或差错。这种舞弊或差错应当作为资产负债表日后调整事项，调整报告年度的年度财务报告或中期财务报告相关项目的数字。

三、资产负债表日后非调整事项

1. 资产负债表日后非调整事项的处理原则

资产负债表日后发生的非调整事项，是表明资产负债表日后发生的情况的事项，与资产负债表日存在状况无关，不应当调整资产负债表日的财务报表。但有的非调整事项由于事项重大，对财务报告使用者具有重大影响，如不加以说明，将不利于财务报告使用者作出正确估计和决策，因此，应在附注中对其性质、内容及对财务状况和经营成果的影响加以披露。

2. 资产负债表日后非调整事项的具体会计处理方法

资产负债表日后非调整事项的主要例子有：

（1）资产负债表日后发生重大诉讼、仲裁、承诺；

（2）资产负债表日后资产价格、税收政策、外汇汇率发生重大变化；

（3）资产负债表日后因自然灾害导致资产发生重大损失；

（4）资产负债表日后发行股票和债券以及其他巨额举债；

（5）资产负债表日后资本公积转增资本；

（6）资产负债表日后发生巨额亏损；

（7）资产负债表日后发生公司合并或处置子公司；

（8）资产负债表日后，公司利润分配方案中拟分配的以及经审议批准宣告发放的股利或利润。

【例 12－4・单选题】 中国琴岛公司 2×17 年 1 月 20 日向乙公司销售一批商品，已进行收入确认的有关账务处理；同年 2 月 1 日，乙公司收到货物后验收不合格要求退货，2 月 10 日中国琴岛公司收到退货。中国琴岛公司年度资产负债表批准报出日是 4 月 30 日。中国琴岛公司对此业务的正确处理是（　　）。

A. 作为 2×16 年资产负债表日后事项的调整事项

B. 作为 2×16 年资产负债表日后事项的非调整事项

C. 作为 2×17 年资产负债表日后事项的调整事项

D. 作为 2×17 年当期正常的销售退回事项

【答案】 D

【解析】 因为此项业务不属于资产负债表日后事项。

思考与练习

一、单选题

1. 2×16 年 12 月 5 日，中国琴岛公司销售一批商品给华美公司，取得销售收入 1000 万元。2×17 年 2 月 10 日，因该批商品存在质量问题，华美公司经中国琴岛公司同意后退回了一半商品。假设中国琴岛公司 2×16 年的财务报告批准在 2×17 年 4 月 30 日报出，下列处理中正确的是（　　）。

A. 调减 2×15 年营业收入 500 万元

B. 调减 2×16 年营业收入 500 万元

C. 调减 2×16 年年初未分配利润 500 万元

D. 调减 2×17 年营业收入 500 万元

2. 长城公司 2×16 年 10 月份与大海公司签订一项供销合同，由于长城公司未按合同发货，致使大海公司发生重大经济损失。长城公司被大海公司提起诉讼，至 2×16 年 12 月 31 日法院尚未判决。长城公司 2×16 年 12 月 31 日在资产负债表中的“预计负债”项目反映了 100 万元的赔偿款。2×17 年 3 月 5 日经法院判决，长城公司需偿付大海公司经济损失 120 万元。长城公司不再上诉，假定赔偿款已经支付。长城公司 2×16 年度财务会计报告批准报出日为 2×17 年 4 月 28 日，下列报告年度资产负债表中有关项目调整处理方法中正确的是（　　）。

A. “预计负债”项目调增 20 万元；“其他应付款”项目 0 万元

B. “预计负债”项目调减 100 万元；“其他应付款”项目调增 120 万元

C. “预计负债”项目调增 20 万元；“其他应付款”项目调增 120 万元

D. “预计负债”项目调减 120 万元；“其他应付款”项目调增 20 万元

3. 中国琴岛公司在年度财务报告批准报出日之前发现了报告年度的重大会计差错，需要作的会计处理是（　　）。

A. 按照资产负债表日后调整事项的处理原则作出相应调整

B. 作为发现当期的会计差错更正

C. 按照资产负债表日后非调整事项的处理原则作出说明

D. 在发现当期报表附注作出披露

4. 2×16 年财务报告批准报出日为 2×17 年 4 月 30 日。2×17 年 3 月 4 日，公司发现 2×16 年一项财务报表舞弊或差错，该公司应调整（　　）。

A. 2×16 年会计报表资产负债表的期末余额和利润表本期金额

B. 2×16 年会计报表资产负债表的年初余额和利润表上期金额

C. 2×16 年会计报表资产负债表的期末余额和利润表上期金额

D. 2×17 年会计报表资产负债表的期末余额和本年累计数及本年实际数

5. 2×17 年 3 月 20 日，中国琴岛公司聘请的注册会计师在对中国琴岛公司 2×16 年度财务报告进行审计时发现，中国琴岛公司于 2×16 年 4 月 1 日从上海证券交易所以 100 万元购入了一只 A 股股票，中国琴岛公司对被投资方不具有重大影响，中国琴岛公司将其作为长期股权投资并采用成本法核算。不考虑其他因素，对于上述事项，中国琴岛公司正确的做法是（　　）。

A. 按照会计政策变更处理，调整 2×17 年度资产负债表的年初数和 2×17 年度利润表的上年数

B. 按照日后调整事项处理，调整 2×16 年度资产负债表期末数、2×16 年度利润表本年数等

C. 按照会计差错处理，调整 2×17 年 12 月 31 日资产负债表的期末数和 2×17 年度利润表的本期数等

D. 中国琴岛公司的原处理正确，在 2×17 年 3 月 20 日不需对该事项作任何处理

6. 资产负债表日后期间发生的下列事项，属于调整事项的是（　　）。

A. 为子公司的银行借款提供担保

B. 对资产负债表日存在的债务签订债务重组协议

C. 在资产负债表日后取得确凿证据，已证实某项资产在资产负债表日发生了减值

D. 债务人遭受自然灾害导致资产负债表日存在的应收款项无法收回

7. 下列发生于资产负债表日后期间的事项中，属于调整事项的有（　　）。

A. 日后期间发现报告年度重大会计差错

B. 外汇汇率发生较大变动

C. 在日后期间满足收入确认条件的商品销售业务

D. 公司报告年度的财务报告审计费

8. 甲公司 2×16 年度的财务报告于 2×17 年 4 月 10 日批准报出。2×17 年 4 月 1 日，因产品质量原因，该公司客户将 2×17 年 2 月 1 日购买的一批大额商品退回。对于该事项，下列说法中正确的是（　　）。

A. 不作会计处理

B. 冲减 2×16 年度相关财务报表营业收入等项目

C. 冲减 2×17 年度相关财务报表营业收入等项目

D. 在 2×17 年度财务报告报出时，冲减利润表营业收入项目的上年数等相关项目

9. 中国琴岛公司 2×16 年财务报告批准报出日为 2×17 年 4 月 30 日，2×17 年 1 月 20 日，中国琴岛公司的某一作为交易性金融资产持有的股票市价下跌，该金融资产的账面价值为 500 万元，现行市价为 300 万元；2×17 年 2 月 10 日因遭受火灾，上年购入的存货发生毁损 200 万元；2×17 年 3 月 15 日公司董事会提出 2×16 年度利润分配方案为每 10 股派 2 元现金股利；2×17 年 4 月 15 日公司在一起历时半年的违约诉讼中败诉（假定终审判决），支付赔偿金 400 万元，中国琴岛公司在 2×16 年末已确认预计负债 420 万元。税法规定该诉讼损失实际发生时允许税前扣除。下列事项中，属于中国琴岛公司资产负债表日后调整事项的是（　　）。

A. 作为交易性金融资产的股票市价下跌

B. 因遭受水灾，上年购入的存货发生毁损

C. 董事会提出利润分配方案

D. 法院判决违约败诉

10. 下列年度资产负债表日至财务报告批准报出日之间发生的事项中，不属于资产负债表日后事项的是（　　）。

A. 销售商品活动

B. 对公司财务状况产生重大影响的外汇汇率大幅度变动

C. 出售重要的子公司

D. 火灾造成重大损失

二、多选题

1. 下列年度资产负债表日至财务报告批准报出日之间发生的事项中，属于资产负债表日后事项的有（　　）。

A. 按期履行报告年度签订的商品购销合同

B. 对公司财务状况产生重大影响的外汇汇率大幅度变动

C. 出售重要的子公司

D. 火灾造成重大损失

2. 下列发生在资产负债表日后期间的各事项中，属于中国琴岛公司资产负债表日后调整事项的有（　　）。

A. 上年销售的商品因质量问题而发生退回

B. 银行同意在日后期间到期的借款展期 2 年

C. 对于资产负债表日已经存在的未决诉讼，法院在日后期间判决

D. 董事会通过利润分配预案

3. 在报告年度资产负债表日至财务报告批准报出日之间发生的下列事项中，属于资产负债表日后调整事项的有（　　）。

A. 发现报告年度财务报表存在严重舞弊

B. 进一步确定了资产负债表日前售出资产的收入

C. 国家发布对公司经营业绩将产生重大影响的产业政策

D. 发现某商品销售合同在报告年度资产负债表日已成为亏损合同的证据

4. 中国琴岛公司 2×16 年度财务报告批准报出日为 2×17 年 3 月 30 日，该公司 2×17 年 1 月 1 日至 3 月 30 日之间发生的下列事项，属于调整事项的有（　　）。

A. 2×16 年 10 月 6 日，中国琴岛公司被华美公司起诉，至 2×16 年 12 月 31 日法院尚未判决。2×17 年 2 月 5 日，法院判决中国琴岛公司应赔偿华美公司 500 万元

B. 2×16 年 12 月发出且已确认收入的一批产品发生销售退回，商品已收到并入库

C. 股东大会通过的现金股利分配方案

D. 2×16 年 12 月 31 日，中国琴岛公司应收丙公司账款余额为 1500 万元。2×17 年 2 月 26 日，丙公司发生火灾造成严重损失，中国琴岛公司预计该应收账款的 80% 将无法收回

5. 甲股份有限公司 2×16 年度财务报告经董事会批准对外公布的日期为 2×17 年 3 月 30 日，实际对外公布的日期为 2×17 年 4 月 5 日。该公司 2×17 年 1 月 1 日至 4 月 5 日发生的下列事项中，应当作为资产负债表日后事项调整事项的有（　　）。

A. 3 月 1 日发现 2×16 年 10 月接受捐赠获得的一项固定资产尚未入账

B. 3 月 11 日临时股东大会决议购买华美公司 51% 的股权并于 4 月 2 日执行完毕

C. 2 月 1 日与丁公司签订的债务重组协议执行完毕，该债务重组协议系甲股份有限公司于 2×17 年 1 月 5 日与丁公司签订

D. 3 月 10 日中国琴岛公司被法院判决败诉并要求支付赔款 1000 万元，对此项诉讼甲股份有限公司已于 2×16 年末确认预计负债 800 万元

6. 某上市公司 2×16 年度财务会计报告批准报出日为 2×17 年 4 月 20 日。公司在 2×17 年 1 月 1 日至 4 月 20 日发生的下列事项中，属于资产负债表日后调整事项的有（　　）。

A. 发生重大公司合并

B. 2×16 年已确认收入的商品销售业务，因产品质量问题于 2×17 年 2 月 8 日发生销售折让

C. 2×17 年已确认收入的商品销售业务，因客户按现金折扣条件提前付款而在 2×17 年 1 月 12 日发生现金折扣

D. 2×17 年 1 月 2 日盘盈一项固定资产

7. 资产负债表日后期间发生的下列事项中，不属于非调整事项的有（　　）。

A. 日后期间发行股票筹措巨额资金

B. 报告年度暂估入账的固定资产，在日后期间办妥了竣工决算手续

C. 日后期间资产负债表日未决诉讼结案并支付赔偿，且上年确认的预计负债金额小于实际支付金额

D. 日后期间自然灾害导致资产损失严重

8. 上市公司在其年度资产负债表日至财务报告批准报出日之间发生的下列事项中，属于非调整事项的有（　　）。

A. 向社会公众发行公司债券

B. 发生台风导致公司存货严重受损

C. 日后期间新取得的证据表明某项资产在资产负债表日已经发生减值但公司没有对其计提减值准备

D. 资本公积转增资本

9. 2×16 年中国琴岛公司为华美公司的 500 万元债务提供 70% 的担保，华美公司因到期无力偿还债务被起诉，至 12 月 31 日，法院尚未作出判决，中国琴岛公司根据有关情况预计很可能承担部分担保责任，且金额能够可靠计量，2×17 年 2 月 6 日中国琴岛公司财务报告批准报出之前法院作出判决，中国琴岛公司承担全部担保责任，需为华美公司偿还债务的 70%，中国琴岛公司已执行，中国琴岛公司的以下处理中，正确的有（　　）。

A. 中国琴岛公司在 2×16 年 12 月 31 日应对该事项进行披露，不需确认预计负债

B. 中国琴岛公司在 2×16 年 12 月 31 日应按照很可能承担的担保责任确认预计负债，并进行披露

C. 中国琴岛公司在 2×17 年 2 月 6 日应按照资产负债表日后非调整事项处理，在报告年度报表附注中予以披露

D. 中国琴岛公司在 2×17 年 2 月 6 日应按照资产负债表日后调整事项处理，调整会计报表相关项目

10. 下列关于非调整事项说法正确的有（　　）。

A. 表明该事项在资产负债表日后发生

B. 与资产负债表日存在没有关系

C. 公司不应当进行会计核算

D. 公司不应当调整资产负债表日的财务报表

三、判断题

1. 资产负债表日前已符合收入确认条件的商品销售，在日后期间发生销售折让的，应该调整报告年度财务报表相关项目的金额。（ ）

2. 公司在报告年度资产负债表日至财务报告批准报出日之间取得确凿证据，表明某项资产在资产负债表日已发生减值的，应作为调整事项进行处理。（ ）

3. 资产负债表日后事项涵盖期间股利的分配可以作为日后调整事项进行处理。（ ）

4. 资产负债表日至财务会计报告批准报出日之间发生的报告年度售出的商品因质量问题被退回，该事项属于资产负债表日后非调整事项。（ ）

5. 如果公司在日后期间获得可靠证据证实某项资产在资产负债表日已经发生了减损，公司应将其作为调整事项处理。（ ）

6. 资产负债表日后事项既可以是有利事项，也可以是不利事项。（ ）

7. 资产负债表日后发生的所有事项都属于资产负债表日后事项。（ ）

8. 资产负债表日后事项包括资产负债表日后调整事项和资产负债表日后非调整事项。（ ）

9. 公司发生的资产负债表日后非调整事项，应当调整资产负债表日的财务报表。（ ）

10. 涉及利润分配的调整事项，直接在“利润分配——未分配利润”科目中进行核算。（ ）

四、业务题

1. 中国琴岛公司 2×16 年 11 月 8 日销售一批商品给华美公司，取得收入 200 万元（不含税，增值税税率 17%）。中国琴岛公司发出商品后，按照正常情况已确认收入，并结转成本 150 万元。2×16 年 12 月 31 日，该笔货款尚未收到，中国琴岛公司未对应收账款计提坏账准备。2×17 年 1 月 12 日，由于产品质量问题，本批货物被退回。中国琴岛公司于 2×17 年 2 月 28 日完成 2×16 年所得税汇算清缴。

要求：作出中国琴岛公司相应账务处理。

2. 中国琴岛公司与华美公司签订一项销售合同，约定中国琴岛公司应在 2×16 年 8 月向华美公司交付 A 产品 3000 件。但中国琴岛公司未按照合同发货，并致使华美公司遭受重大经济损失。2×16 年 11 月，华美公司将中国琴岛公司告上法庭，要求中国琴岛公司赔偿 9000000 元。2×16 年 12 月 31 日人民法院尚未判决，中国琴岛公司对该诉讼事项确认预计负债 6000000 元，华美公司未确认应收赔偿款。2×17 年 2 月 8 日，经人民法院判决中国琴岛公司应赔偿华美公司 8000000 元，中国琴岛公司、华美双方均服从判决。判决当日，中国琴岛公司向华美公司支付赔偿款 8000000 元。

中国琴岛公司、华美公司2×16年所得税汇算清缴均在2×17年3月10日完成（假定该项预计负债产生的损失不允许在预计时税前抵扣，只有在损失实际发生时，才允许税前抵扣）。

要求：作出中国琴岛公司、华美公司相应的账务处理及报表调整。

第十三章

每股收益

本章基本内容框架

- 每股收益的含义
- 每股收益的内容
  - 基本每股收益
  - 稀释每股收益
- 基本每股收益
  - 分子的确定
  - 分母的确定
- 稀释每股收益
  - 基本计算原则
  - 可转换公司债券
  - 认股权证、股份期权
  - 公司承诺将回购其股份的合同
  - 多项潜在普通股
  - 子公司、合营公司或联营公司发行的潜在普通股
- 每股收益的列报

重点、难点讲解及典型例题

一、每股收益的含义和分类

每股收益是指普通股股东每持有一股普通股所能享有的公司净利润或需承担的公司净亏损。

每股收益包括基本每股收益和稀释每股收益。

【例13－1·判断题】每股收益是优先股股东每持有一股普通股所能享有的公司净利润或需承担的公司净亏损。（　　）

【答案】×

【解析】每股收益是普通股股东每持有一股普通股所能享有的公司净利润或需承担的公司净亏损。

二、基本每股收益

基本每股收益计算公式为：

基本每股收益＝归属于普通股股东的当期净利润/当期发行在外普通股的加权平均数

（1）分子的确定：分子为归属于普通股股东的当期净利润，即公司当期实现的可供普通股股东分配的净利润或应由普通股股东分担的净亏损金额。

（2）分母的确定：分母为当期发行在外普通股的算术加权平均数。

发行在外普通股加权平均数＝期初发行在外普通股股数＋当期新发行普通股股数×已发行时间÷报告期时间－当期回购普通股股数×已回购时间÷报告期时间

【例13－2·计算题】期初发行在外的普通股10000万股，3月2日新发行4500万股，12月1日回购1500万股以备将来奖励职工。假如当年净利润20000万元，计算普通股加权平均数和基本每股收益。

【答案】10000×12/12＋4500×10/12－1500×1/12＝13625（万股）

或10000×2/12＋14500×9/12＋13000×1/12 ＝13625（万股）

则：基本每股收益＝20000÷13625＝1.47（元）

【解析】发行在外普通股加权平均数＝期初发行在外普通股股数＋当期新发行普通股股数×已发行时间÷报告期时间－当期回购普通股股数×已回购时间÷报告期时间

三、稀释每股收益

稀释每股收益是以基本每股收益为基础，假设公司所有发行的稀释性潜在普通股均已转换为普通股，从而分别调整归属于普通股股东的当期净利润以及发行在外普通股的加权平均数计算而得的每股收益。

1. 稀释性潜在普通股

公司发行的潜在普通股主要有可转换公司债券、认股权证、股份期权等。

稀释性潜在普通股，是指假设当期转换为普通股会减少每股收益的潜在普通股，对于亏损公司，稀释性潜在普通股假设当期转换为普通股，将会增加每股亏损的金额。

潜在普通股是否具有稀释性的判断标准是看其对持续经营每股收益的影响。

2. 分子的调整

应当根据下列事项对归属于普通股股东的当期净利润进行调整：

（1）当期已确认为费用的稀释性潜在普通股的利息。

（2）稀释性潜在普通股转换时将产生的收益或费用。

上述调整应当考虑相关的所得税影响。对于包含负债和权益成分的金融工具，仅需调整属于金融负债部分的相关利息、利得或损失。

3. 分母的调整

当期发行在外普通股的加权平均数应当为计算基本每股收益时普通股的加权平均数与假定稀释性潜在普通股转换为已发行普通股而增加的普通股股数的加权平均数

之和。

假定稀释性潜在普通股转换为已发行普通股而增加的普通股股数应当根据潜在普通股的条件确定。当存在不止一种转换基础时，应当假定会采取从潜在普通股持有者角度看最有利的转换率或执行价格。

假定稀释性潜在普通股转换为已发行普通股而增加的普通股股数应当按照其发行在外时间进行加权平均。

主要做法：

（1）以前期间发行的稀释性潜在普通股，应当假设在当期期初转换为普通股；

（2）当期发行的稀释性潜在普通股，应当假设在发行日转换普通股；

（3）当期被注销或终止的稀释性潜在普通股，应当按照当期发行在外的时间加权平均计入稀释每股收益；

（4）当期被转换或行权的稀释性潜在普通股，应当从当期期初至转换日（或行权日）计入稀释每股收益中，从转换日（或行权日）起所转换的普通股则计入基本每股收益中。

思考与练习

一、单选题

1. 下列有关基本每股收益计算的表述中，不正确的是（　　）。

A. 公司应当按照归属于普通股股东的当期净利润，除以发行在外普通股的加权平均数计算基本每股收益

B. 公司应当按照归属于普通股和优先股股东的当期净利润，除以发行在外普通股的加权平均数计算基本每股收益

C. 以合并财务报表为基础计算每股收益时，分子应当是归属于母公司普通股股东的当期合并净利润，即扣减少数股东损益后的余额

D. 计算基本每股收益时，只需要考虑当期实际发行在外的普通股股份

2. 中国琴岛公司 2×16 年初发行在外的普通股为 10000 万股，3 月 1 日新发行 4500 万股；12 月 1 日回购 1500 万股，以备将来奖励职工。中国琴岛公司当年实现的利润总额为 3800 万元，归属于普通股股东的净利润为 2600 万元。则中国琴岛公司 2×16 年基本每股收益为（　　）（计算结果保留两位小数）。

A. 0.28 元/股　　B. 0.19 元/股

C. 0.29 元/股　　D. 0.20 元/股

3. 中国琴岛公司为上市公司，2×16 年 1 月 1 日发行在外的普通股为 10000 万股。4 月 1 日，定向增发 4000 万股普通股作为非同一控制下公司合并对价，于当日取得对被购买方的控制权；7 月 1 日，根据股东大会决议，以 2×16 年 6 月 30 日股

份为基础分派股票股利，每 10 股送 2 股。2×16 年度合并净利润为 13000 万元，其中归属于丙公司普通股股东的部分为 12000 万元。则中国琴岛公司 2×16 年度的基本每股收益是（　　）。

A. 0.71 元　　B. 0.76 元

C. 0.77 元　　D. 0.83 元

4. 中国琴岛公司 2×17 年 1 月 1 日发行在外的普通股为 5000 万股。7 月 1 日，根据股东大会决议，以 2×16 年 12 月 31 日股份为基础分派股票股利，每 10 股送 2 股；10 月 1 日，根据经批准的股权激励计划，授予高级管理人员 1000 万份股票期权，每一份期权行权时可按 4 元的价格购买中国琴岛公司的 1 股普通股。中国琴岛公司 2×17 年度普通股平均市价为每股 8 元，2×17 年度归属于中国琴岛公司普通股股东的净利润为 4900 万元。则中国琴岛公司 2×17 年的稀释每股收益是（　　）。

A. 0.90 元　　B. 0.82 元

C. 0.80 元　　D. 0.98 元

5. 中国琴岛公司 2×16 年 1 月 1 日发行在外的普通股为 16000 万股，2×16 年 5 月 1 日按市价新发行普通股 3000 万股。2×17 年 7 月 1 日分派股票股利，以 2×16 年 12 月 31 日总股本为基数，向全体股东每 10 股送 2 股。2×17 年度和 2×16 年度净利润分别为 30800 万元和 27000 万元。

要求：根据上述资料，不考虑其他因素，回答下列问题。

（1）下列有关每股收益列报的说法中，不正确的是（　　）。

A. 所有公司均应在利润表中列示基本每股收益和稀释每股收益

B. 不存在稀释性潜在普通股的上市公司应当在利润表中单独列示基本每股收益

C. 存在稀释性潜在普通股的上市公司应当在利润表中单独列示基本每股收益和稀释每股收益

D. 与合并报表一同提供的母公司财务报表中不要求计算和列报每股收益

（2）该上市公司 2×17 年度利润表中本年度基本每股收益为（　　）。

A. 1.35 元/股　　B. 1.5 元/股

C. 1.37 元/股　　D. 1.47 元/股

（3）该上市公司 2×17 年度比较利润表中上年度基本每股收益为（　　）。

A. 1.35 元/股　　B. 1.5 元/股

C. 1.25 元/股　　D. 1.47 元/股

6. A 公司 2×16 年度净利润为 480 万元（不包括子公司利润或子公司支付的股利），发行在外普通股 400 万股，持有子公司 B 公司 80% 的普通股股权。

B 公司 2×16 年度净利润为 216 万元，发行在外普通股 40 万股，普通股平均市场价格为 8 元。年初，B 公司对外发行 6 万份可用于购买其普通股的认股权证，行权价格为 4 元，A 公司持有 1200 份认股权证。假设除股利外，母子公司之间没有其他需抵销的内部交易。

要求：根据上述资料，不考虑其他因素，回答下列问题。

(1) 下列有关基本每股收益计算的表述中，不正确的是（　　）。

A. A公司应当按照归属于普通股股东的当期净利润，除以发行在外普通股的加权平均数计算基本每股收益

B. A公司应当按照归属于股东的当期净利润，除以发行在外普通股的加权平均数计算基本每股收益

C. 以合并财务报表为基础计算每股收益时，分子应当是归属于母公司普通股股东的当期合并净利润，即扣减少数股东损益后的余额

D. 计算基本每股收益时，只需要考虑当期实际发行在外的普通股股份

(2) B公司2×16年度的基本每股收益和稀释每股收益分别为（　　）。

A. 5.4元/股和5.02元/股　　B. 5.2元/股和5.02元/股

C. 5.32元/股和5.2元/股　　D. 5.4元/股和5.2元/股

(3) A公司2×16年度合并报表的基本每股收益和稀释每股收益为（　　）。

A. 1.06元/股和0.96元/股　　B. 1.2元/股和0.96元/股

C. 1.63元/股和1.60元/股　　D. 1.23元/股和0.96元/股

7. 下列有关基本每股收益的表述中，不正确的是（　　）。

A. 公司应当按照归属于普通股股东的当期净利润，除以发行在外普通股的加权平均数计算基本每股收益

B. 公司应当按照归属于普通股和优先股股东的当期净利润，除以发行在外普通股的加权平均数计算基本每股收益

C. 发行在外普通股加权平均数 = 期初发行在外普通股股数 + 当期新发行普通股股数 × 已发行时间/报告期时间 − 当期回购普通股股数 × 已回购时间/报告期时间

D. 已发行时间、报告期时间和已回购时间一般按照天数计算；在不影响计算结果合理性的前提下，也可以采用简化的计算方法

8. 中国琴岛公司所有的股票均为普通股，均发行在外，每股面值1元。中国琴岛公司2×16年度部分业务资料如下：

(1) 2×16年初股东权益金额为24500万元，其中股本10000万元。

(2) 2月18日，公司董事会制订2×15年度的利润分配方案：分别按净利润的10%计提法定盈余公积；分配现金股利500万元，以10股配送3股的形式分配股票股利。该利润分配方案于4月1日经股东大会审议通过。

(3) 7月1日增发新股4500万股。

(4) 为了奖励职工，11月1日回购本公司1500万股。

(5) 2×16年度公司可供股东分配的净利润为5270万元。

根据以上资料，中国琴岛公司2×16年的基本每股收益为（　　）。

A. 0.53元/股　　B. 0.22元/股

C. 0.35元/股　　D. 0.34元/股

9. 中国琴岛公司 2×16 年初发行在外的普通股为 600 万股，当年普通股平均市场价格 8 元，2×16 年归属于普通股股东的净利润为 400 万元。当年年初对外发行 200 万份认股权证，行权价格 4 元；7 月 1 日新发行 200 万股普通股，则稀释每股收益为（　　）。

A. 0.5 元/股　　B. 1.13 元/股

C. 0.36 元/股　　D. 0.57 元/股

10. 中国琴岛公司 2×16 年归属于普通股股东的净利润为 25000 万元，期初发行在外普通股股数 20000 万股。年内普通股股数未发生变化。2×16 年 1 月 1 日，公司按面值发行 30000 万元的三年期可转换公司债券，债券每张面值 100 元。票面固定年利率为 2%，利息自发行之日起每年支付一次，每年 12 月 31 日为付息日。该批可转换公司债券自发行结束后 12 个月以后即可转换为公司股票，即转股期为发行 12 个月后至债券到期日止的期间。转股价格为每股 10 元，每 100 元债券可转换为 10 股面值为 1 元的普通股。债券利息不符合资本化条件，直接计入当期损益，所得税税率为 25%。则 2×16 年的稀释每股收益为（　　）。

A. 1.12 元/股　　B. 1.11 元/股

C. 1.10 元/股　　D. 1.25 元/股

二、多选题

1. 下列各项关于稀释每股收益的表述中，正确的有（　　）。

A. 盈利公司发行的行权价格低于当期普通股平均市场价格的认股权证具有稀释性

B. 亏损公司发行的行权价格低于当期普通股平均市场价格的股票期权具有反稀释性

C. 盈利公司签订的回购价格高于当期普通股平均市场价格的股份回购合同具有稀释性

D. 亏损公司签订的回购价格高于当期普通股平均市场价格的股份回购合同具有反稀释性

E. 因资本公积转增股份调整增加的普通股股数具有稀释性

2. 下列各项关于稀释每股收益的表述中，正确的有（　　）。

A. 盈利公司发行的行权价格低于当期普通股平均市场价格的认股权证具有稀释性

B. 亏损公司发行的行权价格低于当期普通股平均市场价格的股票期权具有反稀释性

C. 盈利公司签订的回购价格高于当期普通股平均市场价格的股份回购合同具有稀释性

D. 亏损公司签订的回购价格高于当期普通股平均市场价格的股份回购合同具有

反稀释性

E. 因资本公积转增股份调整增加的普通股股数具有稀释性

3. 下列有关每股收益列报的说法中，正确的有（　　）。

A. 所有公司均应在利润表中列示基本每股收益和稀释每股收益

B. 不存在稀释性潜在普通股的上市公司应当在利润表中单独列示基本每股收益

C. 存在稀释性潜在普通股的上市公司应当在利润表中单独列示基本每股收益和稀释每股收益

D. 与合并报表一同提供的母公司财务报表中公司可自行选择列报每股收益

E. 编制比较财务报表时，各列报期间中只要有一个期间列示了稀释每股收益，那么所有列报期间均应当列示稀释每股收益，即使其金额与基本每股收益相等

4. 下列关于集团内每股收益的表述中，正确的有（　　）。

A. 集团对外提供合并财务报表的，要求以其合并财务报表为基础计算每股收益

B. 与合并报表一同提供的母公司财务报表需要计算和列报每股收益

C. 在个别报表上，母公司应以个别财务报表为基础计算每股收益，并在个别财务报表中予以列示

D. 公司如有终止经营的情况，应当在附注中分别持续经营和终止经营披露基本每股收益和稀释每股收益

E. 以母公司个别财务报表为基础计算的基本每股收益，分子应当是归属于母公司全部普通股股东的当期净利润

5. 下列事项中，会影响每股收益计算的有（　　）。

A. 派发股票股利　　B. 资本公积转增资本

C. 发行可转换公司债券　　D. 回购公司股票

E. 发行认股权证

三、业务题

1. 中国琴岛公司 2×16 年度归属于普通股股东的净利润为 5760 万元，发行在外普通股加权平均数为 6000 万股，该普通股平均市场价格为 10 元。该公司 2×16 年年初对外发行 1000 万份认股权证。行权日为 2×17 年 1 月 1 日，每份认股权证可以在行权日以 7.6 元的价格认购本公司 1 股新发的股份。

要求：计算 2×16 年度基本每股收益和稀释每股收益。

2. 中国琴岛公司为上市公司，2×16 年至 2×18 年的有关资料如下：

（1）2×16 年 1 月 1 日发行在外普通股股数为 82000 万股。

（2）2×16 年 5 月 31 日，经股东大会同意并经相关监管部门核准，中国琴岛公司以 2×16 年 5 月 20 日为股权登记日，向全体股东每 10 股发放 1.5 份认股权证，共计发放 12300 万份认股权证，每份认股权证可以在 2×17 年 5 月 31 日按照每股 6 元的价格认购 1 股中国琴岛公司普通股。

2×17年5月31日，认股权证持有人全部行权，中国琴岛公司收到认股权证持有人交纳的股款73800万元。2×17年6月1日，中国琴岛公司办理完成工商变更登记，将注册资本变更为94300万元。

（3）2×18年9月25日，经股东大会批准，中国琴岛公司以2×18年6月30日股份94300万股为基数，向全体股东每10股派发2股股票股利。

（4）中国琴岛公司归属于普通股股东的净利润2×16年度为36000万元，2×17年度为54000万元，2×18年度为40000万元。

（5）中国琴岛公司股票2×16年6月至2×16年12月平均市场价格为每股10元，2×17年1月至2×17年5月平均市场价格为每股12元。

本题假定不存在其他股份变动因素。

要求：

（1）计算中国琴岛公司2×16年度利润表中列示的基本每股收益和稀释每股收益。

（2）计算中国琴岛公司2×17年度利润表中列示的基本每股收益和稀释每股收益。

（3）计算中国琴岛公司2×18年度利润表中列示的基本每股收益和稀释每股收益以及经重新计算的比较数据。

3. A公司2×16年度归属于普通股股东的净利润为80000万元（不包括其子公司B公司的利润或B公司支付的股利），发行在外普通股加权平均数为50000万股。A公司持有B公司60%的股权。

B公司2×16年度归属于普通股股东的净利润为30000万元，发行在外的普通股加权平均数为20000万股，该普通股当年平均市场价格为10元。2×16年5月1日，B公司对外发行1000万份可用于购买其普通股的认股权证，每份认股权证可以在行权日认购B公司1股新发行的股份，行权价格为1元，A公司持有其中的100万份，当年无认股权证被行权。假设除认股权证外，母子公司之间没有其他需抵销的内部交易；A公司取得对B公司投资时，B公司各项可辨认资产等的公允价值与其账面价值一致。

要求（计算结果保留两位小数）：

（1）计算子公司的每股收益。

（2）计算合并每股收益。

第十四章

分部报告和中期财务报告

本章基本内容框架

- 分部报告
  - 分部报告的意义、类别和编制基础
  - 分部的确定
    - 业务分部的确定
    - 地区分布的确定
    - 确定报告分部
  - 披露分部信息
    - 主要报告形式披露分部信息
    - 次要报告形式披露分部信息
- 中期财务报告
  - 中期财务报告的定义、构成及编制意义
  - 中期财务报告应遵循的原则
  - 中期财务报表的确认与计量
  - 中期财务报表附注的编制要求

重点、难点讲解及典型例题

一、分部报告

分部报告有两种类型：一种是按经营业务不同性质编制的分部报告，称为业务分部报告；另一种是按经营业务的地域范围编制的分部报告，称为地区分部报告。

公司一般应以其个别财务报表作为分部报告的编制基础；在披露合并财务报表的情况下，则以其合并财务报表作为分部报告的编制基础。

二、分部的确定

1. 分部的概念与类别

公司披露分部报告，首先要确定作为报告主体的分部。分部是指公司内部可区分的、承担不同于其他组成部分风险和报酬的组成部分。某一组成部分是否承担了不同于其他组成部分的风险和报酬，是确定分部的主要依据。

公司在披露分部信息时，应当区分业务分部和地区分部。

2. 业务分部的确定

（1）业务分部的概念。

业务分部，是指公司内可区分的、能够提供单项或一组相关产品或劳务的组成部分。该组成部分承担了不同于其他组成部分的风险和报酬。

公司在确定业务分部时，主要是看作为某一分部的组成部分是否承担了不同于其他组成部分的风险和报酬。

（2）确定业务分部应考虑的因素：

①各单项产品或劳务的性质；

②生产过程的性质；

③产品或劳务的客户类型；

④销售产品或提供劳务的方式；

⑤生产产品或提供劳务受法律、行政法规的影响。

【例 14－1·单选题】划分业务分部的一个重要依据在于各分部之间具有不同的（　）。

A. 经营风险和报酬　　　　B. 财务风险和报酬

C. 资产所在地　　　　D. 客户所在地

【答案】A

【解析】公司在确定业务分部时，主要是看作为某一分部的组成部分是否承担了不同于其他组成部分的风险和报酬。

3. 地区分部的确定

（1）地区分部的概念。地区分部是指公司内可区分的、能够在一个特定的经济环境内提供产品或劳务的组成部分。该组成部分承担了不同于在其他经济环境内提供产品或劳务组成部分的风险和报酬。

（2）地区分部的确定基础。公司在确定地区分部时，应当考虑分部经营活动的主要风险和报酬是与其生产产品或提供劳务的地区相关，还是与其经营活动的市场及客户所在地区更相关，从而选择以资产所在地或者客户所在地为基础确定地区分部。

（3）确定地区分部时应考虑的因素。

①所处经济、政治环境的相似性。所处经济、政治环境的相似性，包括境外经营所在地区经济和政治的稳定程度等。不同生产经营所在地经济、政治环境的差异，意味着其生产经营活动所面临经济、政治风险的不同，因此不能将其归并为一个地区分部。反之，对于经济、政治环境基本相似的国家或地区，在确定地区分部时应将其归并为一个地区分部。

②在不同地区经营之间的关系。

③经营的接近程度大小。

④与某一特定地区经营相关的特别风险。

⑤外汇管理规定。

⑥外汇风险。

三、报告分部的确定

当业务分部或地区分部的大部分收入是对外交易收入，且满足下列条件之一的，公司应当将其确定为报告分部：

（1）该分部的分部收入占所有分部收入合计的10%或者以上。

（2）该分部的分部利润（亏损）的绝对额，占所有盈利分部利润合计额或者所有亏损分部亏损合计额的绝对额两者中较大者的10%或者以上。

（3）该分部的分部资产占所有分部资产合计额的10%或者以上。

【例14－2·多选题】下列各项中，表明相关分部应当纳入分部报表编制范围的有（　　）。

A. 分部营业收入占所有分部营业收入合计10%或以上

B. 分部资产总额占所有分部资产总额合计10%或以上

C. 分部营业亏损占所有亏损分部营业亏损总额的10%或以上

D. 分部营业利润占所有盈利分部营业利润合计的10%或以上

【答案】AB

【解析】见上述确定报告分部的三个条件。

四、分部会计信息的披露

1. 分部信息披露的形式及其确定

分部报告按其报告的形式分为主要报告形式和次要报告形式。

公司在确定分部信息的主要报告形式和次要报告形式时，应当以其风险和报酬的主要来源和性质为依据，同时结合公司的内部组织结构、管理结构以及董事会或类似机构的内部财务报告制度。

2. 主要报告形式下会计信息披露的内容

无论是以业务分部还是以地区分部作为主要报告形式，均应披露分部收入、分部费用、分部利润（亏损）、分部资产和分部负债等分部信息。

3. 次要报告形式下分部信息的披露

（1）采用业务分部作为主要报告形式下次要信息的披露。分部信息的主要报告形式是业务分部的，公司应当就次要报告形式披露下列信息：

①对外交易收入占公司对外交易收入总额10%或者以上的地区分部，以外部客户所在地为基础披露对外交易收入；

②分部资产占所有地区分部资产总额10%或者以上的地区分部，以资产所在地为基础披露分部资产总额。

（2）采用地区分部作为主要报告形式下次要信息的披露。分部信息的主要报告形式是地区分部的，公司应当就次要报告形式披露下列信息：

①对外交易收入占公司对外交易收入总额10%或者以上的业务分部，应当披露对外交易收入；

②分部资产占所有业务分部资产总额10%或者以上的业务分部，应当披露分部资产总额。

【例14－3·单选题】下列有关分部报告的表述中，正确的是（　　）。

A. 分部负债通常不包括递延所得税负债

B. 分部报告应当披露每个报告分部的净利润

C. 分部收入不应分别对外交易收入和对其他分部交易收入予以披露

D. 在编制合并财务报表的情况下，公司应当以个别财务报表为基础披露信息

【答案】A

【解析】选项B，应该披露分部利润，而非净利润，分部利润并不等于净利润；选项C，应分别对外交易收入和对其他分别交易收入予以披露；选项D，公司应当以合并财务报表为基础披露信息。

五、中期财务报告的概念和构成

1. 中期财务报告的概念

中期财务报告是指以中期为基础编制的财务报告。中期是指短于一个完整的会计年度的报告期间。

2. 中期财务报告的基本构成

中期财务报告至少应当包括以下部分：资产负债表、利润表、现金流量表和附注。

六、中期财务报告的理论基础

关于编制中期财务报告的理论基础，目前主要有两种观点，一种是独立观，一种是一体观。

独立观是将每一中期视为一个独立的会计期间。一体观是将每一中期视为年度会计期间不可分割的一部分而非独立的会计期间。

七、中期财务报告的编制要求

1. 中期财务报告编制应遵循的原则

（1）与年度财务报告相一致的会计政策；

（2）重要性原则；

（3）及时性原则。

【例14－4·多选题】下列关于上市公司中期报告的表述中，正确的有（　　）。

A. 中期会计计量应以年初至本中期末为基础

B. 中期报告中应同时提供合并报表和母公司报表

C. 中期报表仅是年度报表项目的节选，不是完整的报表

D. 对中期报表项目进行重要性判断应以预计的年度数据为基础

E. 中期报表中各会计要素的确认与计量标准应当与本年度报表相一致

【答案】 ABE

【解析】 中期重要程度的判断以中期财务数据为基础，所以选项 D 不正确；中期报表应当是完整的会计报表，其格式和内容应当与上年度会计报表相一致，所以选项 C 不正确。

2. 中期财务报告的确认与计量

中期财务报告的确认与计量的基本原则如下：

（1）中期会计要素的确认和计量原则应当与年度财务报表相一致。

（2）中期会计计量应当以年初至本中期末为基础。

（3）中期采用的会计政策应当与年度财务报告相一致，会计政策、会计估计变更应当符合规定。

【例 14－5・单选题】 下列有关中期财务报告的表述中，符合现行会计制度规定的是（　　）。

A. 中期财务报告的附注应当以本中期期间为基础编制

B. 中期会计计量应当以年初至本中期末为基础进行

C. 编制中期财务报表时应当以年度数据为基础进行重要性判断

D. 对于年度中不均匀发生的费用，在中期财务报表中应当用预提或摊销的方法处理

【答案】 B

【解析】 中期财务报告的确认与计量的基本原则：

（1）中期财务报告中各会计要素的确认和计量原则应当与年财务报表所采用的原则相一致。

（2）在编制中期财务报告时，中期会计计量应当以年初至本中期末为基础。

（3）公司在中期不得随意变更会计政策，应当采用与年度财务报表相一致的会计政策。

思考与练习

一、单选题

1. 按经营业务的地域范围编制的分部报告称为（　　）。

A. 地域分部报告　　　　B. 地区分部报告

C. 业务分部报告　　　　D. 经营分部报告

2. 公司在披露合并财务报表的情况下，以其（　　）作为分部报告的编制基础。

A. 个别财务报表　　B. 资产负债表
C. 合并财务报表　　D. 现金流量表

3. 下列因素中，在确定业务分部时不需要考虑的是（　　）。
A. 各单项产品或劳务的性质　　B. 产品或劳务的客户类型
C. 不同地区经营之间的关系　　D. 销售产品或提供劳务的方式

4. 当业务分部或地区分部的大部分收入是对外交易收入，其对公司盈亏具有重要影响且满足三个“10%”条件之一的，公司应当认为其符合重要性，将其确定为报告分部。该三个“10%”的基础不包括（　　）。
A. 营业收入　　B. 营业利润或亏损
C. 资产　　D. 负债

5. 当某一分部的大部分收入是对外交易收入，且分部资产占所有分部资产总额的（　　）时，则可以将其确定为报告分部。
A. 10%　　B. 10%以上
C. 10%或者以上　　D. 10%以下

6. 在报告分部的确定中，分部报告披露的对外营业收入合计额必须达到合计总收入或公司总收入的（　　）。
A. 70%　　B. 75%
C. 60%　　D. 95%

7. 下列因素中，属于分部费用的是（　　）。
A. 税金及附加　　B. 利息费用
C. 营业外支出　　D. 所得税费用

8. 根据我国企业会计准则规定，不要求公司在中期财务报告中单独披露的是（　　）。
A. 利润表　　B. 资产负债表
C. 现金流量表　　D. 所有者权益变动表

9. 目前，我国中期财务报告的编制基础侧重于（　　）。
A. 及时性　　B. 重要性
C. 独立观　　D. 一体观

10. 公司在披露中期财务报告附注时，应当以（　　）为基础披露。
A. 年初至本中期末　　B. 本中期所发生的重要事项
C. 本中期所发生的重要交易　　D. 上年年末至本中期末

三、多选题

1. 公司确定业务分部应考虑的因素包括（　　）。
A. 各单项产品和劳务的性质　　B. 产品或劳务的客户类型
C. 销售产品或提供劳务的方式　　D. 生产过程的性质

E. 所处经济、政治环境的相似性

2. 确定地区分部时应考虑的因素有（　　）。

A. 经营的接近程度大小　　B. 外汇管理规定

C. 外汇风险　　D. 产品或劳务的客户类型

E. 在不同地区经营之间的关系

3. 一个地区分部可以是（　　）。

A. 单一的国家或地区

B. 两个或两个以上具有相同或相似经营风险和报酬的国家或地区的组合

C. 一个国家内的一个行政区域

D. 一个国家两个或两个以上行政区域的组合

E. 两个国家两个以上行政区域的组合

4. 下列项目中，属于分部费用的有（　　）。

A. 营业成本　　B. 税金及附加

C. 销售费用　　D. 所得税费用

E. 营业外支出

5. 中期财务报告至少应当包括（　　）。

A. 资产负债表　　B. 利润表

C. 现金流量表　　D. 所有者权益变动表

E. 附注

三、判断题

1. 分部是指公司内部可区分的、承担不同于其他组成部分风险和报酬的组成部分。（　　）

2. 业务分部或地区分部必须满足三个重要性判断标准之一的，才能确认为报告分部。（　　）

3. 公司在披露分部信息时，应当区分主要报告形式和次要报告形式，分别按照确定的报告分部披露相应的分部信息。（　　）

4. 我国中期财务报告的编制基础侧重于独立观。（　　）

5. 中期会计要素的确认和计量原则应当与年度财务报表相一致。（　　）

五、业务题

1. 中国琴岛公司为控股公司，其分部单位及相关数据见表 14 - 1。

表 14－1 **中国琴岛公司各分部资料** 单位：万元

项　目	A 分部	B 分部	C 分部	D 分部	E 分部	合计
营业收入：						
对外销售	2500	370	310	280	190	3650
对内销售	760	190	120	90	50	1210
营业收入合计	3260	560	430	370	240	4860
营业利润	340	80	(40)	30	(50)	360
资产	3000	650	500	350	300	4800

要求：根据上述资料，分别从报告分部重要性判断的三个标准确定哪些分部应当确定为报告分部。

2. 中国琴岛公司是一家上市公司，2×16 年其分部（含业务分部和地区分部）的有关数据如表 14－2 所示。

表 14－2 **分部资料表** 单位：万元

项　目	A 分部	B 分部	C 分部	D 分部	E 分部
营业收入	15000	4300	3600	1980	960
其中：对外交易收入	12000	3000	1200	800	760
分部间交易收入	3000	1300	2400	1180	200
营业利润（亏损）	1760	520	220	240	210
资产	9300	2200	1300	800	300

要求：根据表中的数据，判断哪些分部属于报告分部。

第十五章

企业合并

本章基本内容框架

- 企业合并概述
  - 企业合并的定义和范围
  - 企业合并方式
    - 控股合并
    - 吸收合并
    - 新设合并
  - 企业合并的类型
    - 同一控制下的企业合并
    - 非同一控制下的企业合并
- 同一控制下的企业合并
  - 同一控制下企业合并的处理原则
  - 同一控制下企业合并的会计处理
- 非同一控制下的企业合并
  - 非同一控制下企业合并的处理原则
  - 非同一控制下企业合并的会计处理

重点、难点讲解及典型例题

一、企业合并概述

1. 企业合并的定义和范围

企业合并是将两个或两个以上单独的企业合并形成一个报告主体的交易或事项。

企业合并准则中所界定的企业合并，包括但不限于以下情形：

（1）公司A通过增发自身的普通股自公司B原股东处取得公司B的全部股权，该交易事项发生后，公司B仍持续经营。

（2）公司A支付对价取得公司B的净资产，该交易事项发生后，撤销公司B的法人资格。

（3）公司A以其资产作为出资投入公司B，取得对公司B的控制权，该交易事项发生后，公司B仍维持其独立法人资格继续经营。

2. 企业合并的方式

企业合并从合并方式划分，包括控股合并、吸收合并和新设合并。

【例15－1·单选题】 企业合并按合并方式划分包括（　　）。

A. 吸收合并、买卖合并和控股合并　　B. 吸收合并和控股合并
C. 吸收合并和兼并　　D. 吸收合并、新设合并和控股合并

【答案】D

【解析】企业合并从合并方式划分，包括控股合并、吸收合并和新设合并。

3. 企业合并的类型

企业合并准则中将企业合并划分为两大基本类型——同一控制下的企业合并与非同一控制下的企业合并。

（1）同一控制下的企业合并。

同一控制下的企业合并，是指参与合并的各方在合并前后均受同一方或相同的多方最终控制且该控制并非暂时性的。

（2）非同一控制下的企业合并。

非同一控制下的企业合并，是指参与合并各方在合并前后不受同一方或相同的多方最终控制的合并交易，即同一控制下企业合并以外的其他企业合并。

二、同一控制下企业合并的处理

1. 同一控制下企业合并的处理原则

（1）合并方在合并中确认取得的被合并方的资产、负债仅限于被合并方账面上原已确认的资产和负债，合并中不产生新的资产和负债。

（2）合并方在合并中取得的被合并方各项资产、负债应维持其在被合并方的原账面价值不变。

（3）合并方在合并中取得的净资产的入账价值与为进行企业合并支付的对价账面价值之间的差额，应当调整所有者权益相关项目，不计入企业合并当期损益。

（4）对于同一控制下的控股合并，应视同合并后形成的报告主体自最终控制方开始实施控制时一直是一体化存续下来的，参与合并各方在合并以前期间实现的留存收益应体现为合并财务报表中的留存收益。

2. 同一控制下企业合并的会计处理

（1）同一控制下的控股合并。

①长期股权投资的确认和计量。按照《企业会计准则第 2 号——长期股权投资》的规定，同一控制下企业合并形成的长期股权投资，合并方应以合并日应享有被合并方账面所有者权益的份额作为形成长期股权投资的初始投资成本。

②长期股权投资的初始投资成本与合并对价差额的处理。合并方确认的长期股权投资的初始投资成本与其支付对价（支付现金、非现金资产账面价值的差额或与发行的权益性证券的面值的差额，应当调整资本公积（资本溢价或股本溢价），如果需要调减资本公积，必须以原来合并方的资本公积（资本溢价或股本溢价）为限进行冲减，不足冲减的，依次冲减盈余公积和未分配利润。

【例 15－2·单选题】2×16 年 3 月 20 日，A 公司以银行存款 1000 万元及一项土

地使用权取得其母公司控制的B公司80%的股权，并于当日起能够对B公司实施控制。合并日，该土地使用权的账面价值为3200万元，公允价值为4000万元；B公司净资产的账面价值为6000万元，公允价值为6250万元。假定A公司与B公司的会计年度和采用的会计政策相同，不考虑其他因素，A公司的下列会计处理中，正确的是（ ）。

A. 确认长期股权投资4800万元，冲减资本公积200万元

B. 确认长期股权投资4800万元，确认资本公积600万元

C. 确认长期股权投资5000万元，确认资本公积800万元

D. 确认长期股权投资5000万元，不确认资本公积

【答案】 B

【解析】 长期股权投资的初始成本是6000×80% =4800（万元），支付对价的账面价值是3200 + 1000 = 4200（万元），差额确认资本公积为4800 - 4200 = 600（万元）。

（2）同一控制下的吸收合并。

同一控制下的吸收合并中，合并方主要涉及合并日取得被合并方资产、负债入账价值的确定，以及合并中取得有关净资产的入账价值与支付的合并对价账面价值之间差额的处理。

①合并方取得的被合并方资产和负债的计量。合并方对同一控制下吸收合并中取得的资产、负债应当按照相关资产、负债在被合并方的原账面价值入账。

②合并差额的处理。合并方在确认了合并中取得的被合并方的资产和负债的入账价值后，以发行权益性证券方式进行的该类合并，所确认的净资产入账价值与发行股份面值总额的差额，应计入资本公积（资本溢价或股本溢价），资本公积（资本溢价或股本溢价）的余额不足冲减的，相应冲减盈余公积和未分配利润，以支付现金、非现金资产方式进行的该类合并，所确认的净资产入账价值与支付的现金、非现金资产账面价值的差额，相应调整资本公积（资本溢价或股本溢价），资本公积（资本溢价或股本溢价）的余额不足冲减的，应冲减盈余公积和未分配利润。

（3）合并方为进行企业合并发生的有关费用的处理。

合并方为进行企业合并发生的有关费用，指合并方为进行企业合并发生的各项直接相关费用，如为进行企业合并支付的审计费用、资产评估费用以及有关的法律咨询费用等增量费用。同一控制下企业合并进行过程中发生的各项直接相关费用，应于发生时费用化计入当期损益。借记“管理费用”等科目，贷记“银行存款”等科目。但以下两种情况除外：

①以发行债券方式进行的企业合并，与发行债券相关的佣金、手续费等应按照《企业会计准则第22号——金融工具确认和计量》的规定进行会计处理。该部分费用，虽然与筹集用于企业合并的对价直接相关，但其会计处理应遵照金融工具准则的原则，有关的费用应计入负债的初始计量金额。

②发行权益性证券作为合并对价的，与所发行权益性证券相关的佣金、手续费等应按照《企业会计准则第37号——金融工具列报》的规定处理。即与发行权益性证券相关的费用，不管其是否与企业合并直接相关，均应自所发行权益性证券的发行收入中扣减，在权益性工具发行有溢价的情况下，自溢价收入中扣除，在权益性证券发行无溢价或溢价金额不足以扣减的情况下，应当冲减盈余公积和未分配利润。

【例15-3·单选题】 同一控制下企业合并进行过程中发生的各项直接相关费用，应于发生时计入（　）。

A. 合并成本　　B. 管理费用

C. 财务费用　　D. 资本公积

【答案】 B

【解析】 合并方为进行企业合并发生的有关费用，指合并方为进行企业合并发生的各项直接相关费用，如为进行企业合并支付的审计费用、资产评估费用以及有关的法律咨询费用等增量费用。同一控制下企业合并进行过程中发生的各项直接相关费用，应于发生时费用化计入当期损益。

三、非同一控制下的企业合并

1. 非同一控制下企业合并的处理原则

（1）确定购买方。

购买方是指在企业合并中取得对另一方或多方控制权的一方。

（2）确定购买日。

购买日是购买方获得对被购买方控制权的日期，即企业合并交易进行过程中，发生控制权转移的日期。

同时满足了以下条件时，一般可认为实现了控制权的转移，形成购买日。有关的条件包括：

①企业合并合同或协议已获股东大会等内部权力机构通过。

②按照规定，合并事项需要经过国家有关主管部门审批的，已获得相关部门的批准。

③参与合并各方已办理了必要的财产权交接手续。

④购买方已支付了购买价款的大部分（一般应超过50%），并且有能力、有计划支付剩余款项。

⑤购买方实际上已经控制了被购买方的财务和经营政策，享有相应的收益并承担相应的风险。

（3）确定企业合并成本。

企业合并成本包括购买方为进行企业合并支付的现金或非现金资产、发行或承担的债务、发行的权益性证券等在购买日的公允价值以及企业合并中发生的各项直接相关费用之和。

（4）企业合并成本在取得的可辨认资产和负债之间的分配。

非同一控制下的企业合并中，购买方取得了对被购买方净资产的控制权，视合并方式的不同，应分别在合并财务报表或个别财务报表中确认合并中取得的各项可辨认资产和负债。

（5）企业合并成本与合并中取得的被购买方可辨认净资产公允价值份额之间差额的处理。

购买方对于企业合并成本与确认的被购买方可辨认净资产公允价值份额的差额，应视情况分别处理：

①企业合并成本大于合并中取得的被购买方可辨认净资产公允价值份额的差额，应确认为商誉。视企业合并方式不同，控股合并情况下，该差额是指合并财务报表中应列示的商誉；吸收合并情况下，该差额是购买方在其账簿及个别财务报表中应确认的商誉。

商誉在确认以后，持有期间不要求摊销，公司应当按照《企业会计准则第8号——资产减值》的规定对其进行减值测试，对于可收回金额低于账面价值的部分，计提减值准备。

②企业合并成本小于合并中取得的被购买方可辨认净资产公允价值份额的差额，应计入合并当期损益。

（6）企业合并成本或合并中取得的可辨认资产、负债公允价值的调整。

按照购买法核算的企业合并，基本原则是确定公允价值，无论是作为合并对价付出的各项资产的公允价值，还是合并中取得被购买方各项可辨认资产、负债的公允价值，如果在购买日或合并当期期末，因各种因素影响无法合理确定的，合并当期期末，购买方应以暂时确定的价值为基础进行核算。

2. 非同一控制下企业合并的会计处理

（1）非同一控制下的控股合并。

该合并方式下，购买方所涉及的会计处理问题主要是两个方面：一是购买且因进行企业合并形成的对被购买方的长期股权投资初始投资成本的确定，该成本与作为合并对价支付的有关资产账面价值之间差额的处理；二是购买日合并财务报表的编制。

非同一控制下的企业合并中，购买方取得对被购买方控制权的，在购买且应当按照确定的企业合并成本（不包括应自被投资单位收取的现金股利或利润），作为形成的对被购方长期股权投资的初始投资成本。

购买方为取得对被购买方的控制权，以支付非货币性资产为对价的，有关非货币性资产在购买日的公允价值与其账面价值的差额，应作为资产的处置损益计入合并当期的利润表。

（2）非同一控制下的吸收合并。

非同一控制下的吸收合并，购买方在购买日应当将合并中取得的符合确认条件的各项可辨认资产、负债，按其公允价值确认为本公司的资产和负债；作为合并对价的有关非货币性资产在购买日的公允价值与其账面价值的差额，应作为资产处置损益计入合并当期的利润表；确定的企业合并成本与所取得的被购买方可辨认净资产公允价值之间的差额，视情况分别确认为商誉或是计入企业合并当期的损益。

思考与练习

一、单选题

1. 一家公司通过支付现金、发行证券或转让其他非货币性资产等方式取得另一家或几家公司的全部净资产，参与合并的公司在合并后，只有合并方继续保留原有的法人地位，被合并方在合并后丧失法人地位的企业合并方式是（　　）。

A. 创立合并　　B. 吸收合并

C. 控股合并　　D. 新设合并

2. 两家或两家以上的公司联合成立一个新的公司，这种合并称为（　　）。

A. 吸收合并　　B. 新设合并

C. 控股合并　　D. 混合合并

3. A 公司 + B 公司 = C 公司，这种形式的企业合并属于（　　）。

A. 吸收合并　　B. 新设合并

C. 控股合并　　D. 兼并

4. A 公司与 B 企业合并成立了 C 公司，A、B 公司的法人地位均告消失，C 公司取得 A、B 公司的全部净资产。这种企业合并方式称为（　　）。

A. 吸收合并　　B. 新设合并

C. 控股合并　　D. 混合合并

5. 企业合并后仍维持其独立法人资格继续经营的企业合并形式为（　　）。

A. 控股合并　　B. 吸收合并

C. 新设合并　　D. 横向合并

6. 对于同一控制下的企业合并，其中参与合并的公司在合并前后均受同一方或相同的多方最终控制且该控制并非暂时性的，这里的暂时性一般指的是（　　）以上。

A. 1 年　　B. 3 个月

C. 6 个月　　D. 2 年

7. 关于同一控制下的企业合并，下列表述错误的是（　　）。

A. 从最终控制方的角度来看，其所能实施的净资产没有发生变化

B. 有些合并不是参与合并的公司自愿进行的

C. 很难以双方议定的价格作为核算的基础

D. 交易往往是按照公允价值进行的

8. 对于非同一控制下的企业合并，其交易的基础是（　　）。

A. 可变现净值　　B. 现值

C. 公允价值　　D. 历史成本

9. 在我国，同一控制下的企业合并和非同一控制下的企业合并分别采用的处理方法为（　　）。

A. 购买法，新实体法　　B. 权益结合法，购买法

C. 权益结合法，新实体法　　D. 新实体法，权益结合法

10. 对于同一控制下的企业合并和非同一控制下的企业合并，在合并日或购买日取得其他参与合并公司控制权的一方分别称为（　　）。

A. 购买方，合并方　　B. 被购买方，被合并方

C. 合并方，购买方　　D. 被合并方，被购买方

11. 被合并方或被购买方的净资产或生产经营决策的控制权转移给合并方或购买方的日期是（　　）。

A. 控股日　　B. 发行日

C. 兼并日　　D. 合并日

12. 同一控制下控股合并中，取得的长期股权投资的初始投资成本确定依据是（　　）。

A. 被合并方所有者权益的账面价值的份额

B. 支付对价的账面价值

C. 支付对价的公允价值

D. 被合并方可辨认净资产公允价值的份额

13. 下列非同一控制下企业合并会计处理原则的说法中，错误的是（　　）。

A. 购买方以支付对价的公允价值为基础确定购买成本

B. 购买方应按照公允价值记录所收到的资产和承担的债务

C. 被购买方的留存收益应转入购买方

D. 合并过程中发生的相关费用，除了发行证券或承担其他债务所支付的费用外，应计入当期损益

14. 运用购买法对非同一控制下企业合并进行核算时，购买成本的确定基础是（　　）。

A. 被合并方所有者权益的账面价值的份额

B. 支付对价的账面价值

C. 支付对价的公允价值

D. 被合并方可辨认净资产公允价值的份额

15. 中国琴岛公司、华美公司之间没有关联。中国琴岛公司 2×16 年 1 月 1 日以银行存款 560000 元购买了华美公司 100% 的股份。当日，华美公司的所有者权益账面价值为 540000 元，净资产公允价值为 550000 元，发生评估费用 10000 元，下列说法

中正确的是（　　）。

A. 长期股权投资的初始投资成本是 570000 元

B. 长期股权投资的初始投资成本是 560000 元

C. 长期股权投资的初始投资成本是 540000 元

D. 评估费用计入初始投资成本

二、多选题

1. 企业合并按照合并后合并主体法律形式是否发生变化，可以分为（　　）。

A. 吸收合并　　B. 新设合并

C. 控股合并　　D. 横向合并

E. 纵向合并

2. 控股合并中，一家公司取得另一家公司有表决权股份的方式包括（　　）。

A. 支付现金　　B. 发行证券

C. 有偿增资　　D. 转让其他非货币性资产

E. 公开发行

3. 认为实现了控制权的转移，形成合并日的条件一般有（　　）。

A. 企业合并或购买协议已获股东大会等内部权力机构批准

B. 参与合并各方已办理了相关资产的划转手续

C. 合并方或购买方已经支付购买价款的大部分

D. 合并方或购买方实际上已经控制了被合并方或被购买方的财务和经营政策

E. 企业合并事项需要经过国家有关部门实质性审批的，已取得有关部门的批准

4. 下列关于非同一控制下企业合并会计处理的说法中，正确的有（　　）。

A. 合并中发生的各项直接费用计入合并成本

B. 合并中发生的各项直接费用计入当期损益

C. 以实际取得对被购买方控制权的日期确定购买日

D. 合并成本高于合并取得的可辨认净资产公允价值的差额作为商誉确认

E. 合并成本低于合并取得的可辨认净资产公允价值的差额作为商誉确认

5. 对于非同一控制下公司吸收合并时购买成本的确定，下列说法中正确的有（　　）。

A. 一次交换交易实现的企业合并，合并成本为购买方在购买日为取得对被购买方的控制权而付出的资产、发生或承担的负债以及发行的权益性证券的公允价值

B. 在货币资金支付方式下，购买成本为实际支付的款项

C. 购买方为进行企业合并发生的各项直接相关费用应当计入购买成本

D. 购买方为进行企业合并发生的各项直接相关费用应当计入当期损益

E. 在合并合同或协议中对可能影响合并成本的未来事项进行约定的，购买日如果估计未来事项很可能发生并且对购买成本的影响金额能够可靠计量的，购买方应当

将其计入购买成本

6. 非同一控制下公司吸收合并中，会计处理的关键问题在于（　　）。

A. 购买成本与被购买方可辨认净资产账面价值份额之间差额的处理

B. 购买成本的确定

C. 被购买方可辨认净资产账面价值的确定

D. 被购买方可辨认净资产公允价值的确定

E. 购买成本与被购买方可辨认净资产公允价值份额之间差额的处理

7. 关于非同一控制下吸收合并中，被购买方各项可辨认资产和负债公允价值的确定，下列表述中正确的有（　　）。

A. 房屋建筑物、机器设备、无形资产，存在活跃市场的，应以购买日的市场价格为基础确定其公允价值

B. 应付债券中的短期负债，一般按照应支付的金额确定其公允价值

C. 短期应收款项一般按照应收取的金额作为其公允价值

D. 原材料按现行重置成本确定

E. 货币资金按照购买日被购买方的账面余额确定

8. 关于在非同一控制下的控股合并中，合并对价的公允价值与账面价值差额的处理，下列表述正确的有（　　）。

A. 转让无形资产，差额计入主营业务收入

B. 若非货币性资产中包含存货，则应将差额计入营业利润

C. 转让无形资产，差额计入营业外收入

D. 转让固定资产，差额计入主营业务收入

E. 转让固定资产，差额计入营业外收入

三、判断题

1. 企业合并一般指一个企业与另一个企业实行股权联合或获得另一个企业净资产的控制权和经营权，合并前后各自独立的企业组织形式不变。（　　）

2. 参与合并的企业在合并前是彼此独立的，而合并后，它们的经济资源和经营活动就处于单一的管理机构控制之下，所以，企业合并的实质是取得控制权。（　　）

3. 吸收合并也称为兼并，企业进行兼并，只能采用支付现金的方式。（　　）

4. 吸收合并完成后，原来的各企业均失去法人资格，而由新成立的企业统一从事生产经营活动。（　　）

5. 合并后的企业取得对所有被合并企业的原资产直接控制权和管理权，无须承担被合并企业的负债。（　　）

6. 创立合并是指合并是两个或两个以上的企业联立一个新的企业，用新企业的股份交换原来各企业的股份。创立合并也就是我国公司法中所称的新设合并。（　　）

7. 控股合并时取得控制股权后，原来的企业仍然以各自独立的法律实体从事生产经营活动。 ( )

8. 当一企业取得另一企业50%以上有表决权的股份后，必然取得另一企业的控制权。当取得50%以下有表决权的股票时，必然不能取得另一企业的控制权。 ( )

9. 在控股合并的情况下，控股公司被称为母公司，被控股公司被称为该母公司的子公司，以母公司为中心，连同它所控股的子公司，被称为公司集团，是具有独立法人地位的公司组织形式。 ( )

10. 在企业合并活动中，某一合并方未取得一半以上表决权，但获得其他公司董事会或对等决策团体会议中多席位的权力，也可判定其为取得了控制权，成为购买方。 ( )

四、业务题

1. 某集团内一家子公司中国琴岛公司以固定资产和无形资产的资产组合（固定资产原价为1600万元，已计提累计折旧400万元，公允价值为2000万元；无形资产原价为2000万元，已计提累计摊销1200万元，公允价值为1200万元）作为对价，取得同一集团内华美公司70%有表决权的股份。合并日华美公司所有者权益账面价值为3000万元（其中，股本为1400万元，资本公积为600万元，盈余公积为400万元，未分配利润为600万元），公允价值为4000万元，在合并中中国琴岛公司还用银行存款支付为合并而发生的审计、评估费用80万元，不考虑其他税费。假设合并前中国琴岛公司资产负债表中的资本公积（股本溢价）项目金额为1000万元。

要求：编制中国琴岛公司对华美公司长期股权投资的相关会计分录。

2. 2×17年1月1日，A公司以账面价值和公允价值均为190万元的无形资产及银行存款210万元作为对价，对B公司进行吸收合并，合并前A、B公司不存在关联关系。2×16年12月31日B公司各项资产、负债的账面价值和公允价值如表15－1所示。

表15－1　B公司各项资产、负债的账面价值与公允价值　单位：元

项　目	账面价值	公允价值
银行存款	600000	600000
应收账款	80000	60000
存货	600000	900000
固定资产	1000000	1500000
无形资产	500000	300000
资产合计	2780000	3360000
短期借款	600000	500000
应付账款	350000	300000
长期借款	1000000	800000
负债合计	1950000	1600000

要求：

（1）计算合并成本。

（2）确定此项合并产生的商誉。

（3）编制合并日 A 公司的相关会计分录。

3. A 公司以固定资产和无形资产的资产组合（固定资产原价为 1600 万元，已计提累计折旧 400 万元，公允价值为 2000 万元；无形资产原价为 2000 万元，已计提累计摊销 1200 万元，公允价值为 1200 万元）作为对价，取得 B 公司 70% 有表决权的股份。合并日 B 公司所有者权益账面价值为 3000 万元（其中，股本为 1400 万元，资本公积为 600 万元，盈余公积为 400 万元，未分配利润为 600 万元），公允价值为 4000 万元，在合并中 A 公司还用银行存款支付为合并而发生的审计、评估费用 80 万元，不考虑其他税费。假设合并前 A 公司和 B 公司不受相同一方或多方控制。

要求：编制 A 公司对 B 公司长期股权投资的相关会计分录。

第十六章

合并财务报表

本章基本内容框架

- 合并财务报表概述
  - 合并财务报表的定义和特点
  - 合并财务报表的种类
  - 合并财务报表的合并范围
  - 合并财务报表的编制原则和方法
  - 合并财务报表的编制程序
- 控制权取得日合并财务报表的编制
  - 同一控制下企业合并控制权取得日合并财务报表的编制
  - 非同一控制下企业合并控制权取得日合并财务报表的编制
- 股权取得日后合并财务报表的编制
  - 合并资产负债表
    - 成本法按照权益法调整长期股权投资
    - 母公司对子公司长期股权投资与子公司所有者权益抵销
    - 内部债权债务的抵销
    - 内部存货交易的抵销
    - 内部固定资产交易的抵销
    - 内部无形资产交易的抵销
    - 相关资产减值的抵销
  - 合并利润表
    - 内部营业收入和内部营业成本的抵销
    - 购买公司内部购进商品作为固定资产、无形资产等资产使用时的抵销
    - 内部应收款项计提的坏账准备等减值准备的抵销
    - 内部投资收益（利息收入）和利息费用的抵销
  - 合并现金流量表
  - 合并所有者权益变动表
  - 合并财务报表附注

重点、难点讲解及典型例题

一、合并财务报表概述

1. 合并财务报表的定义

合并财务报表，是指反映母公司和其全部子公司形成的企业集团（以下简称公司集团）整体财务状况、经营成果和现金流量的财务报表。

2. 合并财务报表的构成

合并财务报表至少包括合并资产负债表、合并利润表、合并所有者权益变动表（或合并股东权益变动表）、合并现金流量表和附注，它们分别从不同的方面反映公司集团财务状况、经营成果及其现金流量情况，构成一个完整的合并财务报表体系。

【例 16－1·单选题】 合并财务报表不包括（　　）。

A. 合并资产负债表　　B. 合并现金流量表

C. 合并所有者权益变动表　　D. 合并税收表

【答案】 D

【解析】 合并财务报表至少包括合并资产负债表、合并利润表、合并所有者权益变动表（或合并股东权益变动表）、合并现金流量表和附注。

3. 合并财务报表的特点

（1）反映的对象不同；

（2）编制主体不同；

（3）编制基础不同；

（4）编制方法不同。

4. 合并范围的确定

合并财务报表的合并范围应以控制为基础予以确定。控制，是指投资方拥有对被投资方的权力，通过参与被投资方的相关活动而享有可变回报，并且有能力运用对被投资方的权力影响其回报金额。

二、合并财务报表编制原则及程序

1. 合并财务报表的编制原则

（1）以个别财务报表为基础编制。

（2）一体性原则。

（3）重要性原则。

2. 合并财务报表的编制程序

（1）设置合并工作底稿。

（2）将母公司、纳入合并范围的子公司个别资产负债表、利润表及所有者权益变动表各项目的数据过入合并工作底稿，并在合并工作底稿中对母公司和子公司个别财务报表各项目的数据进行加总，计算得出个别资产负债表、个别利润表及个别所有者权益变动表各项目合计数金额。

（3）编制调整分录与抵销分录。

（4）计算合并财务报表各项目的合并数额。

（5）填列合并财务报表。

三、股权取得日合并财务报表

1. 同一控制下控股合并控制权取得日合并财务报表的编制

（1）母公司持有子公司全部股权。母公司持有子公司全部股权时，被合并方可辨认净资产全部属于母公司，应将合并方的长期股权投资与被合并方所有者权益的账面价值抵销。同一控制下的公司合并，母公司个别报表上的长期股权投资是以被合并方所有者权益的账面价值进行初始计量的，因此不会产生差额。

（2）母公司持有子公司部分股权。在母公司持有子公司部分股权的情况下，控制权取得日合并资产负债表的编制原理与母公司持有子公司全部股权基本相同，所不同的是，少数股东持有的股权在合并财务报表中需以少数股东权益项目反映。

【例 16－2·单选题】合并日（或购买日）当天编制的合并财务报表是（　　）。

A. 控制权取得日的合并财务报表　B. 控制权取得日后合并财务报表

C. 合并资产负债表　D. 合并利润表

【答案】A

【解析】控制权取得日的合并财务报表是合并日（或购买日）当天编制的合并财务报表，控制权取得日后合并财务报表即是合并日（或购买日）后每一个资产负债表日编制的合并财务报表。

2. 非同一控制下控股合并控制权取得日合并财务报表的编制

（1）母公司持有子公司全部股权。

①母公司合并成本等于子公司净资产的公允价值。在母公司的合并成本等于子公司净资产的情况下，在合并财务报表工作底稿中，只需将母公司的长期股权投资与子公司的全部所有者权益抵销即可。

②母公司合并成本大于子公司净资产的公允价值。在母公司确认的合并成本大于合并中取得的子公司净资产公允价值的情况下，应按确定的合并成本作为长期股权投资的初始投资成本，编制控制权取得日合并资产负债表时，将母公司的长期股权投资与子公司的净资产公允价值抵销后的差额，以“商誉”项目反映。

③母公司合并成本小于子公司净资产的公允价值。如果母公司的合并成本小于合并中取得的子公司可辨认净资产公允价值份额，应按确定的合并成本作为长期股权投资的初始投资成本，将长期股权投资与子公司可辨认净资产公允价值份额的差额计入合并当期损益，由于购买日不需编制合并利润表，该差额体现在合并资产负债表中，应调整合并资产负债表的盈余公积和未分配利润项目。

四、股权取得日后合并资产负债表

1. 按权益法调整对子公司的长期股权投资

编制合并日后合并财务报表时，首先，将母公司对子公司长期股权投资由成本法核算的结果调整为权益法核算的结果，使母公司对子公司长期股权投资项目反映其在子公司所有者权益中所拥有权益的变动情况；其次，将母公司对子公司长期股权投资项目与子公司所有者权益项目等内部交易相关的项目进行抵销处理，将内部交易对合并财务报表的影响予以抵销；最后，在编制合并日合并工作底稿的基础上，编制合并财务报表。

在合并工作底稿中编制的调整分录：对于当期该子公司实现净利润，按母公司应享有的份额，借记“长期股权投资”项目，贷记“投资收益”项目：对于当期该子公司发生的净亏损，按母公司应分担的份额，借记“投资收益”项目，贷记“长期股权投资”等项目。对于当期收到的现金股利或利润，借记“投资收益”项目，贷记“长期股权投资”项目。

【例 16-3·多选题】 母公司在编制非同一控制下合并财务报表时，权益法调整的调整分录中涉及的财务报表项目有（　　）。

A. 商誉　　B. 投资收益

C. 少数股东权益　　D. 长期股权投资

E. 提取盈余公积

【答案】 ACDE

【解析】 母公司对子公司拥有部分股权，意味着子公司净资产的公允价值与母公司经过权益法调整后的“长期股权投资”项目及“少数股东权益”项目之间存在着抵销关系。在合并财务报表工作底稿中编制的抵销分录为：借记“股本”“资本公积”“其他综合收益”“盈余公积”和“未分配利润”项目，贷记“长期股权投资”“少数股东权益”项目。母公司对子公司长期股权投资数额大于子公司可辨认净资产公允价值中属于母公司的份额的差额，作为“商誉”列示在合并资产负债表中。

2. 编制合并资产负债表时应进行抵销处理的项目

编制合并资产负债表时需要进行抵销处理的项目主要有：

（1）母公司对子公司长期股权投资与子公司所有者权益；

（2）母公司与子公司、子公司相互之间产生的内部债权与债务；

（3）存货项目，即内部购进存货成本中包含的未实现内部销售损益；

（4）固定资产项目，即内部购进商品形成的固定资产、内部购进的固定资产成本中包含的未实现内部销售损益；

（5）无形资产项目，即内部购进商品形成的无形资产、内部购进的无形资产成本中包含的未实现内部销售损益；

（6）与抵销的长期股权投资、应收账款、存货、固定资产、无形资产等资产相关的减值准备的抵销。

【例16-4·单选题】 反映母公司和子公司所形成的企业集团某一特定日期财务状况的财务报表是（ ）。

A. 合并现金流量表　　B. 合并资产负债表

C. 合并利润表　　D. 合并所有者权益变动表

【答案】 B

【解析】 合并资产负债表是反映企业集团在某一特定日期财务状况的财务报表，由合并资产、负债和所有者权益各项目组成。

五、股权取得日后合并利润表

编制合并利润表时需要进行抵销处理的，主要有如下项目：

（1）内部营业收入和内部营业成本的抵销处理；

（2）购买公司内部购进商品作为固定资产、无形资产等资产使用时的抵销处理；

（3）内部应收款项计提的坏账准备等减值准备的抵销处理；

（4）内部投资收益（利息收入）和利息费用的抵销；

（5）母公司与子公司、子公司相互之间持有对方长期股权投资的投资收益的抵销处理。

六、股权取得日后合并现金流量表

编制合并现金流量表时需要进行抵销处理的项目，主要有如下项目：

（1）公司集团内部当期以现金投资或收购股权增加的投资所产生的现金流量的抵销处理；

（2）公司集团内部当期取得投资收益收到的现金与分配股利、利润或偿付利息支付的现金的抵销处理；

（3）公司集团内部以现金结算债权与债务所产生的现金流量的抵销处理；

（4）公司集团内部当期销售商品所产生的现金流量的抵销处理；

（5）公司集团内部处置固定资产等收回的现金净额与购建固定资产等支付的现金的抵销处理。

【例16-5·单选题】 下列各项中，不属于合并现金流量表编制中应抵销内容的是（ ）。

A. 母公司以现金向子公司投资

B. 母公司以现金向子公司的少数股东购买子公司的股票

C. 子公司以现金偿还母公司欠款

D. 子公司以现金向母公司分派现金股利

【答案】 B

【解析】 选项A、C、D分别属于合并现金流量表编制中的内部交易的抵销中的母公司与子公司以及子公司相互之间投资所产生的现金流量的抵销；母公司与子公司以及子公司相互之间取得投资收益收到的现金与分派股利或偿付利息支付的现金的抵销以及母公司与子公司及子公司相互之间以现金结算债权与债务所产生的现金流量的抵销中所规定的内容。

七、股权取得日后合并所有者权益变动表

编制合并所有者权益动表时需要进行抵销处理的项目，主要有：

（1）母公司对子公司的长期股权投资与母公司在子公司所有者权益中所享有的份额相互抵销。

（2）母公司对子公司、子公司相互之间持有对方长期股权投资的投资收益应当抵销等。

思考与练习

一、单选题

1. 下列不属于合并财务报表编制的前提及准备事项的是（　　）。

A. 统一母子公司的会计政策

B. 统一母子公司的会计管理体制

C. 对子公司以外币表示的财务报表进行折算

D. 统一母子公司的资产负债表日及会计期间

2. 反映母公司和子公司所形成的公司集团在一定期间内经营成果的财务报表的是（　　）。

A. 合并利润表　　B. 合并现金流量表

C. 合并资产负债表　　D. 合并财务报表附注

3. 与个别财务报表相比，合并财务报表的特点不包括（　　）。

A. 反映的对象不同　　B. 编制主体不同

C. 编制基础不同　　D. 编制目的不同

4. 下列各项中，属于合并财务报表编制方法的是（　　）。

A. 平行登记　　B. 复式记账

C. 登记账簿　　D. 编制合并工作底稿

5. 合并财务报表的合并范围应以（　　）为基础予以确定。

A. 控制　　B. 共同控制

C. 重大影响　　D. 一般影响

6. 要求在编制合并财务报表时，把应纳入合并财务报表范围的各公司视为一个整体来进行处理的原则是（　　）。

A. 以个别财务报表为基础　　B. 一体性原则

C. 重要性原则　　D. 完整性原则

7. 非同一控制下控股的公司合并中，在控制权取得日需要编制的报表是（　　）。

A. 合并利润表　　B. 合并所有者权益变动表

C. 合并现金流量表　　D. 合并资产负债表

8. 在编制同一控制下控股合并时，母公司调整后的长期股权投资抵销子公司的一部分所有者权益项目，另一部分应作为（　　）。

A. 商誉　　B. 营业外收入

C. 少数股东权益　　D. 资本公积

9. 2×16 年，中国琴岛公司向华美公司股东定向增发 1000 万股普通股，发行价为每股 4 元，并于发行当日取得华美公司 60% 的股权，华美公司购买日可辨认净资产的公允价值为 6000 万元，中国琴岛公司与华美公司的合并为非同一控制下的合并，则中国琴岛公司应确认的合并商誉为（　　）万元。

A. 0　　B. 2000

C. 800　　D. 400

10. 编制非同一控制下控股合并控制权取得日后合并财务报表时，将子公司的各项资产及负债调整成公允价值时，应计入（　　）。

A. 营业外收入　　B. 公允价值变动损益

C. 投资收益　　D. 资本公积

11. 在同一控制下的控股合并中，合并方在合并中形成的长期股权投资应当以合并日取得的被合并方（　　）的份额作为初始投资成本。

A. 账面价值　　B. 公允价值

C. 账面净资产　　D. 账面资产

12. 编制同一控制下的控股合并控制权取得日后合并财务报表时，子公司的各项资产及负债的计价基础是（　　）。

A. 账面价值　　B. 重置成本

C. 历史成本　　D. 公允价值

13. 同一控制下控股合并控制权取得日后合并财务报表的编制基础是（　　）。

A. 母公司的个别财务报表

B. 子公司的个别财务报表

C. 母公司与子公司有关报表项目的抵销

D. 母公司或子公司的个别财务报表

14. 如果母公司与子公司会计政策和会计期间不一致，下列调整措施正确的是（　　）。

A. 应按照母公司的会计政策对子公司的财务报表进行调整

B. 应按照母公司的会计期间对子公司的财务报表进行调整

C. 应按照母公司的会计政策及会计期间对子公司的财务报表进行调整，无须进行权益法调整

D. 应按照母公司的会计政策及会计期间对子公司的财务报表进行调整

15. 在编制合并财务报表时，将母公司长期股权投资从成本法调整为权益法是为了（　　）。

A. 确定子公司净利润　　B. 计算子公司未分配利润

C. 编制抵销分录并确定合并数　　D. 确定子公司向股东分派股利数额

16. 在集团内部交易事项的抵销中，有关内部交易存货未实现对外销售的抵销所涉及的会计科目不包括（　　）。

A. 营业收入　　B. 营业成本

C. 库存商品　　D. 存货

17. 在集团内部存货交易的抵销中，内部交易存货全部未实现对外销售的情况下，内部交易的销售方将按照销售价格在本期确认（　　），结转（　　）并将其反映在（　　）中。

A. 主营业务收入，主营业务成本，资产负债表

B. 主营业务成本，主营业务收入，个别利润表

C. 主营业务收入，主营业务成本，个别利润表

D. 主营业务成本，主营业务收入，资产负债表

18. 2×17 年 1 月，母公司将成本为 30000 元的存货以 32000 元的价格销售给子公司，子公司当年售出 60%，则 2×17 年年末编制合并财务报表时，应抵销存货中未实现内部销售损益（　　）。

A. 1200 元　　B. 800 元

C. 2000 元　　D. 30000 元

19. 中国琴岛公司是华美公司的母公司，2×16 年 6 月，中国琴岛公司将成本为 64000 元的产品以 80000 元的价格出售给华美公司，截至本年年末，该商品尚未出售，则编制合并财务报表时，抵销分录中应冲减的存货是（　　）。

A. 1600 元　　B. 64000 元

C. 80000 元　　D. 16000 元

20. 2×16 年 7 月 12 日，母公司将成本为 66000 元的甲产品以 80000 元的价格销售给子公司，本期该产品尚未实现对外销售。期末甲产品的可变现净值是 70000 元。编制合并财务报表时应抵销存货跌价准备（　　）。

A. 6000 元　　B. 10000 元

C. 0　　D. 14000 元

二、多选题

1. 合并财务报表主要包括（　　）。

A. 合并资产负债表　　　　　B. 合并利润表
C. 合并现金流量表　　　　　D. 合并所有者权益变动表
E. 合并收入支出表

2. 同一控制下的公司合并，母公司在合并日编制的合并财务报表应包括（　　）。

A. 合并资产负债表　　　　　B. 合并税收表
C. 合并所有者权益变动表　　D. 合并利润表
E. 合并现金流量表

3. 合并财务报表附注包括的内容有（　　）。

A. 子公司的注册资本、持股比例
B. 本期不再纳入合并范围的原子公司的相关资料及不再成为子公司的原因
C. 母公司拥有被投资单位表决权不足半数但能对被投资单位形成控制的原因
D. 作为子公司纳入合并范围的特殊目的主体的业务性质及业务活动影响
E. 子公司向母公司转移资金的能力受到严格限制的情况

4. 在编制合并财务报表之前，必须做好的准备工作有（　　）。

A. 统一母子公司资产负债表日与会计期间
B. 统一母子公司的会计政策
C. 对子公司以外币表示的财务报表进行折算
D. 对母公司以外币表示的财务报表进行折算
E. 子公司提供的相关资料必须满足编制合并财务报表的需要

5. 如果母公司获得子公司部分股权，编制合并报表进行抵销处理时，可能涉及的会计科目有（　　）。

A. 少数股东权益　　　　　B. 股本
C. 合并差价　　　　　　　D. 资本公积
E. 盈余公积

6. 下列关于长期股权投资的说法中，正确的有（　　）。

A. 成本法下，按被投资方宣告发放现金股利应享有的份额确认投资收益
B. 权益法下，按被投资方实现净利润时不作处理
C. 权益法下，按被投资方实现净利润应享有的份额确认投资收益
D. 权益法下，按被投资方宣告发放现金股利应享有的份额确认投资收益
E. 权益法下，按被投资方宣告发放现金股利应享有的份额冲减长期股权投资的成本

7. 当母公司拥有子公司全部股权，母公司对子公司长期股权投资项目与子公司所有者权益项目进行抵销时，借方可能涉及的会计科目是（　　）。

A. 股本　　　　　　　　　B. 少数股东权益
C. 资本公积　　　　　　　D. 其他综合收益

E. 盈余公积

8. 在存在非全资子公司的情况下，在母公司投资收益进行抵销时，与贷记“提取盈余公积”“应付股利”“年末未分配利润”项目对应的借记项目有（　　）。

A. 营业外收入　　B. 商誉

C. 少数股东损益　　D. 投资收益

E. 期初未分配利润

9. 合并现金流量表正表的内容可分为（　　）。

A. 经营活动产生的现金流量　　B. 投资活动产生的现金流量

C. 筹资活动产生的现金流量　　D. 现金及现金等价物增加额

E. 融资活动产生的现金流量

10. 集团内部购买公司从销售公司购进的存货用于对外销售，存在的情况有（　　）。

A. 内部购进的存货全部实现对外销售

B. 内部购进的存货全部未实现对外销售

C. 外部购进的存货全部未实现对外销售

D. 内部购进的存货部分实现对外销售

E. 外部购进的存货部分实现对外销售

三、判断题

1. 编制合并财务报表的目的在于为母公司的股东、债权人、经营管理者以及有关政府管理机关提供决策有用的信息。（　　）

2. 母公司与其他投资者共同投资某公司，母公司与其中的某些投资者签订有协议，受托管理和控制这些投资者在该被投资公司中的股份，从而在该被投资公司的股东大会上拥有该被投资公司半数以上的表决权，故应当作为子公司，纳入合并会计报表的合并范围。（　　）

3. 根据章程或协议，虽有权控制该被投资公司的财务和经营政策，或有权任免董事会等类似权力机构的多数成员，但没有拥有被投资公司的半数以上权益性资本，故不能作为子公司，纳入合并财务报表的合并范围。（　　）

4. 编制合并财务报表时，一般运用编制抵销分录、编制合并工作底稿等一些特殊的方法。有关的抵销分录，应先登记账簿，然后在工作底稿中进行调整。合并资产负债表、合并利润表和合并所有者权益变动表的工作底稿均在一张工作底稿中完成。（　　）

5. 计算合并财务报表各项目的数额时，对于资产负债表中资产类各项目，根据加总的资产类各项目的数额，加上抵销分录的贷方发生额，减去抵销分录的借方发生额，计算得出资产类各项目的合并数额。（　　）

6. 在编制合并财务报表时，应当将母公司对子公司的权益性资本投资项目与子公司的所有者权益项目全额抵销。编制的抵销分录为：借记“长期股权投资”项目，

贷记“实收资本”“资本公积”“盈余公积”和“未分配利润”项目。（ ）

7. 合并商誉不仅包括母公司对子公司投资成本高于子公司净资产公允价值的差额，而且还包括子公司净资产的公允价值与其账面价值的差额。（ ）

8. 在编制合并财务报表时，如果母公司对子司长期股权投资数额大于子公司所有者权益总额时，差额应贷记“合并价差”项目。（ ）

9. 母公司将其生产的产品出售给其所属的子公司后，即使子公司存放在仓库尚未对集团公司以外销售仍需确认母公司的销售利润为已实现利润。这是一例涉及已实现集团公司内部损益的交易事项。（ ）

10. 当集团公司内部销售产品全部实现对外销售时，在合并工作底稿中编制的抵销分录为：借记“营业收入”（集团内购买公司的销售收入），贷记“营业成本”（集团内销售公司的销售成本）。（ ）

11. 当集团公司内部销售产品全部未实现对外销售时，在合并工作底稿中的编制抵销分录为借记“营业收入”（集团内销售公司的销售收入），贷记“营业成本”（集团内销售公司的销售成本）“存货”（集团内销售公司的毛利）。（ ）

12. 将母公司与子公司、子公司相互之间的债权与债务抵销时，应根据内部债权、债务的数额借记“应收票据”“应收账款”“长期债权投资”“预付账款”等项目，贷记“应付账款”“应付票据”“应付债券”“预收账款”等项目。（ ）

13. 母公司与子公司、子公司相互之间应收账款、其他应收款与应付账款、其他应付款相互抵销后，其已抵销的应收账款和其他应收款所计提的坏账准备的数额也应予以抵销。编制抵销分录时，应借记“坏账准备”项目，贷记“资产减值损失”项目。（ ）

14. 公司集团内部某公司将自身生产的产品销售给公司集团内的其他公司作为固定资产使用。发生这种类型的内部固定资产交易时，应编制的抵销分录为：借记“主营业务收入”项目，贷记“主营业务成本”“固定资产原价”项目。（ ）

15. 公司集团内部某公司将自身生产的产品销售给公司集团内的其他公司作为固定资产使用。每期都应编制抵销分录借记“累计折旧”项目，贷记“管理费用”等项目。这里抵销的是就固定资产未实现内部销售利润部分计提的折旧额。（ ）

四、业务题

1. 中国琴岛公司于2×17年1月1日采用控股合并的方式取得华美公司100%的股权，中国琴岛公司和华美公司均为丙公司的子公司，双方协议约定价格7000000元，以银行存款支付。此外，中国琴岛公司还以银行存款支付审计、评估费10000元。发生合并当日华美公司所有者权益总额7200000元，其中股本5500000元，资本公积500000元，盈余公积700000元，未分配利润500000元。假定中国琴岛公司和华美采用相同的会计政策。

要求：

（1）编制中国琴岛公司对华美公司长期股权投资的相关会计分录。

（2）编制中国琴岛公司合并日合并财务报表的抵销分录。

2. A 公司于 2×17 年 1 月 1 日采用控股合并方式取得 B 公司 80% 的股权，A 公司向 B 公司股东发行 10 万股权益性证券，每股面值为 1 元，公允价值为 14 元。合并前 A、B 公司不受相同一方或多方的控制。假定合并日 B 公司除存货、固定资产、无形资产账面价值与公允价值不同外，其他各项均相等。相关数据如表 16－1。

表 16－1　2×17 年 1 月 1 日 B 公司资产负债表部分项目情况　单位：元

项　目	B 公司账面价值	B 公司公允价值
存货	288000	308000
固定资产	896000	940000
无形资产	160000	200000
股本	1280000	
资本公积	80000	
盈余公积	32000	
未分配利润	48000	
所有者权益合计	1440000	1544000

要求：

（1）编制 A 公司对 B 公司长期股权投资的相关会计分录。

（2）编制 A 公司合并日合并财务报表的调整、抵销分录。

3. A 公司 2×17 年 1 月 1 日以银行存款 500000 元购买了 B 公司 100% 的股份。当日，B 公司的所有者权益为 540000 元，其中股本为 400000 元，资本公积为 80000 元，其他综合收益为 0，盈余公积为 40000 元，未分配利润为 20000 元。2×17 年 B 公司实现净利润 60000 元，按净利润的 10% 提取法定盈余公积，按净利润的 30% 向股东分派现金股利。假定 B 公司与 A 公司的会计政策一致，不考虑所得税影响。该合并为同一控制下的企业合并。

要求：

（1）编制 A 公司 2×17 年 1 月 1 日的会计分录。

（2）编制 A 公司 2×17 年按权益法调整的调整分录。

（3）编制 A 公司 2×17 年合并财务报表中有关的抵销分录。

4. A 公司 2×17 年 1 月 1 日以银行存款 520000 元购买了 B 公司 100% 的股份（该合并为非同一控制下的公司合并）。合并日，B 公司净资产公允价值为 500000 元，净资产账面价值为 480000 元，其中股本为 400000 元，资本公积为 50000 元，其他综合收益为 0，盈余公积为 20000 元，未分配利润为 10000 元。备查簿上记录 2×17 年 1 月 1 日，某项无形资产账面价值为 180000 元，公允价值为 200000 元。B 公司其他资产、负债账面价值与公允价值相同。该项固定资产使用年限为 10 年，预计净残值为0，采用年限平均法计提折旧。2×17年B公司实现净利润60000元，按净利润10%提取法定盈余公积，按净利润的30%向股东分派现金股利。假定B公司与A公司的会计政策一致，不考虑所得税影响。

要求：

（1）编制A公司2×17年的会计分录。

（2）计算A公司2×17年按权益法调整后的长期股权投资和投资收益的金额。

（3）编制A公司2×17年合并财务报表中有关的抵销分录。

5. 甲母公司2×16年个别资产负债表中应收账款60000元全部为内部应收账款，并按应收账款余额的5‰计提坏账准备，2×17年坏账准备余额为300元。乙子公司个别资产负债表中应付账款60000元全部为对母公司的应付账款。

甲母公司2×17年个别资产负债表中对乙子公司内部应收账款为76000元，仍按应收账款余额的5‰计提坏账准备。

要求：

（1）编制2×16年度合并工作底稿中的抵销分录；

（2）编制2×17年度合并工作底稿中的抵销分录。

6. 中国琴岛公司2×14年6月1日出售一批产品给其子公司A公司，售价500000元，产品成本400000元，A公司购入后作为管理用固定资产使用，双方款项已经结清。该固定资产预计使用年限5年，预计净残值为0。A公司采用直线法计提折旧。假定不考虑相关税费。

要求：根据上述资料，分别编制中国琴岛公司2×14年年末、2×15年年末及2×16年年末编制合并报表时的相关抵销分录。

7. 母公司2×15年向子公司销售商品10000元，销售成本8000元。子公司购进的该商品本年全部未实现对外销售而形成年末存货。子公司年末发现该存货已部分陈旧，其可变现净值降至9200元，为此，子公司年末对该存货计提存货跌价准备800元。

2×16年子公司又从母公司购进存货15000元，母公司销售该商品的销售成本为12000元。子公司2×15年从母公司购进存货本期全部售出，销售价格为13000元；2×16年从母公司购进存货销售40%，销售价格为7500元，另60%形成期末存货。2×16年12月31日该内部购进的存货的可变现净值为8000元，2×16年末计提存货跌价准备1000元。

要求：编制母公司2×15年12月31日及2×16年12月31日的合并报表抵销分录。

第二部分

思考与练习参考答案

第一章　总论

一、单选题

1	2	3	4	5	6	7	8	9	10
C	C	B	B	D	A	A	D	B	B

二、多选题

1	2	3	4	5
ABCD	ABCD	ABC	ABC	ABC

三、判断题

1	2	3	4	5	6	7	8	9	10
×	×	√	√	×	×	√	√	√	×

第二章　或有事项

一、单选题

1	2	3	4	5	6	7	8	9	10
B	A	C	D	A	B	A	D	D	B

二、多选题

1	2	3	4	5
ABD	ACD	CD	BD	ABD

三、判断题

1	2	3	4	5	6	7	8	9	10
×	√	×	√	×	√	×	×	√	×

四、业务题

1. （1）第一季度发生产品质量保证费用（分录数字单位为万元，下同）：

借：预计负债——产品质量保证——农机　16
　贷：银行存款　8
　　原材料　8

应确认的产品质量保证负债金额＝100×20×［（1%＋2%）÷2］＝30（万元）

借：销售费用——产品质量保证——农机　30
　贷：预计负债——产品质量保证——农机　30

第一季度末，“预计负债——产品质量保证——农机”科目余额＝20＋30－16＝34（万元）

（2）第二季度发生产品质量保证费用：

借：预计负债——产品质量保证——农机　44
　贷：银行存款　22
　　原材料　22

应确认的产品质量保证负债金额＝200×20×［（1%＋2%）÷2］＝60（万元）

借：销售费用——产品质量保证——农机　60
　贷：预计负债——产品质量保证——农机　60

第二季度末，“预计负债——产品质量保证——农机”科目余额＝34＋60－44＝50（万元）

（3）第三季度发生产品质量保证费用：

借：预计负债——产品质量保证——农机　64
　贷：银行存款　32
　　原材料　32

应确认的产品质量保证负债金额＝220×20×［（1%＋2%）÷2］＝66（万元）

借：销售费用——产品质量保证——农机　66
　贷：预计负债——产品质量保证——农机　66

第三季度末，“预计负债——产品质量保证——农机”科目余额＝50＋66－64＝52（万元）

（4）第四季度发生产品质量保证费用：

借：预计负债——产品质量保证——农机　56

　　贷：银行存款　28
　　　　原材料　28

应确认的产品质量保证负债金额 = 300 × 20 × [（1% + 2%）÷ 2] = 90（万元）

借：销售费用——产品质量保证——农机　90
　　贷：预计负债——产品质量保证——农机　90

第四季度末，“预计负债——产品质量保证——农机”科目余额 = 52 + 90 − 56 = 86（万元）。

2.（1）若生产 A 产品的单位成本为 50 元：

履行合同发生的损失 = 1000 ×（50 − 40）= 10000（元）

不履行合同发生的损失 = 1000 × 40 × 20% = 8000（元）

应选择违约方案，确认预计负债 8000 元。

借：营业外支出　8000
　　贷：预计负债　8000

支付违约金时：

借：预计负债　8000
　　贷：银行存款　8000

（2）若生产 A 产品的单位成本为 45 元：

履行合同发生的损失 = 1000 ×（45 − 40）= 5000（元）

不履行合同发生的损失 = 1000 × 40 × 20% = 8000（元）

应选择执行合同的方案，确认预计负债 5000 元。

借：营业外支出　5000
　　贷：预计负债　5000

待产品完工后：

借：预计负债　5000
　　贷：库存商品　5000

第三章　非货币性资产交换

一、单选题

1	2	3	4	5	6	7	8	9	10
A	A	B	D	A	D	B	C	D	D

【解析】

第 8 题：选项 C，因存货流动性强，能够在较短的时间内产生现金流量，设备作为固定资产要在较长的时间内为公司带来现金流量，两者产生现金流量的时间相差较大，即存货与固定资产产生的未来现金流量显著不同，交易具有商业实质。

第 9 题：该项交易具有商业实质。该公司的会计处理为：

借：银行存款　38.8
　　固定资产　135
　　贷：主营业务收入　150
　　　　应交税费——应交增值税（销项税额）　23.8
借：主营业务成本　120
　　贷：库存商品　120

从上面的会计分录可以看出，该公司影响损益的金额 = 150 - 120 = 30（万元），选项 D 正确。

第 10 题：《企业会计准则第 7 号——非货币性资产交换》第六条规定，非货币性资产交换不具有商业实质的或者具有商业实质但换入资产或换出资产的公允价值不能够可靠计量的，应当以换出资产的账面价值和应支付的相关税费作为换入资产的成本，不确认损益，所以选项 D 正确。

二、多选题

1	2	3	4	5	6	7	8	9	10
ACD	ABC	ABC	BCD	ABD	AB	AD	BC	AB	CD

【解析】

第 1 题：选项 B 属于货币性资产。

第 3 题：按照公允价值计量的非货币性资产交换，收到补价的条件下，以换出资产的公允价值，减去补价加上为换入资产支付的相关税费，作为换入资产的入账价值。

第 5 题：选项 C，在交易具有商业实质且换出或者换入资产的公允价值能够可靠计量的情况下，收到补价的公司，按换出资产公允价值减去补价，加上为换入资产发生的相关税费，作为换入资产的入账价值。

第 7 题：在计算公式中，分子为补价（无论是收到还是支付，金额是一样的），分母是整个交易金额，收到补价方即为换出资产的公允价值，支付补价方可以是换入资产的公允价值，也可以是支付的补价加上换出资产的公允价值，因此，选项 B、C 错误。

第 8 题：选项 A：200 ÷ 750 × 100% = 26.67%，大于 25%，不属于非货币性资产交换；选项 B：140 ÷ 600 × 100% = 23.33%，小于 25%，属于非货币性资产交换；选项 C：160 ÷（600 + 160）× 100% = 21.05%，小于 25%，属于非货币性资产交换；选项 D：200 ÷ 600 × 100% = 33.33%，大于 25%，不属于非货币性资产交换。

第 9 题：A 选项：70 ÷ （70 + 260） = 21% < 25%，所以判断为非货币性交换。B 选项：30 ÷ （30 + 170） = 15% < 25%，或 30 ÷ 200 = 15% < 25%，所以判断为非货币性交换。C 选项：75 ÷ 300 = 25%，所以判断为货币性交换。D 选项，判断为货币性交换。

第 10 题：该公司存货的账面余额减少 90 万元，固定资产（库房）的入账价值 = 100 + 100 × 17% − 17 = 100（万元）。换出的原材料应按公允价值确认收入，并同时结转成本和以前计提的存货跌价准备，所以选项 C、D 正确。

三、判断题

1	2	3	4	5	6	7	8	9	10
√	×	×	√	√	×	√	√	×	×

【解析】

第 9 题：应收账款作为公司的债权，有相应的发票等原始凭证作为收款的依据，虽然在收回货款过程中有可能发生坏账损失，但是，公司可以根据以往与购货方交往的经验，估计出发生坏账的可能性以及坏账金额。所以应收账款在将来为公司带来的经济利益是固定的，或可确定的，属于货币性资产。

第 10 题：《企业会计准则第 7 号——非货币性资产交换》第六条规定，非货币性资产交换不具有商业实质的，公司可按照换出资产的账面价值和应支付的相关税费作为换入资产成本，不确认损益。

四、业务题

1. 中国琴岛公司有关会计处理如下：

换入固定资产的入账价值 = 500（万元）

借：固定资产　　5000000
　　应交税费——应交增值税（进项税额）　　850000
　　贷：主营业务收入　　5000000
　　　　应交税费——应交增值税（销项税额）　　850000
借：主营业务成本　　4000000
　　贷：库存商品　　4000000

华丽公司有关会计处理如下：

换入商品的入账价值 = 500（万元）

借：累计折旧　　2800000
　　固定资产清理　　5200000
　　贷：固定资产　　8000000
借：库存商品　　5000000

应交税费——应交增值税（进项税额）　850000
营业外支出　200000
贷：固定资产清理　5200000
应交税费——应交增值税（销项税额）　850000

2. 收到的补价占换出资产公允价值的比例小于25%，应按照非货币性资产交换核算。

（1）计算琴岛公司换入各项资产的成本：

换入资产成本总额 = 200 + 200 × 17% + 300 − 54 = 480（万元）

长期股权投资公允价值的比例 = 336 ÷（336 + 144）× 100% = 70%

固定资产公允价值的比例 = 144 ÷（336 + 144）× 100% = 30%

则换入长期股权投资的成本 = 480 × 70% = 336（万元）

换入固定资产的成本 = 480 × 30% = 144（万元）

（2）琴岛公司编制的有关会计分录：

①借：长期股权投资　3360000
固定资产　1440000
银行存款　540000
贷：主营业务收入　2000000
应交税费——应交增值税（销项税额）　340000
交易性金融资产——成本　2100000
——公允价值变动　500000
投资收益　400000

②借：公允价值变动损益　500000
贷：投资收益　500000

③借：主营业务成本　1500000
贷：库存商品　1500000

（3）计算华丽公司换入各项资产的成本：

换入资产成本总额 = 336 + 144 + 54 − 200 × 17% = 500（万元）

库存商品公允价值的比例 = 200 ÷（200 + 300）× 100% = 40%

交易性金融资产公允价值的比例 = 300 ÷（200 + 300）× 100% = 60%

则换入库存商品的成本 = 500 × 40% = 200（万元）

换入交易性金融资产的成本 = 500 × 60% = 300（万元）

（4）华丽公司编制的有关会计分录：

①借：固定资产清理　1400000
累计折旧　1000000
贷：固定资产　2400000

②借：库存商品　2000000

应交税费——应交增值税（进项税额）　340000
交易性金融资产——成本　3000000
贷：长期股权投资　3000000
固定资产清理　1440000
投资收益　360000
银行存款　540000
③借：固定资产清理　40000
贷：营业外收入——处置非流动资产利得　40000

第四章　债务重组

一、单选题

1	2	3	4	5	6	7	8	9	10
B	C	C	B	D	A	D	C	C	A

【解析】

第9题：或有应付金额是指需要根据未来某种事项出现而发生的应付金额，而且该未来事项的出现具有不确定性。或有应付金额在随后会计期间没有发生的，公司应当冲销已确认的预计负债，同时确认营业外收入。

二、多选题

1	2	3	4	5	6	7	8	9	10
BD	CD	ABD	BCD	BCD	ACD	BCD	CD	BCD	ABD

【解析】

第4题：债务重组中，对债权人而言，若债务重组过程中涉及或有应收金额，不应当确认或有应收金额，实际发生时计入当期损益。对债务人而言，如债务重组过程中涉及或有应付金额，且该或有应付金额符合或有事项中有关预计负债的确认条件的，债务人应将该或有应付金额确认为预计负债，日后没有发生时，转入当期损益（营业外收入）。

第5题：选项A应计入投资收益。

第6题：债务人在债务重组过程中为用于偿债的非现金资产支付的运杂费、保险费等相关费用，根据非现金资产的性质记入不同的科目。若非现金资产为存货，发生的运杂费等记入“销售费用”科目；若为固定资产或无形资产，则记入“营业外收入”或“营业外支出”科目。

第7题：选项A，没有体现出债权人作出让步的信息，所以不属于债务重组。

第8题：选项A，记入“其他业务收入”科目，属于收入范畴；选项B，记入“资本公积——资本（股本）溢价”科目，与利得无关。

第9题：选项D，本身就不属于债务重组的范围，因为债权人并没有作出让步。

第10题：选项A，应该记入债务重组损失中；选项B，或有资产不予确认；选项D，应该在实际发生直接记入财务费用中。

三、判断题

1	2	3	4	5	6	7	8	9	10
√	×	×	×	√	√	×	×	×	×

【解析】

第2题：修改其他债务条件的，债务人应当将修改其他债务条件后债务的公允价值作为重组后债务的入账价值。重组债务的账面价值与重组后债务的入账价值之间的差额，计入当期损益（营业外收入）。

第3题：债务重组中，修改后的债务条款如涉及或有应付金额，债务重组利得为重组债务的账面价值与重组后债务的入账价值和预计负债金额之和的差额。这部分利得应计入当期损益（营业外收入）。

第4题：根据会计准则的规定，附或有条件的债务重组，未支付的或有支出，债务人应在冲减原确认的预计负债的同时，确认相应的营业外收入。

第7题：以现金清偿债务的，债务人应当将重组债务的账面价值与实际支付现金之间的差额，计入营业外收入。

第8题：根据新准则的规定，债务重组是指在债务人发生财务困难的情况下，债权人按照其与债务人达成的协议或者法院的裁定作出让步的事项。

四、业务题

1.（1）琴岛公司（债务人）会计处理：

①计算债务重组利得：

应付账款账面余额　　500000

减：支付的现金　　400000

债务重组利得　　100000

②编制会计分录：

借：应付账款——华丽公司　　500000

　　贷：银行存款　　400000

营业外收入——债务重组利得 100000

（2）华丽公司（债权人）会计处理：

①计算债务重组损失：

应收账款账面余额 500000

减：收到的现金 400000

差额 100000

减：已计提坏账准备 50000

债务重组损失 50000

②编制会计分录：

借：银行存款 400000

坏账准备 50000

营业外支出——债务重组损失 50000

贷：应收账款——琴岛公司 500000

2.（1）琴岛公司（债务人）的会计处理：

①计算债务重组利得：

应付账款账面余额 1170000

减：所转让产品的公允价值 800000

增值税销项税额 136000

债务重组利得 234000

②编制会计分录：

借：应付账款——华丽公司 1170000

贷：主营业务收入 800000

应交税费——应交增值税（销项税额） 136000

营业外收入——债务重组利得 234000

借：主营业务成本 680000

贷：库存商品 680000

（2）华丽公司（债权人）的会计处理：

①计算债务重组损失：

应收账款账面余额 1170000

减：受让资产的公允价值 936000

差额 234000

减：已计提坏账准备 100000

债务重组损失 134000

②编制会计分录：

借：库存商品 800000

应交税费——应交增值税（进项税额） 136000

坏账准备 100000

营业外支出——债务重组损失 134000

贷：应收账款——琴岛公司 1170000

3.（1）①计算华美公司债务重组时应付账款的账面余额 =（200 + 34）×（1 + 6% ÷2）=241.02（万元）

②计算华美公司债务重组后债务的入账价值 =［241.02 - 6 ×（1 + 17%）］× 60% =（241.02 - 7.02）×60% =140.4（万元）

③计算华美公司债务重组利得：

应付账款账面余额	241.02
减：所转让资产的含税公允价值	7.02
重组后债务公允价值	140.4
债务重组利得	93.6

（2）华美公司应编制的会计分录：

借：应付账款 2410200

贷：主营业务收入 60000

应交税费——应交增值税（销项税额） 10200

应付账款——债务重组 1404000

营业外收入——债务重组利得 936000

借：主营业务成本 40000

贷：库存商品 40000

（3）①计算琴岛公司债务重组损失：

应收账款账面余额	241.02
减：受让资产的含税公允价值［6 ×（1 + 17%）］	7.02
重组后债权公允价值［（241.02 - 7.02）×60%］	140.4
坏账准备	1
债务重组损失	92.6

②琴岛公司会计分录：

借：库存商品 60000

应收账款——债务重组 1404000

应交税费——应交增值税（进项税额） 10200

坏账准备 10000

营业外支出——债务重组损失 926000

贷：应收账款 2410200

第五章 所得税

一、单选题

1	2	3	4	5	6	7	8	9	10
B	C	D	C	C	A	D	C	A	A
11	12	13	14	15					
B	B	D	B	A					

二、多选题

1	2	3	4	5	6	7	8	9	10
ABD	AD	BD	ACD	BC	BCD	AB	BD	AC	BCD
11	12	13	14	15					
AB	CD	ABC	ABCD	ABC					

【解析】

第 1 题：选项 C，按照税法的有关规定，公司因产品质量保证确认的预计负债，实际发生时可以税前列支，计税基础为 0，不等于账面价值。

第 3 题：选项 A，按税法规定，对于交易性金融资产在持有期间公允价值的变动不计入应纳税所得额，因此计税基础与账面价值不相等；选项 B，公司为关联方提供债务担保确认的预计负债，按税法规定不允许税前扣除，所以预计负债的计税基础 = 账面价值 - 0，即计税基础 = 账面价值。选项 C，账面价值为 100 万元，计税基础 = $100 \times 150\% = 150$（万元），计税基础与账面价值不相等；选项 D，税法规定的收入确认时点与会计准则一致，会计确认的预收账款，税收规定亦不计入当期应纳税所得额，因此预收账款的账面价值等于计税基础。

第 4 题：选项 A、C、D 均可能使会计资产账面价值大于其计税基础，从而产生应纳税暂时性差异。选项 B，由于会计上期末以公允价值调整交易性金融资产，税法上以初始确认的金额计量，所以会使资产账面价值小于其计税基础，从而产生可抵扣暂时性差异。

第 5 题：选项 B 产生的递延所得税资产计入资本公积；选项 C 产生的递延所得税资产计入商誉。

第 6 题：自行开发的无形资产确认时，既不影响应纳税所得额，也不影响会计利润，故不确认相关的递延所得税。

第 7 题：资产账面价值大于其计税基础的差额和负债账面价值小于其计税基础的差额，应作为应纳税暂时性差异，确认为递延所得税负债。负债的账面价值大于其计税基础和资产的账面价值小于其计税基础的差额，应作为可抵扣暂时性差异，确认递延所得税资产。故选项 A、B 符合题意。

第 8 题：公司合并中产生的商誉，其账面价值与计税基础不同形成的应纳税暂时性差异，不确认相关的递延所得税负债。与联营公司、合营公司投资相关的应纳税暂时性差异，一般应确认相应的递延所得税负债，但同时满足以下两个条件时，不予确认：一是投资公司能够控制暂时性差异转回的时间；二是该暂时性差异在可预见的未来很可能不会转回。所以此题应选择 B、D。

第 9 题：公司应当以很可能取得用来抵扣可抵扣暂时性差异的应纳税所得额为限，确认由可抵扣暂时性差异产生的递延所得税资产。但是同时具有以下特征的交易中因资产或负债的初始确认所产生的可抵扣暂时性差异不予确认：（1）该项交易不是公司合并；（2）交易发生时既不影响会计利润也不影响应纳税所得额。

第 10 题：选项 B，不是所有的暂时性差异都要确认递延所得税；选项 C，影响数也有可能是计入变化当期的所有者权益；选项 D，有些特殊项目确认的递延所得税（如未弥补亏损）并不是由资产或负债的账面价值与计税基础之差引起的。

第 11 题：选项 C，可供出售金融资产因持有期间公允价值变动产生的递延所得税，应计入所有者权益的“资本公积——其他资本公积”科目；选项 D，非同一控制下免税合并中，被合并方资产、负债公允价值与账面价值不等产生的暂时性差异，确认的递延所得税对应的调整科目是合并中产生的商誉，不影响所得税费用。

第 12 题：选项 A，根据准则规定，如果某项交易或事项按照会计准则规定应计入所有者权益，由该交易或事项产生的递延所得税资产或递延所得税负债及其变化亦应计入所有者权益，不构成利润表中的所得税费用。期末按公允价值调增可供出售金融资产的金额，应调增资本公积，由此确认的递延所得税负债也应调整资本公积。选项 B，非同一控制下的合并中，被投资公司可辨认资产、负债公允价值与账面价值不同所产生的暂时性差异应该调整商誉，不调整所得税费用。

三、判断题

1	2	3	4	5	6	7	8	9	10
×	×	√	√	×	×	√	×	×	×
11	12	13	14	15					
√	×	√	√	√					

四、业务题

1.（1）①递延所得税资产 = 700000 × 25% = 175000（元）

②递延所得税负债 = 300000 × 25% = 75000（元）

③递延所得税 = 75000 − 175000 = −100000（元）

④所得税费用 = 2725000 − 100000 = 2625000（元）

（2）①借：所得税费用　　2625000

　　递延所得税资产　　175000

　　贷：应交税费——应交所得税　　2725000

　　　　递延所得税负债　　75000

2.（1）2×16 年度当期应交所得税：

应纳税所得额 = 2400 + 120 + 400 − 400 + 200 + 60 = 2780（万元）

应交所得税 = 2780 × 25% = 695（万元）

（2）2×16 年度递延所得税

递延所得税 = 400 × 25% − 180 × 25% = 55（万元）

（3）利润表中应确认的所得税费用 = 695 + 55 = 750（万元）

借：所得税费用　　7500000

　　递延所得税资产　　450000

　　贷：应交税费——应交所得税　　6950000

　　　　递延所得税负债　　1000000

第六章　外币业务

一、单选题

1	2	3	4	5	6	7	8	9	10
D	C	A	A	C	B	C	A	D	B

【解析】

第 1 题：期末应调整的汇兑损益 =（10000 × 8.50 − 81000）+（30000 × 8.50 − 258000）−（6000 × 8.50 − 49200）−（2000 × 8.50 − 16500）−（15000 × 8.50 − 124200）= −4600（元）。

第 2 题：按照会计准则规定，公司收到的投资者以外币投入的资本，应当采用交易发生日的即期汇率折算，不得采用合同约定汇率和即期汇率的近似汇率折算，外币投入资本与相应的货币性项目的记账本位币金额之间不产生外币资本折算差额。

第 10 题：10 ×10000 ×7.50 －9 ×10000 ×7.80 =48000（元）

二、多选题

1	2	3	4	5	6	7	8	9	10
BCD	ABCD	ACD	ABC	BD	BCD	ABC	ABCD	ABCD	ACD

【解析】

第 1 题：固定资产应该按资产负债表日即期汇率进行折算。

第 2 题：资产负债表中的资产和负债项目，采用资产负债表日的即期汇率折算。

第 3 题：公司通常应选择人民币作为记账本位币。业务收支以人民币以外的货币为主的公司，可以按规定选定其中一种货币作为记账本位币，但编报的财务报表应折算为人民币。公司记账本位币一经确定，不得随意变更，除非公司经营所处的主要经济环境发生重大变化。确需变更记账本位币的，应采用变更当日的即期汇率将所有项目折算为变更后的记账本位币。所以选项 A、C、D 说法正确。

第 7 题：利润表中的收入和费用项目，采用交易发生日的即期汇率或即期汇率的近似汇率折算。投资者以外币投入的资本，应按交易发生日的即期汇率折算。

三、判断题

1	2	3	4	5	6	7	8	9	10
√	×	√	×	×	×	×	×	√	×

四、业务题

(1) 借：银行存款——美元户　　320000

　　贷：实收资本——AD 公司　　320000

(2) 借：银行存款——美元户　　87000

　　贷：短期借款　　87000

(3) 借：应收账款——XY 公司　　860000

　　贷：主营业务收入　　860000

(4) 借：银行存款——美元户　　121500

　　财务费用——汇兑差额　　1500

　　贷：银行存款——人民币　　123000

第七章　租　　赁

一、单选题

1	2	3	4	5	6	7	8	9	10
B	C	D	C	C	D	B	B	B	C

【解析】

第 6 题：在本题中，资产余值为 650 万元，承租人 B 公司担保的资产余值为 200 万元，与承租人 B 公司有关的第三方（子公司）担保的资产余值为 120 万元，与承租人、出租人无关的担保公司担保金额为 150 万元。所以，未担保余值 = 650 - 200 - 120 - 150 = 180（万元）。

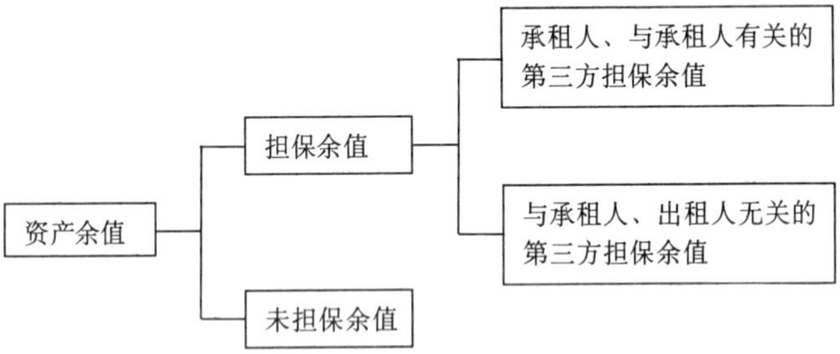

第 10 题：最低租赁收款额 = 最低租赁付款额 + 无关第三方对出租人担保的资产余值

最低租赁付款额 = 各期租金之和 + 承租人或与其有关的第三方担保的资产余值

在本题中，B 公司租赁该设备 4 年，每年年末支付租金 60 万元，B 公司的子公司担保的资产余值为 20 万元，担保公司的担保余值为 10 万元，则：

最低租赁收款额 = 4 × 60 + 20 + 10 = 270（万元）。

二、多选题

1	2	3	4	5
ABD	AB	ABC	ABC	ACD

三、判断题

1	2	3	4	5	6	7	8	9	10
×	×	×	√	×	×	×	×	×	√

第 5 题：最低租赁收款额，是指最低租赁付款额加上独立于承租人和出租人的第三方对出租人担保的资产余值。

第 7 题："未确认融资费用"账户是"长期应付款"账户的备抵账户，"未实现融资收益"账户是"长期应收款"账户的备抵账户。

四、业务题

1.（1）2×16 年 1 月 2 日，支付律师费 6 万元：

借：管理费用　　60000

　　贷：银行存款　　60000

（2）2×16 年 1 月 2 日，支付租金：

总共预付租金 32 + 108 = 140（万元）

借：长期待摊费用　　1400000

　　贷：银行存款　　1400000

（3）2×16 年 12 月 31 日，确认租金费用：

月租金为 12 万元，总共支付租金月份：3×12 - 3 = 33（个）

故租金总额 = 12×33 = 396（万元），年租金 = 396/3 = 132（万元）

借：管理费用　　1320000

　　贷：长期待摊费用　　1320000

（4）2×16 年支付 2 个月的或有租金 2 万元：

借：财务费用　　20000

　　贷：银行存款　　20000

2.（1）2×15 年 12 月 31 日，租入固定资产：

最低租赁付款额现值 = 2000000×2.673 + 300000×0.8396 = 5597880（元）

租赁开始日的公允价值为 6000000 元。

根据公允价值与最低租赁付款额现值孰低原则，租赁资产的入账价值应为 5597880 元。

未确认融资费用 = 6300000 - 5597880 = 702120（元）

借：固定资产——融资租入固定资产　　5597880

　　未确认融资费用　　702120

　　贷：长期应付款　　6300000

（2）2×15 ~ 2×18 年租赁期内采用实际利率法分摊未确认融资费用（见下表）。

未确认融资费用分摊表（实际利率法）

2×15 年 12 月 31 日 单位：元

日期 ①	租金 ②	确认的融资费用 ③ = 期初⑤ ×6%	应付本金减少额 ④ = ② - ③	应付本金余额 期末⑤ = 期初⑤ - ④
2×16 年 1 月 1 日				5597880
2×16 年 12 月 31 日	2000000	335872.8	1664127.2	3933752.8
2×17 年 6 月 30 日	2000000	236025.17	1763974.83	2169777.97
2×18 年 12 月 31 日	2000000	130222.03	1869777.97	300000
合计	6000000	702120	5597880	—

2×16 年 12 月 31 日，支付租金：

借：长期应付款——应付融资租赁款 2000000

  贷：银行存款 2000000

分摊未确认融资费用时：

借：财务费用 335872.8

  贷：未确认融资费用 335872.8

2×17 年 12 月 31 日，支付租金：

借：长期应付款——应付融资租赁款 2000000

  贷：银行存款 2000000

分摊未确认融资费用时：

借：财务费用 236025.17

  贷：未确认融资费用 236025.17

2×18 年 12 月 31 日，支付租金：

借：长期应付款——应付融资租赁款 2000000

  贷：银行存款 2000000

分摊未确认融资费用时：

借：财务费用 130222.03

  贷：未确认融资费用 130222.03

（3）租赁期内中国琴岛公司计提折旧的会计分录略。

（4）2×18 年 12 月 31 日，归还矿泉水生产线：

借：长期应付款 300000

  累计折旧 5297880

  贷：固定资产——融资租入固定资产 5597880

第八章 政府补助

一、单选题

1	2	3	4	5	6	7	8	9	10
D	B	D	A	A	B	B	D	A	B

【解析】

第 9 题：中国琴岛公司因购入和使用该台实验设备对 2×16 年度损益的影响金额 = -900/5×6/12 + 500/5×6/12 = -40（万元）

第 10 题：中国琴岛公司 2×16 年度因政府补助应确认的收益金额 = 600 + 2000/50×6/12 = 620（万元）

二、多选题

1	2	3	4	5	6	7	8	9	10
BCD	ABCD	AC	ABCD	AB	ACD	ABCD	BCD	ABC	ABCD

【解析】

第 1 题：选项 A，收到返还的增值税款 100 万元属于政府补助，应计入营业外收入。

第 3 题：选项 A，当期应计入损益的政府补助 = 4000×1600/（1600 + 2400） + 260 = 1860（万元）；选项 B，当期取得与收益相关的政府补助 = 260 + 4000 = 4260（万元）；选项 C，当期取得与资产相关的政府补助 = 3000（万元）；选项 D，当期计入资本公积的金额为 0。

三、判断题

1	2	3	4	5
√	×	√	√	×

四、业务题

1.（1）4 月 1 日取得借款时（分录数的单位为 3 元，下同）：

借：银行存款　　　　2000

贷：短期借款　2000

（2）4 月，实际收到财政贴息 30 万元时：

借：银行存款（2000 ×6% ÷4）　30

贷：递延收益　30

（3）计提 4 月份利息费用：

借：财务费用（2000 ×6%/12）　10

贷：应付利息　10

（4）将补偿 4 月份利息费用的补贴计入当期收益：

借：递延收益（30 ÷3）　10

贷：其他收益　10

（5）5 月和 6 月的会计分录同上。

（6）6 月末：

借：应付利息　30

贷：银行存款　30

2. 中国琴岛公司自财政部门取得的款项不属于政府补助，该款项与具有明确商业实质的交易相关，不是公司自国家无偿取得的现金流入，应作为公司正常销售价款的一部分。会计处理如下：

借：应收账款、银行存款　5000

贷：主营业务收入　5000

借：主营业务成本　2500

贷：库存商品　2500

3.（1）编制 2 ×14 年 3 月 1 日实际收到财政拨款的会计分录。

借：银行存款　1000

贷：递延收益　1000

（2）编制 2 ×14 年 4 月 1 日购入设备的会计分录。

借：在建工程（160 ×6）　960

贷：银行存款　960

（3）编制 2 ×14 年 4 月 3 日按合理估计的发包工程进度和合同规定向丙公司支付结算进度款 10 万元的会计分录。

借：在建工程　10

贷：银行存款　10

（4）编制 2 ×14 年 6 月 30 日安装完毕的会计分录。

借：在建工程　30

贷：银行存款　30

借：固定资产　1000

贷：在建工程　1000

（5）计算并编制 2×14 年计提年折旧额的会计分录。

2×14 年计提的年折旧额 =（1000－40）×5/15÷2 = 160（万元）

借：研发支出　　160

　　贷：累计折旧　　160

（6）计算并编制 2×14 年分配递延收益的会计分录。

借：递延收益（1000÷5÷2）　　100

　　贷：其他收益　　100

（7）计算 2×16 年 6 月 30 日累计折旧额和递延收益累计摊销。

累计折旧额 =（1000－40）×5/15＋（1000－40）×4/15 = 576（万元）

递延收益累计摊销 = 1000÷5×2 = 400（万元）

（8）编制 2×16 年 6 月 30 日出售设备的会计分录。

借：固定资产清理　　424

　　累计折旧　　576

　　贷：固定资产　　1000

借：银行存款　　700

　　贷：固定资产清理　　700

借：固定资产清理　　276

　　贷：营业外收入　　276

借：递延收益（1000－400）　　600

　　贷：营业外收入　　600

第九章　借款费用

一、单选题

1	2	3	4	5	6	7	8	9	10
A	D	D	D	B	C	D	D	A	C

【解析】

第 5 题：

所占用一般借款的资本化率 = 所占用一般借款当期实际发生的利息之和÷所占用一般借款本金加权平均数所占用一般借款本金加权平均数 = Σ（所占用每笔一般借款本金×每笔一般借款在当期所占用的天数/当期天数）

在本题中，

一般借款本金加权平均数 = 800 + 500 × 6 ÷ 12 = 1050（万元）
一般借款当期实际发生的利息之和 = 800 × 8% + 500 × 6% × 6 ÷ 12 = 79（万元）
一般借款的资本化率 = 79 ÷ 1050 × 100% = 7.52%

二、多选题

1	2	3	4	5
ABD	ABD	ABCE	ABC	ABC

三、判断题

1	2	3	4	5	6	7	8	9	10
×	×	×	√	×	×	×	×	×	×

四、业务题

1. (1) 开始资本化的时点为 2 × 16 年 1 月 1 日，停止资本化的时点为 2 × 17 年 1 月 31 日。

(2) 由于 2 × 16 年 3 月 1 日至 6 月 30 日连续发生三个月以上的非正常中断。根据规定，在此期间应暂停资本化，应将这一期间发生的借款费用计入财务费用。2 × 16年专门借款利息资本化金额的计算如下：

专门利息资本化金额 = 1000 × 6% × 8/12 − (2 + 2) = 36（万元）。

另外，因为在 2 × 16 年 9 月 1 日时累计资产支出为 1100 万元，超过了专门借款 1000 万元，超过的 100 万元部分占用的是一般借款，其应资本化的金额为：100 × 7% × 4/12 = 2.33（万元）。

所以，2 × 16 年借款利息应予以资本化的金额为：36 + 2.33 = 38.33（万元）

(3) 费用化的金额：专门借款费用化的金额 = 1000 × 6% × 4/12 − 4 = 16（万元）

一般借款费用化的金额 = 200 × 7% − 2.33 = 11.67（万元）

2 × 16 年借款利息应予费用化的金额为：16 + 11.67 = 27.67（万元）

账务处理：

借：在建工程　　383300
　　银行存款　　80000
　　财务费用　　276700
　　贷：应付利息　　740000

2. (1) 2 × 16 年专门借款利息资本化金额 = 4000 × 8% − 1000 × 0.5% × 6 = 290（万元）

2 × 17 年专门借款利息资本化金额 = 4000 × 8% × 180/360 = 160（万元）

（2）一般借款的资本化率（年）=（4000×6%+20000×8%）/（4000+20000）=7.67%

2×16 年占用一般借款资产支出加权平均数 = 4000×180/360 = 2000（万元）

2×16 年一般借款利息资本化金额 = 2000×7.67% = 153.40（万元）

2×17 年占用一般借款资产支出加权平均数 =（4000+3000）×180/360 = 3500（万元）

2×17 年一般借款利息资本化金额 = 3500×7.67% = 268.45（万元）

（3）2×16 年利息资本化金额 = 290+153.40 = 443.4（万元）

2×17 年利息资本化金额 = 160+268.45 = 428.45（万元）

（4）2×16 年有关利息费用的会计分录为：

借：在建工程　4434000

　　应收利息　300000

　　财务费用　16866000

　　贷：应付利息　21600000

2×17 年有关利息费用的会计分录为：

借：在建工程　4284500

　　财务费用　17315500

　　贷：应付利息　21600000

第十章　股份支付

一、单选题

1	2	3	4	5	6	7	8	9	10
B	D	C	B	A	C	C	A	B	A

二、多选题

1	2	3	4	5
BC	AC	AB	CD	ABCD

三、判断题

1	2	3	4	5	6	7	8	9	10
×	×	√	×	√	√	×	×	×	×

四、业务题

1.（1）2×13 年：

2×13 年 1 月 1 日授予日不作处理。

2×13 年 12 月 31 日：

应确认的应付职工薪酬和当期费用 =（100 - 10 - 8）×100×12×1/3 = 32800（元）

借：管理费用　　32800

　　贷：应付职工薪酬　　32800

（2）2×14 年 12 月 31 日：

应确认的应付职工薪酬余额 =（100 - 10 - 6 - 6）×100×14×2/3 = 72800（元）

应确认的当期费用 = 72800 - 32800 = 40000（元）

借：管理费用　　40000

　　贷：应付职工薪酬　　40000

（3）2×15 年 12 月 31 日：

应支付的现金 = 40×100×16 = 64000（元）

应确认的应付职工薪酬余额 =（100 - 10 - 6 - 4 - 40）×100×15 = 60000（元）

应确认的当期费用 = 60000 + 64000 - 72800 = 51200（元）

借：管理费用　　51200

　　贷：应付职工薪酬　　51200

借：应付职工薪酬　　64000

　　贷：银行存款　　64000

（4）2×16 年 12 月 31 日：

应支付的现金 = 30×100×18 = 54000（元）

应确认的应付职工薪酬余额 =（100 - 10 - 6 - 4 - 40 - 30）×100×20 = 20000（元）

应确认的当期损益 = 20000 + 54000 - 60000 = 14000（元）

借：公允价值变动损益　　14000

　　贷：应付职工薪酬　　14000

借：应付职工薪酬　　54000

　　贷：银行存款　　54000

（5）2×17 年 12 月 31 日：

应支付的现金 = 10×100×22 = 22000（元）

应确认的应付职工薪酬余额 = 0

应确认的当期损益 = 0 + 22000 − 20000 = 2000（元）

借：公允价值变动损益　　2000

　　贷：应付职工薪酬　　2000

借：应付职工薪酬　　22000

　　贷：银行存款　　22000

2.（1）编制中国琴岛公司回购本公司股票时的相关会计分录：

借：库存股　　13500

　　贷：银行存款　　13500

（2）计算中国琴岛公司 2×14 年、2×15 年、2×16 年因股份支付确认的费用，并编制相关会计分录：

2×14 年应确认的当期费用 =（100 − 3 − 1）×15×15×1/3 = 7200（万元）

借：管理费用　　7200

　　贷：资本公积——其他资本公积　　7200

2×15 年应确认的当期费用 =（100 − 3 − 2）×15×15×2/3 − 7200 = 7050（万元）

借：管理费用　　7050

　　贷：资本公积——其他资本公积　　7050

2×16 年应确认的当期费用 =（100 − 3 − 2）×15×15 − 7200 − 7050 = 7125（万元）

借：管理费用　　7125

　　贷：资本公积——其他资本公积　　7125

（3）行权时：

借：银行存款（95×5×15）　　7125

　　资本公积——其他资本公积（7200 + 7050 + 7125）　　21375

　　贷：库存股（13500×1425/1500）　　12825

　　　　资本公积——股本溢价　　15675

第十一章　会计政策、会计估计变更和差错更正

一、单选题

1	2	3	4	5	6	7	8	9	10
C	B	C	A	B	B	D	B	A	A

【解析】

第 1 题：选项 A、B、D，均属于会计估计变更。选项 C，存货计价方法的变更属于会计政策变更。

第 5 题：本题考查的是前期差错更正的处理。按照错误的处理，已经摊销的金额为 960 万元（480×2），按照正确的处理，应该摊销的金额为 600 万元（120+480），正确的处理比错误的处理应少计摊销额 360 万元，因此应调增留存收益的金额为 360×（1-25%）=270（万元），调增 2×16 年年初未分配利润金额为 270×（1-10%）=243（万元）。

第 8 题：按照原使用年限和净残值，2×11 年应计提折旧 =（1500000-100000）/10=140000（元），按照变更后的使用年限和净残值，2×11 年应计提折旧 =（1500000-140000×4-60000）/（8-4）=220000（元），2×11 年减少净利润 =（220000-140000）×（1-25%）=60000（元）。

二、多选题

1	2	3	4	5	6	7	8	9	10
BCD	AB	BC	ABD	ABC	AC	BCD	AC	ABCD	BD

【解析】

第 3 题：选项 A，保存期限内的影响数可以获得，应采用追溯调整法；选项 D，应按照法律或行政法规的要求对会计政策的变更采用追溯调整法。

第 4 题：公司难以对某项变更区分为会计政策变更或会计估计变更的，应当将其作为会计估计变更处理，选项 B 正确，选项 C 错误；对于会计估计变更，公司应采用未来适用法进行会计处理，不调整以前期间的报告结果，选项 D 正确。

第 8 题：选项 B，委托代销方式销售商品的，应当在收到受托方的代销清单时确认收入；选项 D，属于会计舞弊；选项 B、D 都应作为重要差错更正处理。

三、判断题

1	2	3	4	5
×	×	×	×	×

四、业务题

1. 按照规定，在首次执行日对资产、负债的账面价值与计税基础不同形成的暂时性差异的所得税影响进行追溯调整，影响金额调整留存收益。

（1）存货项目产生的可抵扣暂时性差异 =460-420=40（万元）

应确认的递延所得税资产余额 =40×25%=10（万元）

固定资产项目产生的应纳税暂时性差异 = 1250 - 1030 = 220（万元）

应确认的递延所得税负债余额 = 220 × 25% = 55（万元）

预计负债项目产生的可抵扣暂时性差异 = 125 - 0 = 125（万元）

应确认递延所得税资产余额 = 125 × 25% = 31.25（万元）

递延所得税资产合计 = 10 + 31.25 = 41.25（万元）

该项会计政策变更的累积影响数 = 41.25 - 55 = -13.75（万元）

（2）相关账务处理：

借：递延所得税资产	412500	
盈余公积	13750	
利润分配——未分配利润	123750	
贷：递延所得税负债		550000

2. 公司在首次执行新准则时，应当按照《企业会计准则第 38 号——首次执行企业会计准则》对首次执行新准则当年的“年初余额”栏及相关项目进行调整；以后期间，如果公司发生了会计政策变更、前期差错更正，应当对“年初余额”栏中的有关项目进行相应调整。此外，如果公司上年度资产负债表规定的项目名称和内容与本年度不一致，应当对上年年末资产负债表相关项目的名称和数字按照本年度的规定进行调整，填入“年初余额”栏。

（1）计算累积影响数（见下表）。

单位：万元

年度	按照新政策确认损益	按照原政策确认损益	税前差异	递延所得税费用	税后差异
2×13 年	A 股票（446 - 450）+ B 股票（106 - 110）= -8	0	-8	-2	-6
2×14 年	A 股票（500 - 446）+ B 股票（120 - 106）=68	0	68	17	51
2×15 年	A 股票（510 - 500）+ B 股票（130 - 120）=20	0	20	5	15
合计	80	0	80	20	60

会计政策变更的累积影响数，是指按照变更后的会计政策对以前各期追溯计算的列报（即列报期为 2×16 年年末）前期（即 2×15 年年末）最早期（2×14 年年末，也就是 2×15 年年初）初留存收益应有金额与现有金额之间的差额。所以会计政策变更的累积影响数是 45 万元（51 - 6）。

（2）编制有关项目的调整分录。

借：交易性金融资产——公允价值变动	80	
贷：利润分配——未分配利润		60
递延所得税负债		20
借：利润分配——未分配利润（60 × 15%）	9	

贷：盈余公积　9

（3）财务报表调整和重述（见下表）。

资产负债表

2×16 年 12 月 31 日　单位：万元

项　目	年初余额	
	调　增	调　减
交易性金融资产	80	
递延所得税负债	20	
盈余公积	9	
未分配利润	51	

利润表

2×16 年度　单位：万元

项　目	上期金额	
	调　增	调　减
公允价值变动收益	20	
所得税费用	5	
净利润	15	
基本每股收益（元）	0.0033（15/4500）	

所有者权益变动表

2×16 年度　单位：万元

项　目	本年金额		上年金额	
	盈余公积	未分配利润	盈余公积	未分配利润
上年年末余额				
加：会计政策变更	2.25（15×15%）	12.75（15−2.25）	6.75（45×15%）	38.25（45−6.75）

3.（1）计算至 2×16 年 3 月 31 日的累计折旧额 = 1000/10×2 + 1000/10×3/12 = 225（万元）

（2）计算至 2×16 年 3 月 31 日的账面价值 = 1000 − 225 = 775（万元）

（3）计算从 2×16 年 4 月 1 日至年末计提的折旧额 = 775/（6×12 − 2×12 − 3）×9 = 155（万元）

（4）计算 2×16 年计提的折旧额 = 1000/10×3/12 + 155 = 180（万元）

（5）计算 2×16 年按照税法规定计算折旧额 = 1000/10 = 100（万元）

（6）确认递延所得税资产 =（180 − 100）×25% = 20（万元）

（7）计算会计估计变更影响 2×16 年净利润 = −［（180 − 100）− 20］= −60（万元）或 = −（180 − 100）×（1 − 25%）= −60（万元）

第十二章 资产负债表日后事项

一、单选题

1	2	3	4	5	6	7	8	9	10
B	B	A	A	B	C	A	C	D	A

二、多选题

1	2	3	4	5	6	7	8	9	10
BCD	AC	ABD	AB	AD	BD	BC	ABD	BD	ABD

【解析】

第 1 题：资产负债表日后事项，是指资产负债表日至财务报告批准报出日之间发生的需要调整及说明的有利或不利事项。选项 A 属于当年发生的正常购销业务，不符合资产负债表日后事项的定义和特点；选项 B、C、D 属于日后事项中的非调整事项。

第 2 题：选项 B、D 为资产负债表日后非调整事项。

第 3 题：选项 C 属于资产负债表日后非调整事项。

第 6 题：选项 B，属于资产负债表日后进一步确定了资产负债表日前售出资产的收入的情形，是调整事项；选项 D，属于资产负债表日后期间发现的前期会计差错，是调整事项。

第 9 题：在 2×16 年 12 月 31 日，本事项应确认一项预计负债，同时作为一项担保事项，应当进行披露，选项 A 表述不正确。在 2×17 年 2 月 6 日应按照资产负债表日后调整事项处理，调整会计报表相关项目。

三、判断题

1	2	3	4	5	6	7	8	9	10
√	√	×	×	√	√	×	√	×	√

四、业务题

（1）2×17 年 1 月 12 日，调整销售收入：

借：以前年度损益调整	2000000
应交税费——应交增值税（销项税额）	340000

贷：应收账款　2340000

（2）调整销售成本：

借：库存商品　1500000

贷：以前年度损益调整　1500000

（3）调整应缴纳的所得税：

借：应交税费——应交所得税　125000

贷：以前年度损益调整［（2000000 - 1500000）×25%］　125000

（4）将“以前年度损益调整”科目的余额转入利润分配：

借：利润分配——未分配利润　375000

贷：以前年度损益调整　375000

（5）调整盈余公积：

借：盈余公积　37500

贷：利润分配——未分配利润　37500

2. 中国琴岛公司的账务处理如下：

（1）记录支付的赔偿款：

借：以前年度损益调整——营业外支出　2000000

贷：其他应付款——华美公司　2000000

借：预计负债——未决诉讼　6000000

贷：其他应付款——华美公司　6000000

借：其他应付款——华美公司　8000000

贷：银行存款　8000000

注：资产负债表日后事项如涉及现金收支项目，均不调整报告年度资产负债表的货币资金项目和现金流量表各项目数字。本例中，虽然已经支付了赔偿款，但在调整会计报表相关数字时，只需调整上述第一笔和第二笔分录，第三笔分录作为2×17年的会计事项处理。

（2）调整递延所得税资产：

借：以前年度损益调整——所得税费用（6000000×25%）　1500000

贷：递延所得税资产　1500000

2×16年末因确认预计负债6000000元时已确认相应的递延所得税资产，资产负债表日后事项发生后递延所得税资产不复存在，应予转回。

（3）调整应交所得税：

借：应交税费——应交所得税（8000000×25%）　2000000

贷：以前年度损益调整——所得税费用　2000000

（4）将“以前年度损益调整”科目余额转入未分配利润：

借：利润分配——未分配利润　1500000

贷：以前年度损益调整　1500000

（5）因净利润减少，调减盈余公积：

借：盈余公积——法定盈余公积（1500000×10%） 150000

　　贷：利润分配——未分配利润 150000

（6）调整报告年度财务报表相关项目的数字（财务报表略）。

①资产负债表项目的调整：

调增递延所得税资产 500000 元；调增其他应付款 8000000 元，调减预计负债 6000000 元；调减盈余公积 150000 元，调减未分配利润 1350000 元。

②利润表项目的调整：

调增营业外支出 2000000 元，调减所得税费用 500000 元，调减净利润 1500000 元。

③所有者权益变动表项目的调整：

调减净利润 1500000 元；提取盈余公积项目中盈余公积一栏调减 150000 元，未分配利润一栏调增 150000 元。

（7）调整 2×17 年 2 月份资产负债表相关项目的年初数（资产负债表略）。

中国琴岛公司在编制 2×17 年 1 月份的资产负债表时，按照调整前 2×16 年 12 月 31 日的资产负债表的数字作为资产负债表的年初数，由于发生了资产负债表日后调整事项，中国琴岛公司除了调整 2×16 年度资产负债表相关项目的数字外，还应当调整 2×17 年 2 月份资产负债表相关项目的年初数，其年初数按照 2×16 年 12 月 31 日调整后的数字填列。

2. 华美公司的账务处理如下：

（1）记录收到的赔款：

借：其他应收款——中国琴岛公司 8000000

　　贷：以前年度损益调整——营业外收入 8000000

借：银行存款 8000000

　　贷：其他应收款——中国琴岛公司 8000000

注：资产负债表日后事项如涉及现金收支项目，均不调整报告年度资产负债表的货币资金项目和现金流量表各项目数字。本例中，虽然已经收到了赔偿款，但在调整会计报表相关数字时，只需调整上述第一笔分录，第二笔分录作为 2×17 年的会计事项处理。

（2）调整应交所得税：

借：以前年度损益调整——所得税费用（8000000×25%） 2000000

　　贷：应交税费——应交所得税 2000000

（3）将“以前年度损益调整”科目余额转入未分配利润：

借：以前年度损益调整——本年利润 6000000

　　贷：利润分配——未分配利润 6000000

（4）因净利润增加，补提盈余公积：

借：利润分配——未分配利润　　600000

　　贷：盈余公积（6000000×10%）　　600000

（5）调整报告年度财务报表相关项目的数字（财务报表略）

①资产负债表项目的调整：

调增其他应收款 8000000 元；调增应交税费 2000000 元；调增盈余公积 600000 元，调增未分配利润 5400000 元。

②利润表项目的调整：

调增营业外收入 8000000 元，调增所得税费用 2000000 元，调增净利润 6000000 元。

③所有者权益变动表项目的调整：

调增净利润 6000000 元；提取盈余公积项目中盈余公积一栏调增 600000 元，未分配利润一栏调减 600000 元。

（6）调整 2×17 年 2 月份资产负债表相关项目的年初数（资产负债表略）。

华美公司在编制 2×17 年 1 月份的资产负债表时，按照调整前 2×16 年 12 月 31 日的资产负债表的数字作为资产负债表的年初数，由于发生了资产负债表日后调整事项，华美公司除了调整 2×16 年度资产负债表相关项目的数字外，还应当调整 2×17 年 2 月份资产负债表相关项目的年初数，其年初数按照 2×16 年 12 月 31 日调整后的数字填列。

第十三章　每股收益

一、单选题

1	2	3	4	5
B	B	C	C	A \ A \ C
6	7	8	9	10
B \ A \ C	B	C	A	B

【解析】

第 2 题：发行在外普通股加权平均数 = 10000 × 12/12 + 4500 × 10/12 − 1500 × 1/12 = 13625（万股），基本每股收益 = 2600/13625 = 0.19（元/股）。

第 3 题：基本每股收益 = 12000/［10000 + 4000 × 9/12 + （10000 + 4000 × 9/12）/10 × 2）］ = 12000/15600 = 0.77（元）

第 4 题：发行在外普通股的加权平均数 = 5000 × 1.2 = 6000（万股）。调整增加的

普通股加权平均数 = （1000 - 1000 × 4/8） × 3/12 = 125（万股），稀释每股收益 = 4900/（6000 + 125） = 0.80（元）。

第 5 题：（1）对于普通股或潜在普通股已公开交易的公司，以及正处于公开发行普通股或潜在普通股过程中的公司才需在利润表中列示基本每股收益和稀释每股收益。因此选择 A。

（2）2 × 17 年 7 月 1 日分配的股票数 = （16000 + 3000） × 2/10 = 3800（万股）；计算 2 × 17 年发行在外的普通股股数（这里的 3800 万股不需要考虑时间权数） = 16000 + 3000 + 3800 = 22800（万股）；2 × 17 年本年度的基本每股收益 = 30800/22800 = 1.35（元/股）。

（3）本题涉及比较报表，2 × 17 年利润表中上年度基本每股收益应重新计算。重新计算后，2 × 17 年发行在外的普通股股数 = 16000 × 1.2 × 12/12 + 3000 × 1.2 × 8/12 = 21600（万股）；重新计算后的基本每股收益 = 27000/21600 = 1.25（元/股）。

第 6 题：

（1）公司应当按照归属于普通股股东的当期净利润，除以发行在外普通股的加权平均数计算基本每股收益，所以选项 B 有误。

（2）B 公司：

基本每股收益 = 216/40 = 5.4（元/股）

调整增加的普通股股数 = 6 - 6 × 4/8 = 3（万股）

稀释每股收益 = 216/（40 + 3） = 5.02（元/股）

（3）A 公司：

基本每股收益 = （480 + 5.4 × 40 × 80%）/400 = 1.63（元/股）

稀释每股收益 = （480 + 5.02 × 40 × 80% + 5.02 × 3 × 0.12/6）/400 = 1.60（元/股）

第 7 题：公司应当按照归属于普通股股东的当期净利润，除以发行在外普通股的加权平均数计算基本每股收益。因此选择 B。

第 8 题：中国琴岛公司 2 × 16 年发行在外的普通股加权平均数 = 10000 × 130% × 12/12 + 4500 × 6/12 - 1500 × 2/12 = 15000（万股）

中国琴岛公司 2 × 16 年的基本每股收益 = 5270/15000 = 0.35（元/股）。

第 9 题：稀释每股收益 = 400/［600 + （200 - 200 × 4/8） + 200 × 6/12］ = 0.5（元/股）。

第 10 题：

①基本每股收益 = 25000/20000 = 1.25（元/股）；

②假设转换所增加的净利润 = 30000 × 2% × （1 - 25%） = 450（万元）；

③假设转换所增加的普通股股数 = 30000/10 = 3000（万股）；

④增量股的每股收益 = 450/3000 = 0.15（元/股）；

⑤增量股的每股收益小于基本每股收益，可转换公司债券具有稀释作用；

⑥稀释每股收益 = （25000 + 450）/（20000 + 3000） = 1.11（元/股）。

二、多选题

1	2	3	4	5
ABCD	ABCD	BCDE	ACDE	ABCDE

【解析】

第4题：与合并报表一同提供的母公司财务报表中不要求计算和列报每股收益，公司可以自行选择列报。

三、业务题

1.（1）基本每股收益 = 5760/6000 = 0.96（元/股）

（2）稀释的每股收益 = 5760/［6000 + 1000 − 1000 × 7.6/10］ = 0.92（元/股）

2.（1）2×16年度每股收益计算如下：

2×16年发行在外普通股加权平均数 = 82000（万股）

基本每股收益 = 36000/82000 = 0.44（元/股）

2×16年调整增加的普通股股数 = （12300 − 12300 × 6/10） × 7/12 = 2870（万股）

稀释每股收益 = 36000/（82000 + 2870） = 0.42（元/股）

（2）2×17年度每股收益计算如下：

2×17年发行在外普通股加权平均数 = 82000 + 12300 × 7/12 = 89175（万股）

基本每股收益 = 54000/89175 = 0.61（元/股）

2×17年调整增加的普通股股数 = （12300 − 12300 × 6/12） × 5/12 = 2562.50（万股）

稀释每股收益 = 54000/（89175 + 2562.50） = 0.59（元/股）

（3）2×18年度每股收益计算如下：

2×18年发行在外普通股加权平均数 = （82000 + 12300） × 1.2 = 11316（万股）

2×18年基本每股收益 = 40000/113160 = 0.35（元/股）

稀释每股收益 = 基本每股收益 = 0.35（元/股）

2×17年度发行在外普通股加权平均数 = 82000 × 1.2 + 12300 × 7/12 × 1.2 = 107010（万股）

2×17年度基本每股收益 = 54000/107010 = 0.50（元/股）

2×17年调整增加的普通股股数 = （12300 × 7/12 + 2562.50） × 1.2 = 11685（万股）

2×17年度稀释每股收益 = 54000/（82000 × 1.2 + 11685） = 0.49（元/股）

或者：2×17年度稀释每股收益 = 54000/［（89175 + 2562.50） × 1.2］ = 0.49（元/股）

3.（1）子公司的每股收益：

基本每股收益 = 30000/20000 = 1.5（元/股）

假定认股权证持有方行权，调整增加的普通股股数 = 1000 - 1000 × 1/10 = 900（万股）

稀释每股收益 = 30000/（20000 + 900 × 8/12）= 1.46（元/股）

（2）合并每股收益：

①归属于母公司普通股股东的净利润 = 80000（万元）

包括在合并基本每股收益计算中的子公司净利润部分 = 1.5 × 20000 × 60% = 18000（万元）

基本每股收益 =（80000 + 18000）/50000 = 1.96（元/股）

②子公司净利润中归属于普通股且由母公司享有的部分 = 1.46 × 20000 × 60% = 17520（万元）

子公司净利润中归属于认股权证且由母公司享有的部分 = 1.46 × 900 × 8/12 × 100/1000 = 87.6（万元）

稀释每股收益 =（80000 + 17520 + 87.6）/50000 = 1.95（元/股）

第十四章　分部报告和中期财务报告

一、单选题

1	2	3	4	5	6	7	8	9	10
B	C	C	D	C	B	A	D	C	A

二、多选题

1	2	3	4	5
ABCD	ABCE	ABCD	ABC	ABCE

【解析】

第 3 题：一个地区分部既可以是单一的国家或地区，或是两个或两个以上具有相同或相似经营风险和报酬的国家或地区的组合；也可以是一个国家内的一个行政区域，或是一个国家两个或两个以上行政区域的组合。

三、判断题

1	2	3	4	5
√	×	√	√	√

四、业务题

1. 从表 14－1 中数据分析，可得出如下结论：

（1）营业收入重要性标准判断。

各分部的营业收入占所有分部收入合计的百分比计算如下：

A 分部：3260÷4860×100%＝67.08%

B 分部：560÷4860×100%＝11.52%

C 分部：430÷4860×100%＝8.85%

D 分部：370÷4860×100%＝7.61%

E 分部：240÷4860×100%＝4.94%

从上述计算结果可见，A 分部和 B 分部的营业收入均已超过合计收入数 10%，可确定为报告分部。

（2）营业利润重要性的判断。

盈利分部的分部营业利润合计＝340＋80＋30＝450（万元）

亏损分部的分部营业亏损合计＝40＋50＝90（万元）

因此，应以盈利分部的分部营业利润合计数作为计算百分比的分母。

各分部的营业利润占所有盈利分部的分部营业利润合计数的百分比计算如下：

A 分部：340÷450×100%＝75.56%

B 分部：80÷450×100%＝17.78%

C 分部：40÷450×100%＝8.89%

D 分部：30÷450×100%＝6.67%

E 分部：50÷450×100%＝11.11%

从上述计算结果可见，A 分部、B 分部、E 分部应确认为报告分部。

（3）资产重要性判断。

各分部的资产占所有分部资产总额合计数的百分比计算：

A 分部：3000÷4800×100%＝62.5%

B 分部：650÷4800×100%＝13.54%

C 分部：500÷4800×100%＝10.42%

D 分部：350÷4800×100%＝7.29%

E 分部：300÷4800×100%＝6.25%

从上述计算结果可见，A 分部、B 分部、C 分部应确认为报告分部。

综上结果，A 分部、B 分部、C 分部、E 分部均可作为报告分部。

2. 各分部对外交易收入占该分部收入的百分比计算如下：

A 分部 = 12000 ÷ 15000 × 100% = 80%

B 分部 = 3000 ÷ 4300 × 100% = 69.77%

C 分部 = 1200 ÷ 3600 × 100% = 33.33%

D 分部 = 800 ÷ 1980 × 100% = 40.40%

E 分部 = 760 ÷ 960 × 100% = 79.17%

计算结果显示，C 分部、D 分部的大部分收入不是对外交易收入，因此不能确定为报告分部。A 分部、B 分部、E 分部的大部分收入是对外交易收入，符合大部分收入为对外交易收入的条件。其分部的营业收入占所有分部收入合计的百分比计算如下：

A 分部 = 15000 ÷ （15000 + 4300 + 3600 + 1980 + 960） × 100% = 58.5%

B 分部 = 4300 ÷ （15000 + 4300 + 3600 + 1980 + 960） × 100% = 16.64%

E 分部 = 960 ÷ （15000 + 4300 + 3600 + 1980 + 960） × 100% = 3.72%

从计算结果可知，A 分部和 B 分部应确定为报告分部。同理，E 分部营业利润占所有分部利润合计的百分比、资产占所有分部资产合计的百分比分别为 7.12%、2.16%，均小于 10%，不能确定为报告分部。

第十五章　企业合并

一、单选题

1	2	3	4	5	6	7	8	9	10
B	B	B	B	A	A	D	C	B	C
11	12	13	14	15					
D	A	C	C	B					

二、多选题

1	2	3	4	5	6	7	8
ABC	ABD	ABCDE	BCD	ABDE	BDE	ABCDE	BCE

三、判断题

1	2	3	4	5	6	7	8	9	10
×	√	×	×	×	√	√	×	×	√

四、业务题

1.（1）将固定资产转让清理时：

借：固定资产清理　12000000

　　累计折旧　4000000

　　贷：固定资产　16000000

（2）以资产组合（固定资产和无形资产）进行合并时：

借：长期股权投资（30000000×70%）　21000000

　　累计摊销　12000000

　　贷：固定资产清理　12000000

　　　　无形资产　20000000

　　　　资本公积　1000000

（3）华美公司合并前的盈余公积中属于中国琴岛公司的份额为2800000元（4000000×70%），未分配利润中属于中国琴岛公司的份额为4200000元（6000000×70%），通过资本公积转入中国琴岛公司时：

借：资本公积　7000000

　　贷：盈余公积　2800000

　　　　未分配利润　4200000

（4）支付合并费用时：

借：管理费用　800000

　　贷：银行存款　800000

2.（1）合并成本＝1900000＋2100000＝4000000（元）

（2）商誉＝4000000－（3360000－1600000）＝2240000（元）

（3）会计分录：

借：银行存款　600000

　　应收账款　60000

　　存货　900000

　　固定资产　1500000

　　无形资产　300000

　　商誉　2240000

　　贷：短期借款　500000

　　　应付账款　　　　　　　　　　　　　　　　　300000
　　　长期借款　　　　　　　　　　　　　　　　　800000
　　　银行存款　　　　　　　　　　　　　　　　　2100000
　　　无形资产　　　　　　　　　　　　　　　　　1900000

3.（1）将固定资产转入清理时：

借：固定资产清理　　　　　　　　　　12000000
　　累计折旧　　　　　　　　　　　　4000000
　　贷：固定资产　　　　　　　　　　　　　16000000

（2）转让固定资产及无形资产实施合并时：

借：长期股权投资　　　　　　　　　　32000000
　　累计摊销　　　　　　　　　　　　12000000
　　贷：固定资产清理　　　　　　　　　　　12000000
　　　　无形资产　　　　　　　　　　　　　20000000
　　　　营业外收入　　　　　　　　　　　　12000000

（3）支付合并费用时：

借：管理费用　　　　　　　　　　　　800000
　　贷：银行存款　　　　　　　　　　　　　800000

第十六章　合并财务报表

一、单选题

1	2	3	4	5	6	7	8	9	10
B	A	D	D	A	B	D	C	D	D
11	12	13	14	15	16	17	18	19	20
C	A	C	D	C	C	C	B	D	B

【解析】

第 9 题：长期股权投资成本大于被投资单位可辨认净资产公允价值的差额，应确认为商誉。本题中，商誉 =4000 - 6000 ×60% =400（万元）。

第 18 题：未实现内部销售损益 =（32000 - 30000）×40% =800（元）。

第 19 题：编制合并财务报表时，抵销分录为：

借：营业收入　　　　　　　　　　　　80000

贷：营业成本　　64000
　　存货　　16000

第 20 题：从子公司角度看，成本 80000 元大于可变现净值 70000 元，计提 10000 元的存货跌价准备；从母公司角度看，成本 66000 元小于可变现净值 70000 元，不应计提存货跌价准备。所以应抵销 10000 元的存货跌价准备。

二、多选题

1	2	3	4	5	6	7	8	9	10
ABCD	ADE	ABCDE	ABCE	ABDE	ACE	ACDE	CDE	ABCD	ABD

三、判断题

1	2	3	4	5	6	7	8	9	10
√	√	×	×	×	×	×	×	×	×
11	12	13	14	15					
√	×	√	×	√					

四、业务题

1.（1）借：长期股权投资　　7200000
　　　　贷：银行存款　　7000000
　　　　　　资本公积——股本溢价　　200000
　　　借：管理费用　　10000
　　　　贷：银行存款　　10000
（2）借：资本公积　　1200000
　　　贷：盈余公积　　700000
　　　　　未分配利润　　500000
　　借：股本　　5500000
　　　　资本公积　　500000
　　　　盈余公积　　700000
　　　　未分配利润　　500000
　　　贷：长期股权投资　　7200000
2.（1）借：长期股权投资　　1400000
　　　　贷：股本　　100000
　　　　　　资本公积　　1300000

（2）①在合并工作底稿中把B公司资产负债表中各项目的账面价值调整为公允价值，并相应调整资本公积，应在合并工作底稿中编制如下调整分录：

借：存货　　20000
　　固定资产　　44000
　　无形资产　　40000
　　贷：资本公积　　104000

②将A公司的长期股权投资项目与B公司的所有者权益项目相抵销：

借：股本　　1280000
　　资本公积　　184000
　　盈余公积　　32000
　　未分配利润　　48000
　　商誉　　164800
　　贷：长期股权投资　　1400000
　　　　少数股东权益　　308800

3.（1）A公司应以B公司所有者权益的份额540000元作为初始投资成本。

借：长期股权投资　　540000
　　贷：银行存款　　500000
　　　　资本公积　　40000

B公司宣告发放现金股利，成本法下A公司应作如下分录：

借：应收股利　　18000
　　贷：投资收益　　18000

（2）B公司实现净利润，权益法下A公司应作如下分录：

借：长期股权投资　　60000
　　贷：投资收益　　60000

B公司宣告发放现金股利，权益法下A公司应作如下分录：

借：投资收益　　18000
　　贷：长期股权投资　　18000

经调整后，“长期股权投资”的金额 $=540000+60000-18000=582000$（元）

“投资收益”的金额 $=60000$（元）

（3）①A公司长期股权投资与B公司所有者权益的抵销。

B公司所有者权益：股本为400000元，资本公积为80000元，其他综合收益为0，盈余公积为：$40000+60000\times10\%=46000$（元），未分配利润：$20000+60000\times(1-10\%-30\%)=56000$（元）

借：股本　　400000
　　资本公积　　80000
　　盈余公积　　46000

年末未分配利润 56000
贷：长期股权投资 582000

②A公司投资收益和B公司期初未分配利润与B公司本期利润分配和期末未分配利润的抵销。

借：期初未分配利润 20000
投资收益 60000
贷：提取盈余公积 6000
对所有者分配利润 18000
年末未分配利润 56000

4.（1）借：长期期权投资 520000
贷：银行存款 520000
借：应收股利 18000
贷：投资收益 18000

（2）长期股权投资 = 520000 +（60000 - 2000）- 18000 = 560000（元）

投资收益 = 60000 - 2000 = 58000（元）

（3）B公司所有者权益：股本为400000元，资本公积 = 50000 +（200000 - 180000）= 70000（元），盈余公积 = 20000 + 6000 = 26000（元），未分配利润 = 10000 + 60000 × 60% - 2000 = 44000（元）

借：股本 400000
资本公积 70000
盈余公积 26000
年末未分配利润 44000
商誉 20000
贷：长期股权投资 560000
借：期初未分配利润 10000
投资收益 58000
贷：提取盈余公积 6000
对所有者分配利润 18000
年末未分配利润 44000

5.（1）2×16年度合并工作底稿中的抵销分录：

①借：应付账款 60000
贷：应收账款 60000
②借：应收账款——坏账准备 300
贷：资产减值损失 300

（2）2×17年度合并工作底稿中的抵销分录：

①借：应付账款 76000

贷：应收账款 76000

②借：应收账款——坏账准备 300

贷：期初未分配利润 300

③借：应收账款——坏账准备[（76000 - 60000）×5‰] 80

贷：资产减值损失 80

6.（1）2×14 年：

借：营业收入 500000

贷：营业成本 400000

固定资产 100000

借：固定资产 10000

贷：管理费用 10000

2×15 年：

借：期初未分配利润 100000

贷：固定资产 100000

借：固定资产 10000

贷：期初未分配利润 10000

借：固定资产 20000

贷：管理费用 20000

2×16 年：

借：期初未分配利润 100000

贷：固定资产 100000

借：固定资产 30000

贷：期初未分配利润 30000

借：固定资产 20000

贷：管理费用 20000

7.（1）2×15 年：

借：营业收入 10000

贷：营业成本 10000

借：营业成本 2000

贷：存货 2000

借：存货 800

贷：资产减值损失 800

（2）2×16 年：

借：存货 800

贷：期初未分配利润 800

借：期初未分配利润 2000

贷：营业成本		2000
借：营业收入	15000	
贷：营业成本		13200
存货		1800
借：存货	1000	
贷：资产减值损失		1000
借：营业成本	800	
贷：存货		800

第三部分

模拟试题及参考答案

高级财务会计模拟试题（一）

得分	

一、单选题（本大题共15小题，每小题1分，共15分，将答案填到下面的表格中）

1	2	3	4	5	6	7	8	9	10
11	12	13	14	15					

1. 根据我国会计准则的规定，公司实际收到的外币在折算为记账本位币时，所选用的汇率是（　　）。

A. 即期汇率　　B. 远期汇率

C. 合同约定汇率　　D. 即期汇率的近似汇率

2. 可供出售外币非货币性项目形成的汇兑差额，正确的处理方法是（　　）。

A. 不产生汇兑差额　　B. 计入财务费用

C. 计入所有者权益　　D. 计入公允价值变动损益

3. 中国琴岛公司＋华美公司＝中国琴岛公司，这种形式的公司合并属于（　　）。

A. 吸收合并　　B. 新设合并

C. 控股合并　　D. 创立合并

4. 非同一控制下的公司合并的会计处理方法是（　　）。

A. 权益结合法　　B. 购买法

C. 新实体法　　D. 以上都不对

5. 运用购买法对非同一控制下公司合并进行核算时，购买成本的确定基础是（　　）。

A. 被合并方所有者权益的账面价值的份额

B. 支付对价的账面价值

C. 支付对价的公允价值

D. 被合并方可辨认净资产公允价值的份额

6. 在编制同一控制下控股合并时，母公司调整后的长期股权投资抵销子公司的一部分所有者权益项目，另一部分应作为（　　）。

A. 商誉　　B. 营业外收入

C. 少数股东权益　　D. 资本公积

7. 编制非同一控制下的控股合并控制权取得日后合并财务报表时，将子公司的各项资产及负债调整成公允价值时，应同时调整（　　）。

A. 营业外收入　　B. 公允价值变动损益

C. 投资收益　　D. 资本公积

8. 2×16年，中国琴岛公司向华美公司股东定向增发1000万股普通股，发行价为每股4元，并于发行当日取得华美公司60%的股权，华美公司购买日可辨认净资产的公允价值为6000万元。中国琴岛公司与华美公司的合并为非同一控制下的合并，则中国琴岛公司应确认的合并商誉为（　　）。

A. 0　　B. 2000万元

C. 800万元　　D. 400万元

9. 公司在编制购买日后合并会计报表时，上期未销售的存货本期全部销售，将上期未实现内部销售利润抵销的分录是（　　）。

A. 借：营业收入
　　贷：营业成本

B. 借：未分配利润——年初
　　贷：营业成本

C. 借：营业成本
　　贷：存货

D. 借：营业收入
　　贷：存货

10. 2×16年7月12日，母公司将成本为64000元的甲产品以81000元的价格销售给子公司，本期该产品尚未实现对外销售。期末甲产品的可变现净值是60000元。编制合并财务报表时应抵销存货跌价准备（　　）。

A. 6000元　　B. 11000元

C. 0　　D. 17000元

11. 承租人优惠续租租赁资产，如果租赁期届满时没有续租，根据租赁合同规定须向出租人支付违约金时，应计入（　　）。

A. 营业外支出　　B. 管理费用

C. 长期应付款　　D. 销售费用

12. 中国琴岛公司2×16年12月16日取得一项固定资产，原价1000万元，预计使用年限5年，预计净残值为0。会计上采用年限平均法，税法规定应采用双倍余额递减法。2×17年年末该项固定资产的计税基础是（　　）。

A. 800万元　　B. 600万元

C. 1000万元　　D. 0

13. 琴岛公司2×16年利润总额为600万元，适用的所得税税率为25%，当年销售收入1000万元，广告费180万元；年末计提无形资产减值准备10万元。则该公司2×16年应交所得税为（　　）。

A. 145万元　　B. 150万元

C. 160 万元　　　　　　　D. 155 万元

14. 下列支出中，在计算应纳税所得额时不得在税前扣除的是（　　）。

A. 税收滞纳金

B. 合理的劳动保护支出

C. 公司按照规定计算的固定资产折旧费

D. 合理的工资薪金

15. 在非同一控制下公司合并中运用购买法对被购买公司的资产、负债项目进行反映时，要求采用其（　　）。

A. 购买成本　　　　　　　B. 公允价值

C. 协议价格　　　　　　　D. 账面价值

得分	

二、多选题（本大题共 5 小题，每小题 2 分，共 10 分，将答案填到下面的表格中）

1	2	3	4	5

1. 如果母公司获得子公司部分股权，编制合并报表进行抵销处理时，可能涉及的会计科目有（　　）。

A. 少数股东权益　　　　　B. 股本

C. 合并差价　　　　　　　D. 资本公积

2. 下列项目中不属于货币性资产的有（　　）。

A. 银行存款　　　　　　　B. 原材料

C. 应收账款　　　　　　　D. 应付账款

3. 下列事项中，属于或有事项的有（　　）。

A. 对债务单位提起诉讼　　B. 对售出商品提供售后担保

C. 固定资产计提折旧　　　D. 为子公司的贷款提供担保

4. 以下属于非货币性资产交换以公允价值计量的条件的有（　　）。

A. 该交换存在补价

B. 该交换具有商业实质

C. 该交换不涉及补价

D. 换入资产或换出资产的公允价值均能够可靠地计量

5. 债务重组的方式包括（　　）。

A. 以资产清偿债务　　　　B. 债务转为资本

C. 修改其他债务条件　　　D. 以上三种方式的组合

得分	

三、判断题（本大题共 10 小题，每小题 1 分，共 10 分，将答案填到下面的表格中）

1	2	3	4	5	6	7	8	9	10

1. 权益结合法认为合并的两个公司之间是一种购买关系。（ ）

2. 公司在境内的子公司不可能构成公司的境外经营。（ ）

3. 股份支付中的等待期是指授予日至可行权日的时段。（ ）

4. 非货币性资产交换指交换中不涉及货币性资产的交易。（ ）

5. 对于债务重组，债权人作出让步是必要条件。（ ）

6. 资产的公允价值减去处置费用后的净额与资产预计未来现金流量的现值，均大于资产的账面价值时，才表明资产没有发生减值，不需要计提减值准备。（ ）

7. 与资产和收益均相关的政府补助，如果难以区分哪些与资产相关，哪些与收益相关，则应该将整项政府补助归类为与收益相关的政府补助。（ ）

8. 资本化期间内，闲置专门借款资金取得的固定收益债券利息收入应直接计入当期投资收益。（ ）

9. 如果会计政策变更的累积影响数能够合理确定，无论属于什么情况，均采用追溯调整法进行会计处理。（ ）

10. 初次发生的交易或事项采用新的会计政策属于会计政策变更，应采用追溯调整法进行处理。（ ）

得分	

四、简答题（本大题共 2 小题，每小题 10 分，共 20 分）

1. 简述非同一控制下公司合并的会计处理原则。

2. 简述所得税会计的一般程序。

得分	

五、业务题（本大题共 5 小题，第 1 小题 8 分，第 2、3 小题各 10 分，第 4 小题 9 分，第 5 小题 8 分，共 45 分）

1. 中国琴岛公司 2×16 年年末相关资产情况如下：

（1）存货成本为 600 万元，计提存货跌价准备 150 万元。

（2）交易性金融资产成本为 1000 万元，公允价值增加 200 万元。

（3）固定资产原值为 1500 万元，计提折旧 200 万元（与税法一致），计提减值准备 300 万元。

（4）无形资产成本 800 万元，属于使用寿命不确定的无形资产，计提减值准备 100 万元，税法应计提摊销 200 万元。

要求：

（1）计算各项资产的账面价值与计税基础。

（2）分析哪些属于应纳税暂时性差异，哪些属于可抵扣暂时性差异。

2. 中国琴岛公司 2×16 年 1 月 1 日以银行存款 420000 元购买了华美公司 80% 的股份（该合并为非同一控制下的公司合并）。合并日，华美公司净资产公允价值为 500000 元，净资产账面价值为 480000 元，其中股本为 400000 元，资本公积为 50000 元，其他综合收益为 0，盈余公积为 20000 元，未分配利润为 10000 元。备查簿上记录 2×16 年 1 月 1 日，某项管理用的固定资产账面价值为 180000 元，公允价值为 200000 元。华美公司其他资产、负债账面价值与公允价值相同。该项固定资产使用年限为 10 年，预计净残值为 0，采用年限平均法计提折旧。2×16 年华美公司实现净利润 62000 元，按净利润的 10% 提取法定盈余公积，按净利润的 30% 向股东分派现金股利。假定华美公司与中国琴岛公司的会计政策一致，不考虑所得税影响。

要求：

（1）编制中国琴岛公司 2×16 年 1 月 1 日的会计分录。

（2）编制中国琴岛公司 2×16 年按权益法调整的会计分录。

3. 中国琴岛公司为华美公司的母公司，中国琴岛公司以 50000 元的价格将其生产的产品销售给华美公司，该产品的成本为 30000 元。华美公司购入后作为固定资产使用，预计使用年限为 5 年，无残值，采用年限平均法计提折旧。

要求：

（1）将固定资产中所包含的未实现利润抵销。

（2）将未实现利润计提的折旧抵销。

（3）编制第二年相关的抵销会计分录。

4. 2×16 年 12 月 12 日，中国琴岛公司融资租入一台生产设备，租赁合同规定租赁期满该设备的所有权归中国琴岛公司。租赁开始日该设备的原账面价值为 470 万元，公允价值为 480 万元，最低租赁付款额为 500 万元，最低租赁付款额的现值为 460 万元，另发生运杂费 16 万元，安装调试费 24 万元，以银行存款支付。该设备租赁期为 8 年，同类设备的折旧年限为 10 年，预计净残值为 20 万元。若中国琴岛公司对该设备采用年限平均法计提折旧。

要求：

（1）计算该设备的入账价值。

（2）编制租入设备及安装完成的会计分录。

（3）计算应计提的折旧并编制相关分录。

5. 中国琴岛公司 2×16 年利润表中利润总额为 800 万元，销售收入为 2000 万元，适用的所得税税率为 25%，期初递延所得税资产及递延所得税负债不存在期初余额。当年发生的有关交易和事项中，会计处理与税务处理存在差异的有：

（1）发生业务招待费支出 20 万元。

（2）取得国债利息收入 10 万元。

（3）2×16 年年末计提了 40 万元的固定资产减值准备。

（4）2×16 年取得的某项交易性金融资产成本为 300 万元，年末的公允价值为 350 万元，按照税法规定，持有该项交易性金融资产期间公允价值的变动不计入应纳税所得额。

（5）2×16 年年末预提了因销售商品承诺提供 1 年的保修费 30 万元。按照税法规定，与产品售后服务相关的费用在实际发生时允许扣除。

（6）发生公益性捐赠支出 80 万元。

要求：根据上述资料，计算中国琴岛公司 2×16 年应交所得税、递延所得税和所得税费用，并编制有关的会计分录。

高级财务会计模拟试题（二）

得分	

一、单项选择题（本大题共10题，每题1分，共15分，将答案填到下面的表格中）

1	2	3	4	5	6	7	8	9	10	11	12	13	14	15

1. 下列项目中，属于与收益相关的政府补助的是（　　）。

A. 政府拨付的用于公司购买无形资产的财政拨款

B. 政府向公司无偿划拨长期非货币性资产

C. 政府对公司用于建造固定资产的相关贷款给予的政府补贴

D. 公司收到的先征后返的增值税

2. 资本化期间内在确定借款费用资本化金额时，与专门借款有关的利息收入应（　　）。

A. 计入营业外收入　　B. 计入资本公积

C. 计入当期财务费用　　D. 冲减借款费用资本化的金额

3. 关于会计政策变更的累积影响数，下列说法不正确的有（　　）。

A. 计算会计政策变更累积影响数时，不需要考虑利润或股利的分配

B. 累积影响数的计算不需要考虑所得税影响

C. 如果提供可比财务报表，则对于比较财务报表期间的会计政策变更，应调整各该期间净损益各项目和财务报表其他相关项目

D. 如果提供可比财务报表，则对于比较财务报表可比期间以前的会计政策变更累积影响数，应调整比较财务报表最早期间的期初留存收益

4. 在采用追溯调整法时，下列不应考虑的因素是（　　）。

A. 会计政策变更留存收益的变动

B. 会计政策变更后的资产、负债的变化

C. 会计政策变更导致损益变化而带来的所得税变动

D. 会计政策变更导致损益变化而应补分的利润

5. 琴岛公司2×16年12月31日固定资产账户余额为2000万元，累计折旧账户余额为800万元，固定资产减值准备账户余额为100万元，在建工程账户余额为200万元。该公司2×16年12月31日资产负债表中固定资产项目的金额为（　　）万元。

A. 1200　　B. 90

C. 1100　　D. 2200

6. 下列不影响营业利润的是（　　）。

A. 财务费用　　B. 投资收益

C. 资产减值损失　　D. 营业外支出

7. 某公司“应付账款”科目月末贷方余额40000元，其中：“应付中国琴岛公司账款”明细科目贷方余额35000元，“应付华美公司账款”明细科目贷方余额5000元；“预付账款”科目月末贷方余额30000元，其中：“预付A工厂账款”明细科目贷方余额50000元，“预付B工厂账款”明细科目借方余额20000元。该公司月末资产负债表中“应付账款”项目的金额为（　　）元。

A. 90000　　B. 30000

C. 40000　　D. 70000

8. 中国琴岛公司2×16年购买商品支付500万元（含增值税），支付2×14年接受劳务的未付款项50万元，2×16年发生购货退回15万元，假设不考虑其他条件，中国琴岛公司2×16年现金流量表“购买商品、接受劳务支付的现金”项目中应填列（　　）万元。

A. 535　　B. 465

C. 435　　D. 500

9. 所得税采用资产负债表债务法核算，其暂时性差异是指（　　）。

A. 资产、负债的账面价值与其公允价值之间的差额

B. 资产、负债的账面价值与计税基础之间的差额

C. 会计利润与税法应纳税所得额之间的差额

D. 仅仅是资产的账面价值与计税基础之间的差额

10. 对于接受的外币投资，公司应以（　　）作为折算汇率。

A. 合同约定汇率　　B. 同期银行贷款利率

C. 投资到达即期汇率　　D. 合同签订日即期汇率

11. 中国琴岛公司为一上市公司，2×16年12月1日，中国琴岛公司向其50名管理人员每人授予200份股票期权，这些职员自2×16年1月1日起在该公司连续服务3年，即可以10元每股购买200股股票从而获益，中国琴岛公司估计每份期权在授予日的公允价值为15元，第一年有10名职工离开公司，预计离职总人数会达到30%，2×16年12月31日期权的公允价值为16元，则2×16年年末公司应当按照取得的服务贷记“资本公积——其他资本公积”（　　）元。

A. 45000　　B. 35000

C. 50000　　D. 65000

12. 承租人对融资租赁的资产采用公允价值作为入账价值的，分摊未确认融资费用所采用的分摊率是（　　）。

A. 银行同期贷款利率

B. 租赁合同中规定的利率

C. 出租人出租资产的无风险利率

D. 使最低租赁付款额的现值与租赁资产公允价值相等的折现率

13. 中国琴岛公司 2×16 年末存货账面余额 100 万元，已计提存货跌价准备 10 万元，则存货的账面价值为 90 万元，存货的账面价值 90 万元与其计税基础 100 万元的差额 10 万元为（　　）。

A. 应纳税暂时性差异　　B. 可抵扣暂时性差异

C. 递延所得税负债　　D. 递延所得税资产

14. 中国琴岛公司 2×15 年 12 月 31 日取得的某项机器设备，原价为 900 万元，预计使用年限为 10 年。会计上按照直线法计提折旧，税法上采用双倍余额递减法计提折旧，预计净残值为 0。2×16 年 12 月 31 日，中国琴岛公司对该项固定资产计提了 75 万元的固定资产减值准备。2×17 年 12 月 31 日，该设备的计税基础为（　　）万元。

A. 501　　B. 645

C. 720　　D. 576

15. 下列项目中属于货币性资产的是（　　）。

A. 固定资产　　B. 应收账款

C. 交易性金融负债　　D. 交易性金融资产

得分	

二、多选题（本大题共 5 小题，每小题 2 分，共 10 分，将答案填到下面的表格中）

1	2	3	4	5

1. 下列可以作为资产的公允价值减去处置费用后的净额的有（　　）。

A. 根据公平交易中资产的销售协议价格减去可直接归属于该资产处置费用后的金额

B. 在资产不存在销售协议但存在活跃市场的情况下，以资产的市场价格减去处置费用后的金额

C. 如果不存在资产销售协议和资产活跃市场的，根据在资产负债表日假定处置资产，熟悉情况的交易双方自愿进行公平交易愿意提供的交易价格减去处置费用后的金额

D. 该资产的预计未来现金流量现值减去资产负债表日处置资产的处置费用后的金额

2. 下列项目中，属于政府补助的主要形式的有（　　）。

A. 财政拨款　　B. 财政贴息

C. 政府投入的资本　　D. 税收返还

3. 下列各项中，属于会计政策变更的有（　　）。

A. 所得税核算方法由应付税款法改为资产负债表债务法

B. 固定资产的折旧方法由年限平均法变更为年数总和法

C. 发出存货的计价方法由先进先出法变更为加权平均法

D. 应收账款计提坏账准备由余额百分比法变更为账龄分析法

4. 下列各项中，属于资产负债表日后调整事项的有（　　）。

A. 发生的商品销售退回　　B. 银行同意借款展期 2 年

C. 法院判决赔偿专利侵权损失　　D. 董事会通过利润分配预案

5. 某公司以人民币为记账本位币，下列各个公司中，对该公司来说属于境外经营的有（　　）。

A. 公司在境外的子公司，以外币为记账本位币

B. 公司在境外的联营公司，以外币为记账本位币

C. 公司在境外的合营公司，以外币为记账本位币

D. 公司在境内的分支机构，以人民币为记账本位币

得分	

三、判断题（本大题共 10 小题，每小题 1 分，共 10 分，将答案填到下面的表格中）

1	2	3	4	5	6	7	8	9	10

1. 可抵扣暂时性差异都能确认为递延所得税资产。（　　）

2. 中国琴岛公司拥有 C 公司 50% 的股份，则 C 公司应当纳入中国琴岛公司的合并报表范围。（　　）

3. 如果一项租赁属于融资租赁，则意味着在法律关系上租赁资产归承租人所有，承租人可以任意处置该租赁资产。（　　）

4. 以权益结算的股份支付换取职工服务的，应当以授予职工权益工具的公允价值计量。（　　）

5. 股份支付中的等待期是指授予日至可行权日的时段。（　　）

6. 固定资产折旧方法变更应作为会计政策变更进行会计处理。（　　）

7. 会计政策变更一律采用追溯调整法进行会计处理，会计估计变更一律采用未来适用法进行会计处理。（　　）

8. 公司在资产负债表日至财务报告批准报出日之间发生的对外巨额投资应在财务报表附注中披露，但不需要对报告期的财务报表进行调整。（　　）

9. 资产负债表日至财务报告批准报出日之间发生的报告年度售出的商品因质量

问题被退回，该事项属于资产负债表日后非调整事项。（　）

10. 资产的公允价值减去处置费用后的净额与资产预计未来现金流量的现值，均大于资产的账面价值时，才表明资产没有发生减值，不需要计提减值准备。（　）

得分	

四、简答题（本大题共2小题，每小题10分，共20分）

1. 简述同一控制下公司合并的原则。
2. 简述融资租赁的判断条件。

得分	

五、业务题（本大题共5小题，第1小题8分，第2、3小题各10分，第4小题9分，第5小题8分，共45分）

1.（1）琴岛公司从国外某公司购入不需要安装的设备一台，设备价款为100000美元。当日的即期汇率为1美元=6.32元人民币，款项尚未支付。该公司采用业务发生时的即期汇率折算，相关税费忽略不计。

（2）琴岛公司从中国银行借入150000美元，借入时的即期汇率为1美元=6.35元人民币，采用业务发生时的即期汇率折算，并设有外汇现汇账户。

（3）琴岛公司收到外币投资500000美元，当日的即期汇率为1美元=6.38元人民币，投资合同约定汇率1美元=6.40元人民币，假定公司设有外汇现汇账户。

（4）琴岛公司的记账本位币为人民币，2×16年10月15日以人民币向中国银行买入20000美元，当日即期汇率为1美元=6.40元人民币，中国银行当日美元买入价为1美元=6.38元人民币，卖出价为1美元=6.41元人民币。

要求：根据以上业务编制会计分录。

2. 中国琴岛公司为上市公司，2×16年发生的长期股权投资业务的有关资料如下：2×16年1月1日，中国琴岛公司从华美公司手中取得了其持有的华丽公司1200万股股票，该股票面值为1元/股，公允价值为5元/股，占华丽公司有表决权资本的80%。中国琴岛公司以一幢房屋作为对价。相关手续已于1月1日完成，中国琴岛公司作为对价的房屋账面余额为3500万元，累计折旧为800万元，公允价值为6000万元。另外中国琴岛公司还以银行存款支付了股权交换过程中发生的直接相关费用（律师费、审计费等）100万元。2×16年1月1日，华丽公司净资产账面价值为5000万元（其中，股本为2000万元，资本公积为1000万元，盈余公积为200万元，未分配利润为1800万元），净资产的公允价值为7000万元。华丽公司净资产账面价值与公允价值产生差异的原因是，华丽公司拥有的一幢办公楼账面价值为1000万元，公允价值为3000万元，尚可折旧年限为20年。购买华丽公司股权时，中国琴岛公司与华美公司不存在关联方关系。

要求：

（1）判断中国琴岛公司合并的类型，并说明理由。

（2）编制中国琴岛公司对华丽公司长期股权投资的相关会计分录。

（3）编制中国琴岛公司购买日（或合并日）合并财务报表的抵销分录。

3. 2×12年12月20日，中国琴岛公司与某租赁公司签订一台生产设备的融资租赁合同。合同规定：起租日为2×13年1月1日，租赁期为4年，每年年末支付租金1000万元。租赁期满，设备估计残余价值为400万元，其中中国琴岛公司担保余值为200万元，未担保余值为200万元。该设备于2×12年12月31日运抵中国琴岛公司，当即投入使用。中国琴岛公司对该固定资产采用直线法计提折旧，对未确认融资费用采用实际利率法在租赁期内摊销。假定该设备是全新的，租赁开始日设备的公允价值为3500万元，预计使用5年，租赁内含利率为6%，租赁期满，将设备归还租赁公司。[（P/A，6%，4）=3.465，（P/F，6%，4）=0.792]

要求：

（1）编制中国琴岛公司融资租入设备的会计分录。

（2）编制2×13年、2×14年年末支付租金、分摊未确认融资费用并计提折旧的分录（按6%的利率计算）。

4. 中国琴岛公司适用的所得税税率为25%，2×16年度按照税法规定计算的应交所得税为1000万元。期末，通过比较资产、负债的账面价值与其计税基础，确定应纳税暂时性差异为600万元，可抵扣暂时性差异400万元，上述暂时性差异均与直接计入所有者权益的交易或事项无关。中国琴岛公司不存在可抵扣亏损和税款抵减；预计在未来期间能够产生足够的应纳税所得额用以抵扣可抵扣暂时性差异。

根据上述资料，在下列不同情况下，作出中国琴岛公司有关所得税的会计处理：

（1）假定递延所得税资产和递延所得税负债均无期初余额。

（2）假定递延所得税资产期初账面余额为50万元，递延所得税负债期初账面余额为100万元。

5. 中国琴岛公司2×16年的年报于2×17年4月25日批准报出，所得税的汇算清缴日为2×17年3月10日。中国琴岛公司按净利润的10%提取法定盈余公积。中国琴岛公司采用资产负债表债务法进行所得税核算，所得税税率为25%。中国琴岛公司于2×16年10月1日销售给华美公司的一批商品于2×17年3月1日发生了退货，该商品的售价为100万元，商品成本为80万元，增值税税率为17%，消费税税率为5%。款项一直未收。中国琴岛公司于2×16年末针对此应收账款提取了5%的坏账准备。

要求：根据上述资料，中国琴岛公司应如何调整？

高级财务会计模拟试题（一）参考答案

一、单项选择题（本大题共 10 小题，每小题 1 分，共 10 分）

1	2	3	4	5	6	7	8	9	10
A	C	A	B	C	C	D	D	B	D
11	12	13	14	15					
A	B	C	A	B					

二、多选题（本大题共 5 小题，每小题 2 分，共 10 分）

1	2	3	4	5
ABD	BD	ABD	BD	ABCD

三、判断题（本大题共 10 小题，每小题 1 分，共 10 分）

1	2	3	4	5	6	7	8	9	10
×	×	√	×	√	×	√	×	×	×

四、简答题（本大题共 2 小题，每小题 10 分，共 20 分）

1.（1）购买法的实质是将公司合并视为公司之间发生的一种取得资产或筹集资本的交易。

（2）购买方应以支付对价（现金、非现金资产及发行的权益性证券等）的公允价值为基础确定购买成本，作为支付对价的非现金资产公允价值与其账面价值的差额作为资产的处置损益处理。发行的权益性证券的面值与公允价值的差额作为资本公积处理。

（3）购买方应按照公允价值记录所收到的资产和承担的债务。

（4）购买成本大于所取得的被购买方可辨认净资产公允价值份额时，将差额确认为商誉并根据合并方式的不同分别在个别财务报表或合并财务报表中列示；若购买成本小于所取得的被购买方可辨认净资产公允价值份额时，计入当期损益。

（5）购买方的损益既包括当年自身实现的损益，还包括购买日后被购买方所实现的损益。

（6）被购买方的留存收益不能转入购买方。

（7）公司合并过程中所发生的所有相关费用，遵循同一控制下公司合并中合并费用的处理原则，即除发行证券或承担其他债务所支付的费用外，其余均计入当期损益。

2.（1）按照相关会计准则规定确定资产负债表中除递延所得税资产和递延所得税负债以外的其他资产和负债项目的账面价值。

（2）按照会计准则中对于资产和负债计税基础的确定方法，以适用的税收法规为基础，确定资产负债表中有关资产、负债项目的计税基础。

（3）比较资产、负债的账面价值与其计税基础，确定递延所得税。

（4）确定当期应纳税所得额，将应纳税所得额与适用的所得税税率计算的结果确认为当期应交所得税。

（5）确定利润表中的所得税费用。

五、业务题（本大题共5小题，第1小题8分，第2、3小题各10分，第4小题9分，第5小题8分，共45分）

1.（1）①存货的账面价值 = 600 - 150 = 450（万元）

计税基础 = 600（万元）

②交易性金融资产账面价值 = 1200（万元）

计税基础 = 1000（万元）

③固定资产账面价值 = 1500 - 200 - 300 = 1000（万元）

计税基础 = 1500 - 200 = 1300（万元）

④无形资产账面价值 = 800 - 100 = 700（万元）

计税基础 = 800 - 200 = 600（万元）

（2）交易性金融资产、无形资产账面价值大于计税基础属于应纳税暂时性差异；存货、固定资产账面价值小于计税基础属于可抵扣暂时性差异。

2.（1）借：长期股权投资　　420000
　　贷：银行存款　　420000

（2）借：固定资产　　20000
　　贷：资本公积　　20000

借：管理费用　　2000
　　贷：固定资产——累计折旧　　2000

借：长期股权投资　　48000
　　贷：投资收益　　48000

借：投资收益　　14880
　　贷：长期股权投资　　14880

3.（1）借：营业收入　50000

　　贷：营业成本　30000

　　　　固定资产——原价　20000

（2）借：固定资产——累计折旧　4000

　　贷：管理费用　4000

（3）第二年编制合并财务报表时，首先将固定资产原价中包含的未实现内部销售利润予以抵销

借：未分配利润——年初　20000

　　贷：固定资产——原价　20000

将第一年就未实现内部销售利润计提的折旧予以抵销：

借：固定资产——累计折旧　4000

　　贷：未分配利润——年初　4000

将第二年就未实现内部销售利润计提的折旧予以抵销：

借：固定资产——累计折旧　4000

　　贷：管理费用　4000

4.（1）入账价值 = 460 + 16 + 24 = 500（万元）

（2）借：在建工程　476

　　　　未确认融资费用　40

　　　　贷：长期应付款　500

　　　　　　银行存款　16

　　借：在建工程　24

　　　　贷：银行存款　24

　　借：固定资产　500

　　　　贷：在建工程　500

（3）折旧额 =（500 − 20）/8 = 60（万元）

借：制造费用　60

　　贷：累计折旧　60

5. 业务招待费支出按照发生额的60%扣除，但最高不得超过当年销售（营业）收入的0.5%，20×60% = 12（万元）> 2000×0.5% = 10（万元），故应扣除10万元。国债利息收入是免税收入。固定资产减值准备不能税前扣除。公允价值的变动不计入应纳税所得额。产品售后服务相关的费用在实际发生时允许扣除，所以预提时不扣除。公益性捐赠支出，不得超过年度利润总额的12%，800×12% = 96（万元）> 80（万元）可以全部扣除。

应纳税所得额 = 800 +（20 − 10）− 10 + 40 − 50 + 30 = 820（万元）

应交所得税 = 820×25% = 205（万元）

借：所得税费用　205

银行存款 1000000

（3）2×16 年 1 月 1 日合并日合并报表的抵销分录如下：

借：固定资产 20000000

贷：资本公积 20000000

借：股本 20000000

资本公积 30000000

盈余公积 2000000

未分配利润 18000000

商誉 5000000

贷：长期股权投资 61000000

少数股东权益 14000000

3.（1）最低租赁付款额 = 1000 × 4 + 200 = 4200（万元）

最低租赁付款额现值 = 1000 ×（P/A，6%，4）+200 ×（P/F，6%，4）

= 3623.4（万元）

租赁开始日设备的公允价值为 3500 万元，小于 3623.4 万元，所以融资租入固定资产的入账价值为 3500 万元。

借：固定资产 35000000

未确认融资费用 7000000

贷：长期应付款 42000000

（2）每年计提折旧 =（3500 − 200）/4 = 825（万元）

①2 ×13 年年末支付租金时：

借：长期应付款 10000000

贷：银行存款 10000000

分摊未确认融资费用时：

借：财务费用［（42000000 − 7000000）×6%］ 2100000

贷：未确认融资费用 2100000

②2 ×14 年年末支付租金时：

借：长期应付款 10000000

贷：银行存款 10000000

分摊未确认融资费用时：

（42000000 − 7000000 − 10000000 + 2100000）×6% = 1626000（元）

借：财务费用 1626000

贷：未确认融资费用 1626000

4.（1）当期递延所得税资产变动额 = 400 × 25% = 100（万元）

当期递延所得税负债变动额 = 600 × 25% = 150（万元）

当期递延所得税 = 150 − 100 = 50（万元）

当期所得税费用 = 1000 + 50 = 1050（万元）

借：所得税费用	10500000	
递延所得税资产	1000000	
贷：应交税费——应交所得税		10000000
递延所得税负债		1500000

（2）当期递延所得税资产变动额 = 400 × 25% - 50 = 50（万元）

当期递延所得税负债变动额 = 600 × 25% - 100 = 50（万元）

当期递延所得税 = 50 - 50 = 0（万元）

当期所得税费用 = 1000 + 0 = 1000（万元）

借：所得税费用	10000000	
递延所得税资产	500000	
贷：应交税费——应交所得税		10000000
递延所得税负债		500000

5. 发生在所得税汇算清缴前的退货处理：

（1）借：以前年度损益调整	1000000	
应交税费——应交增值税（销项税额）	170000	
贷：应收账款		1170000
（2）借：库存商品	800000	
贷：以前年度损益调整		800000
（3）借：坏账准备（117 × 5%）	58500	
贷：以前年度损益调整		58500
（4）借：应交税费——应交消费税（100 × 5%）	50000	
贷：以前年度损益调整		50000
（5）借：以前年度损益调整［（117 × 5%）× 25%］	14625	
贷：递延所得税资产		14625
（6）借：应交税费［（100 - 80 - 100 × 5%）× 25%］	37500	
贷：以前年度损益调整		37500
（7）借：利润分配——未分配利润	68625	
贷：以前年度损益调整		68625
（8）借：盈余公积——法定盈余公积	6862.5	
贷：利润分配——未分配利润		6862.5